新版
左手のシンボリズム

「聖」―「俗」:「左」―「右」の二項対置の認識の重要性

松永和人 著

九州大学出版会

はしがき

　本書は，筆者が1995年に九州大学出版会から刊行した『左手のシンボリズム──わが国宗教文化に見る左手・左足・左肩の習俗の構造とその意味──』を大幅に書き改め，加筆・訂正し，『左手の呪術・宗教性に関する研究〜「聖」─「俗」：「左」─「右」の二項対置の認識の重要性〜』と題して，九州大学に博士の学位請求論文として提出したものである。

　論文の主なねらいは，日本文化に見る右・左のシンボリズムに関して従来主張されてきていた「浄（具体的には，氏神祭祀）」─「不浄（葬制）」：「右マワリ」─「左マワリ」の象徴的二元論に対して筆者が抱いていた疑問に答えることにあった。

　従来の主張は，神祭りに右マワリ，葬制に左マワリがかかわるというものであった。

　たしかに，わが国の文化の一部ないし一面にそのような事実が見られるが，しかし，たとえば，伊勢神宮の御田祭において「左マワリ」にまわり，また，民俗宗教のレベルで，南九州に顕著な田の神祭り（田ノ神サァー）において「左マワリ」にまわっている。葬制にかかわっても，出棺に際して棺を「左マワリ」にまわし，また，かつて土葬であった頃，埋葬する前に，火を持って墓穴のまわりを「左マワリ」にまわっていたことなど，各地において，顕著な事実として知られることである。

　このように，神祭りに右マワリ，葬制にかかわって左マワリということでなく，その両者に，ともに，「左マワリ」が顕著な事実として知られるのである。同様な事実は，神に飾るシメ縄が「左ナイ」であり，また，かつて土葬であった頃の棺縄（棺をしばる縄）がまた「左ナイ」であったことにも示されている。そして，その両者に見る「左ナイ」は，ともに，世俗的な経済活動としての農作業上の縄の右ナイとの対比において認識されている。

このように，神祭りに右，葬制に左ということではない。つまり，わが国の文化における「左」の習俗の意味は，必ずしも従来の指摘に見る不浄とか不祝儀ということではないのである。「左」は神にかかわり，不祝儀ではなく，祝儀にかかわっている。

たとえば，柳田國男先生がすでに報告なされているように，正月の祝い棒がヒダリマキであり，また，漁船の船霊様に飾る鈴の緒がヒダリマキである。しかも，その鈴の緒のヒダリマキは，フナオロシ（進水式）に際して祝いとして贈るものである。

このように，「左」は，不浄とか不祝儀ということでなく，神にかかわり，祝儀なのである。

筆者の研究調査の結果では，「左」の習俗が神祭りにかかわり，そして，葬制にかかわり，「聖（呪術・宗教的生活活動）」―「俗（世俗的生活活動）」：「左」―「右」の二項対置がわが国の文化における基礎的な事実として知られる。そのような中に，従来の象徴的二元論に見る「浄」―「不浄」：「右」―「左」がまたわが国の文化に一面見られることも事実であり，そのことをいかに理解するかも重要な研究課題であることはいうまでもない。

以上，要するに，わが国の文化の右・左に関する象徴的二元論にかかわって，従来の指摘に見る「浄」―「不浄」：「右」―「左」ということでなく，「聖」―「俗」：「左」―「右」の二項対置がその基礎的事実であることを指摘し，そのことをいかに理解するかということに本書の主旨をおいている。

なお，本書の題名を『新版　左手のシンボリズム』としているが，その理由は，このはしがきの最初に記しているように，既刊の『左手のシンボリズム』の改訂版であるからである。

最後に，本書の刊行が福岡大学学位論文出版助成金に基づくことを記し，感謝の念を表したい。

平成13年1月

松永和人

目　次

はしがき ……………………………………………………………… i

序　章　本研究のねらいとその概要 ……………………………… 1
　第1節　右・左のシンボリズムに関する従来の研究のあらまし ……… 1
　　1．外国における研究動向
　　2．わが国の研究者による研究
　第2節　わが国の文化についての従来の指摘 ………………………… 3
　第3節　諸文化に見る右・左のシンボリズム ………………………… 15

第1章　わが国の文化に見る「左手」・「左足」・「左肩」の習俗 …… 37
　第1節　「左手」の習俗 ………………………………………………… 37
　　1．シメ縄と棺縄の「左ナイ」
　　2．神輿を担ぐ人の履くワラジの緒と葬式ワラジの緒の「左ナイ」
　　3．柳田國男の収録する縄掛地蔵の習俗
　　4．その他の「左縄」の習俗
　　5．「左弓」の習俗
　　6．神楽繰出帳と香典帳の「左トジ」
　　7．柳田國男の報告するハラメン棒・祝棒および船霊様にかかわる「左巻き」
　　8．桂井和雄の報告する「左巻き」のノブドウの習俗
　　9．「左鎌」の習俗
　　10．沖縄県宮古島における事例
　　11．松山光秀の述べる鹿児島県徳之島における事例
　第2節　「左足」の習俗──「進左退右」と「左右左右」── ………… 68
　第3節　神輿担ぎと棺担ぎの際の「左肩」の習俗 ……………………… 69

　　　　1．師走祭りの概要
　　　　2．葬制上の「左肩」の習俗
　　第4節　「左」のその他の習俗 ……………………………………… 81
　　　　1．守札を頭の「左」側にさす習俗
　　　　2．「左耳」の習俗
　　　　3．「左馬」の習俗
　　　　4．「左角」の習俗
　　　　5．神祭りに際しての「左マワリ」と葬式に際しての「左マワリ」

第2章　Rodney Needham の「相補的二元論」…………………… 87
　　　　── わが国の文化に見る「左手」の習俗の解釈にかかわって ──

第3章　Victor W. Turner の所論 ………………………………… 93
　　　　── 「世俗的な弱さが聖なる力であること」──
　　第1節　Tallensi 族・Nuer 族の父系社会における傍系としての母系の
　　　　　　霊的位置付けと Ashanti 族の母系社会における傍系としての
　　　　　　父系の霊的位置付け …………………………………………… 93
　　第2節　インドの事例 ………………………………………………… 95
　　第3節　構造とコムニタス（反構造）……………………………… 95
　　第4節　John H. M. Beattie の所論 ………………………………… 99
　　　　　　── Nyoro 族の象徴的逆転について ──

第4章　［聖（呪術・宗教的世界）］と［俗（世俗的世界）］の間の
　　　　サカサの強調・両者の対置 ── 非日常性の強調── ……… 105
　　第1節　わが国における事例 ……………………………………… 105
　　　　1．農作業上の縄の右ナイとシメ縄・棺縄の「左ナイ」
　　　　2．農作業に際して履くワラジの緒の右ナイと神輿を担ぐ人の履く
　　　　　　ワラジの緒および葬式ワラジの緒の「左ナイ」
　　　　3．右トジと左トジ
　　　　4．右巻きと左巻き
　　　　5．右臼と左臼

6．右膳と左膳
　　　7．右襟と左襟
　　　8．右鎌と左鎌
　　　9．右鍬と左鍬
　第2節　アンデスの先住民社会に見る左・サカサの事実 ………… 115
　第3節　B.G. Myerhoff の報告するウィチョル・インディアンの事例 … 117
　第4節　E. R. Leach の振り子論 ……………………………… 120
　第5節　カーニバルの事例 ……………………………………… 123

第5章　魔バライ・招福のための「左マワリ」の習俗 ………… 127
　第1節　農村・漁村における「左マワリ」の習俗 ……………… 127
　　　1．南九州の田の神信仰（田ノ神サァー）の事例
　　　2．漁村における事例
　第2節　新築儀礼に際しての「左マワリ」の浄化儀礼 ………… 144
　第3節　沖縄県宮古島における「左マワリ」の習俗 …………… 145
　第4節　John Middleton の報告 ……………………………… 146
　第5節　Victor W. Turner の報告 …………………………… 147
　第6節　台湾アミ族の事例 ……………………………………… 148

第6章　悪・凶・不吉・不浄・不運などと認識されている
　　　　「左手」が呪術・宗教的な力を持つ事例 ………………… 151
　第1節　Jack Goody の報告する LoWiili 族の事例 …………… 151
　第2節　E. E. Evans-Pritchard の Nuer 族についての報告 …… 153
　　　　　──「同種療法」論──
　第3節　インドの事例 …………………………………………… 154
　第4節　ヨーロッパの民俗文化に見る「左」の習俗 …………… 160
　第5節　Toradja 族の事例 ……………………………………… 161

第7章　死の認識の一側面 ──魔バライということの側面── ………… 165
　第1節　はじめに ……………………………………………………… 165
　第2節　死の習俗 ……………………………………………………… 168
　第3節　死の認識の一側面 ──魔バライということ── …………… 190
　第4節　死の穢れに関する見解 ……………………………………… 192
　第5節　ケガレの概念について ……………………………………… 199
　　　1．桜井徳太郎の「ケ枯レ」説
　　　2．谷川健一の「気離レ」論
　　　3．宮田登の論述
　　　4．Mary Douglas のケガレ論

第8章　わが国の神祭りと葬制に見る右と左の混在について … 209
　第1節　いくつかの神社に見る右と左 ……………………………… 209
　　　1．福岡県太宰府市所在太宰府天満宮に見る右と左
　　　2．熊本県一の宮町所在阿蘇神社に見る右と左
　　　3．大分県宇佐市所在宇佐神宮に見る右と左
　　　4．広島県宮島所在厳島神社に見る右と左
　　　5．長崎県壱岐勝本浦所在聖母神社に見る右と左
　　　6．伊勢神宮に対する仏教の影響について
　第2節　徳之島および久高島における事実 ………………………… 217
　第3節　高知県中土佐町および宮崎県南郷町の漁村における
　　　　　右マワリと左マワリ ………………………………………… 218
　第4節　わが国の仏教儀礼に見る右と左 …………………………… 219
　第5節　右衽と左衽 …………………………………………………… 223
　第6節　正倉院宝物に見る右衽と左衽 ……………………………… 223
　第7節　誕生仏について ……………………………………………… 224
　第8節　母摩那夫人の右腋から生れ出る誕生仏の像と
　　　　　「左手」で天を指す誕生仏の像 …………………………… 224

第9節 誕生仏を右腋から出産している摩那夫人が着ている
　　　着物の着方は「左衽」であること ………………………… 225
第10節 大分県国東半島の修正鬼会行事に見る右と左 …………… 226
　1．はじめに
　2．修正鬼会の概要
第11節 漁村における葬式に際しての右マワリと「左衽」および
　　　棺縄の「左ナイ」 …………………………………………… 238
第12節 伊藤幹治の見解 ………………………………………………… 239

終　章　わが国の文化に見る「左」の習俗の解釈をめぐって　245
　　　──「聖」─「俗」:「左」─「右」の二項対置の認識の重要性──

第1節 「富の交換」論（吉成直樹），「増える論理」と
　　　「減る論理」論（近藤直也） ……………………………… 246
第2節 「ケガレからカミへ」論 ── 新谷尚紀の所説 ── ……… 250
第3節 終わりに ………………………………………………………… 252

参考・引用文献 ……………………………………………………… 259
あとがき …………………………………………………………… 269
索　引 ……………………………………………………………… 271

序章

本研究のねらいとその概要

第1節　右・左のシンボリズムに関する従来の研究のあらまし

　右・左のシンボリズムに関する研究が，Robert Hertz の「右手の優越——宗教的両極性の研究——（La Prééminence de la main droite:étude sur la polarité religieuse, The Pre-eminence of the Right Hand:A Study in Religious Polarity, 1909）にはじまることは周知の事実である。Hertz の当論文は，浄としての神にかかわって右手が優越し，一方，左手は不浄の手として，神から遠ざけるということであり，その点 Hertz の当論文を和訳した吉田禎吾（敬称略。以下，同じ）が，「『右手の優越』に関するエルツの研究は実際には『左手の不浄性』の研究」（参考・引用文献番号［37］174ページ。訳者解説。以下，参考・引用文献番号およびページの文字を省略）と述べ，また，長島信弘も，「エルツの研究は『左手の不浄性』の研究」（［108］76）と解説しているところである。そのことは，神にかかわって浄としての右手と，一方，不浄としての左手とが，「浄」—「不浄」：「右手」—「左手」の二項対置をなし，その両者がまさに Hertz の論文の副題にいう「宗教的両極性（polarité religieuse,religious polarity）」をなしているとの指摘なのである。

　なお，Hertz はその論文の題目を「右手の優越」としているが，足に関しても言及し，「神聖な場所には右足から先に入らなければならないし，神聖な供物を神々に捧げるのも右手である」（［37］104，訳書156）と述べている。そのことは，本書の諸所で述べるように，わが国で神にかかわって「左手」，「左足」，

さらに「左肩」が優越していることとは対照的である。

1. 外国における研究動向

そのような右―左の二項対置ないし象徴的二元論（symbolic dualism）の研究は、その後、Marcel Granet: "Right and Left in China" (1933), Heinz A. Wieschhoff: "Concepts of Right and Left in African Cultures" (1938), Alb.C.Kruyt: "Right and Left in Central Celebes" (1941), その他、幾多の諸業績を経て、Rodney Needham がそのような研究のターニング・ポイントとする（[126] xiii）E.E.Evans-Pritchard の論文 "Nuer Spear Symbolism" が1953年に公けにされる。そのターニング・ポイントとは、当研究の再認識・本格的なスタートとも言いうることで、その点、長島信弘は Needham の論述にふれつつ、「……、エルツの論文はほとんど無視され、このテーマを取り上げた民族誌的研究はごく散発的なものだった。この問題に人類学者の関心を再び向ける転機となったのは、ヌア人の槍の象徴性に関するエヴァンズ＝プリチャードの論文だった」（[108] 76）と述べている。

その後は、Needham の "The Left Hand of the Mugwe: An Analytical Note on the Structure of Meru Symbolism" (1960), "Right and Left in Nyoro Symbolic Classification" (1967) などが公けにされ、それらの諸業績を一冊にまとめた Needham 編著 "Right & Left:Essays on Dual Symbolic Classification" が1973年に刊行され、さらに、その後の書としては、David Maybury-Lewis and Uri Almagor 編集の "The Attraction of Opposites: Thought and Society in the Dualistic Mode" が1989年に刊行されている。

そのような研究は、今日引き続いて、文化人類学上の一つの重要な研究課題をなしていると言わなければならない。

2. わが国の研究者による研究

象徴的二元論の研究は、わが国の研究者にもいち早く注目され、古野清人が上記 Hertz の研究をわが国に紹介し（1939年。[37] 訳書173参照）、かつその Hertz の研究を台湾・高砂族の文化について考察している。一例をあげれば、善霊が右肩に、悪霊が左肩に宿るといった善―悪：右―左の象徴的二元論である

（[30]）。また，吉田禎吾は，インドネシア，メキシコなどの文化について，その二元論を展開している（[220] 所収の論文 vi, vii, viii, x, xi 等）。吉田は，そのほかわが国の文化について，長崎県壱岐勝本浦において，その象徴的二元論を指摘している（[218] 242）。さらに，わが国の文化に関する象徴的二元論の指摘に，村武精一の研究（[100]）がある。

第2節 わが国の文化についての従来の指摘

わが国の文化に見る「左」の習俗に関して，従来おこなわれてきている指摘として，次の2点に言及しなければならない。

(イ) 「浄」―「不浄」:「右（マワリ）」―「左（マワリ）」の象徴的二元論
(ロ) 南と東の方位のかかわりにおける「左」の習俗の理解の仕方

まず，(イ)についてその一例を述べると，たとえば，前掲の村武は，千葉県下一村落における研究調査の結果，

「『左まわり』が悪しきことあるいは不祝儀などを象徴するのに対し，『右まわり』は善きことあるいは祝儀を象徴する儀礼的行為であることが理解できる。」（[100]87）。

と述べ，「右」―「左」:「善」―「悪」,「祝儀」―「不祝儀」の二項対置を指摘している。

また，吉田は，長崎県壱岐勝本浦の漁村の研究調査の結果，神輿の日まわり（右まわり）に対し，葬式の際の棺の逆まわりつまり左まわりであることを見いだし，その「象徴的対立」（[218] 242）を論じている。このような指摘について問題とされることに，神にかかわっても「左マワリ」の事実が見られること，また，神にかざるシメ縄が「左ナイ」であることなどを取り上げていないということがある。

たとえば，伊勢神宮の御田祭において「左マワリ」にまわり，また，南九州

の田の神信仰（田ノ神サァー）において「左マワリ」にまわって，秋の豊作を田の神に祈願している。また漁村において，出港に際して「左マワリ」にまわり，船・乗組員の無事と豊漁を神に願い，さらにフナオロシ（進水式）に際して祝として送るヒダリマキということもあり，そのことは，すでに柳田國男が報告している（[208] 313）。

つまりわが国の文化において，「左」の習俗は，従来主として指摘されてきているように，葬制にかかわって顕著に見られることは事実であるが，その「左」の習俗は，また，神にもかかわり，祝にかかわってもいるのである。そのために，一例として引用した前掲の村武の述べるように，「左」を悪・不祝儀の意味においてのみ捉えることはできない。

筆者（松永。以下，本書で筆者と記すのは，すべて，松永を指す。著者と記すのは，引用する著書の著者を指す）の研究調査の結果では，いずれの調査地においても，神に飾るシメ縄が「左ナイ」であり，またかつて土葬であった頃の棺縄（棺をしばる縄）が，また，同様に，「左ナイ」であったのであり（今日の火葬では，棺縄は使用していない。そのために，「左ナイ」であったと記す），また，前述のように，「左マワリ」の事実が，葬制にかかわって見られるとともに，神祭りに際しても見られ，このように神祭りと葬制とにともに「左」の習俗が見られるために，前に見た村武・吉田の指摘は，十分な意味において必ずしも納得することができない。一部ないし一面[1]に，その事実が見られることが，十分考察されなければならないことはいうまでもない。

筆者の調査結果では，「浄（具体的には，氏神祭祀）」―「不浄（葬制）」：「右」―「左」とする従来の指摘ではなく，「聖（呪術・宗教的生活活動）」―「俗（世俗的生活活動）」：「左」―「右」の二項対置が日本文化における基礎的な事実をなしているとみなしうる。なお，シメ縄が「左ナイ」であることは，日本書紀に「左縄」と記されている（[170] 113）。

次に，㈼に関して，たとえば白鳥庫吉，大野晋が，次のように指摘している。白鳥は，「南方を正面として，左右の位置を定め……」（[167] 93），「左方は東方であって，東方は日出の方角……」（[167] 98），「東方は即ち左方であるから，本朝で左を尊み右を卑んだのは，太陽崇拝の信念に原因すると見て差支はない」（[167] 99）と述べ，また，大野は，「左」を「日の出の方」（[131] 170）として

いる。日本文化に造詣の深い韓国の民俗学者任東權も,「東の方の左側」,「左は東」などと述べている（［55］304,327）。

たしかに，筆者の調査地においても，次に掲げるような事例において，神祭りにかかわって見られる「左」の習俗に関して，南と東のかかわりにおける方位観からする理解の仕方が見られる。

次に，その一例を，大分県日田郡一山村の氏神祭祀に見ておこう。

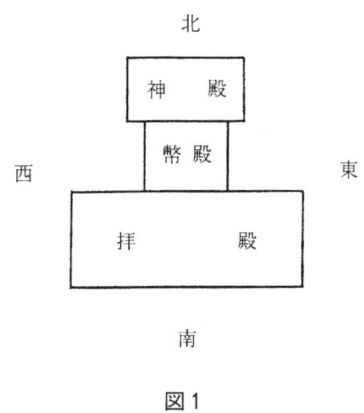

図 1

まず，神社の基本構造を見ると，それは，図1に示しているように，3つの部分から成っている。

その第1は神の鎮座し給う神殿（あるいは，神座），第2は幣殿，そして，第3に拝殿である。

当山村の氏神祭祀は，(1) 4月15日におこなわれる的ホガシ祭リ（神社の境内の一隅に懸けた直径約90cm〜1mの的を弓矢で射り，春，本格的に農作業をはじめる前に，鬼ないし魔をムラから追放する神事），(2) 7月15日におこなわれている麦餅ツキ祭リ（春の麦の豊作を感謝して，小麦の粉で麦餅をつき，氏神にそなえ，後に，ムラの各家の者がいただく神事），そして，(3) 10月15日のオクンチ（秋に収穫した新米を氏神にそなえ，豊作を感謝する神事）が，その三大行事をなしている。

第2の麦餅ツキ祭リでは，幣殿に，神官，宮柱（村内の各集落から1人ずつ選出された氏子総代の上に位置づけられ，神社に関する事項の最高の決定機関。古老4人[2]からなる），そして氏子総代が座り，拝殿に氏子一般の人々が座る。

問題はその座順であるが，幣殿の神からいって「左」側の神に最も近いところに神官が座り，神官の次の同じ「左」側に宮柱，そして，同じ幣殿の神からいって右側に氏子総代が座っている。麦餅ツキ祭リにおいて，麦餅ツキの終了後，神官の祝詞奏上がおこなわれ，その際，氏子一般の人々も拝殿で参拝している。氏子一般の人々の拝殿におけるならび方については，その右・左を厳密

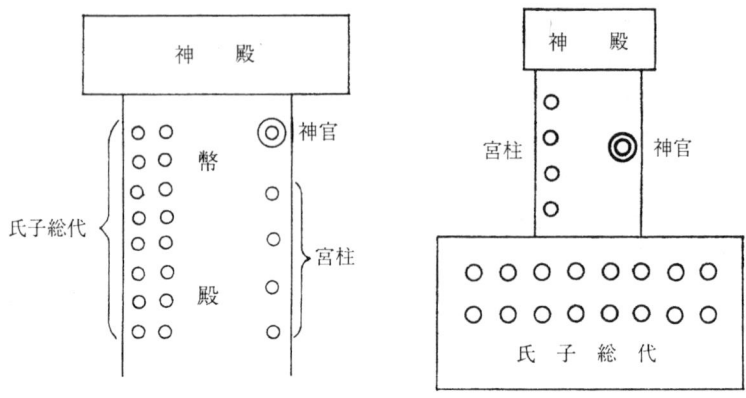

図 2

には言っていない。7月15日の麦餅ツキ祭りでは、以上のような座順であるが、4月15日の的ホガシ祭りおよび10月15日のオクンチでは、幣殿において、氏神からいって「左」側に神官だけが座り、その右側に宮柱が座し、拝殿に氏子総代が座っている。というのも、氏子一般の人々は、的ホガシ行事のための的を境内の一隅に懸けたり、また、オクンチに際して、諸々の準備を境内でおこなうからである。

問題は、何故に神からいって「左」側が上座とされているのかということであるが、その点、神官、氏子総代、その他のムラ人は、農業遂行上、極めて重要と認識している太陽の運行とのかかわりで説明する。つまり、農業遂行上（とくに、水田稲作上）、太陽の多大の熱量を必要とする。そして、太陽の熱量が最大なのは南の方角からであり、そのために農産物の豊作を願う氏神社は南面していると述べる。南面している姿勢からいって、太陽の昇る東は、神からいって「左」側に当たるというのである。

このように、神祭りにかかわって見られる「左尊」の事実を、以上に述べたような意味での南と東との方位観からする説明が各地の調査地で知られる。なお、神からいって「左」側が上座であることは、供物の供え方に関しても、その事実が知られる。当山村における供物の供え方は、図3の通りである。つまり、最も重要な米を神の真正面にそなえ、次に重要な御神酒を神からいって神

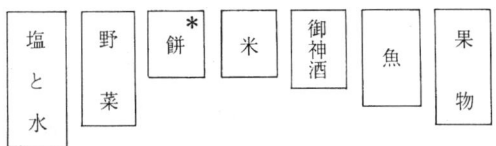

＊4月15日の的ホガシ祭リに際しては草餅をそなえ、7月15日の麦餅ツキ祭リにおいては、言うまでもなく麦餅をそなえ、10月15日のオクンチには米をついた餅をそなえる。

図3

なお、神への供物をそなえる「三方」上における順序は、次の通りである。

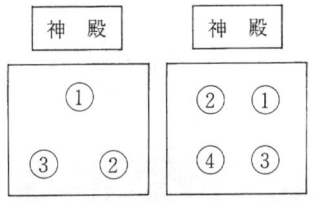

①が最も重要なもので、次に②、③(④)の順序

図4　神前における供物の順序

の真正面に最も近い「左」側にそなえる。なお、他の調査地で、偶数の供物をそなえる場合、供物の中で最も重要とする米を神の真正面において神から少し「左」側にずらした形でそなえる。

また、三方（神にそなえる供物をのせる台）に供物をそなえる順序は図4の通りで、やはり神からいって「左」側に重要な供物をそなえている。

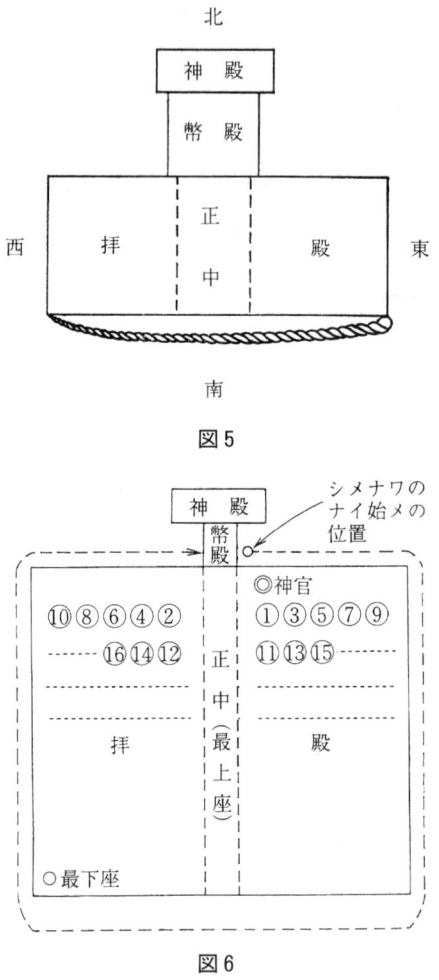

図5

図6

　そのような南と東との方位観からする「左尊」の事実は，シメ縄の張り方に関しても示されている（図5）。つまり，社殿において，シメ縄の元（ところによっては，根，頭，ナイ始メ，などともいう）を神からいって「左」側におくということが，いずれの調査地においてもおこなわれている。ムラ人によっては，シメ縄は逆一文字に張る，と述べる人もいる。神に向かって，右から「左」へ，との意味である。

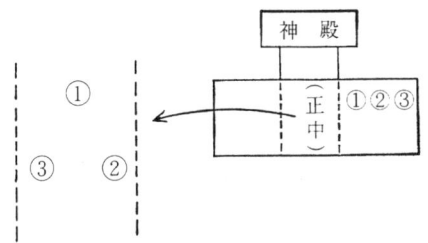

図7 神官の拝殿における位置および正中における位置

他の一例を示しておけば，福岡県八女市近郊の一農村におけるシメ縄の張り方と神官その他の人々の神の前における座順は図6の通りである。

神の前の座順について，さらに他の一例を述べておけば，大分県西国東郡一農村の御田植祭は，3人の神官によって祭事がとりおこなわれているが，その3人の神官は，祝詞を奏上する前に，拝殿において，上位の神官（より永く神に仕えている神官が上位の神官である。年齢順ではない）から，神からいって，①，②，③の順序に座し（つまり，神に最も近く，神の真正面に最も近いところに，最上位の神官が座る），祝詞奏上のために，正中（神の真正面で，最も高い位置。祝詞奏上などの際以外には，神官でさえ座らない）に座すときには，図7の通りである（①，②，③）。

なお，「左尊」の事実が，葬制上にも見られることが留意される。たとえば，葬式に際して，3人の僧侶を招いた場合，図8のように，位の高い僧侶が，祭壇からいって「左」側に座している。最高位の僧①が祭壇に最も近く，次に高位の僧が②の位置を占める。①，②，③の順序である。上述の神官の神の前における座順と同じである。なお，祭壇の前において，死者は，祭壇からいって「左」側に頭をおく形で安置する。

以上，筆者の調査地の中から，その2，3の例を述べたが，そのような事例から言っても，前に引用した白鳥および大野の説明は首肯される。

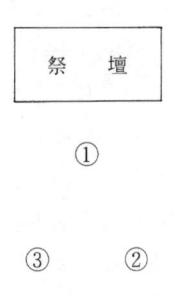

図8 葬式における僧の位置

このような方位観に関連し，筆者の一調査地の古老が「我々農家にとっては，『南中』した太陽が一番大切だ」と語ったことがあった。「南中」とは，この場合，正午過ぎに，太陽が真南に来て照り輝くことを意味している。ちょうど，その頃の南からの太陽の熱量が最大なのである。そのために，家を南向きに建て，家の前庭で農産物を自然干し（現在は，秋に刈り取った稲の籾など，機械で乾燥させているが，以前は，庭で，太陽の熱で乾燥させるのが普通であった。そのことを，自然干しと表現する）にしていたと語るのである。

　神社に関しても同様な認識で，春に秋の豊作を祈願し，秋に豊作を感謝する氏神社も，南からの太陽の熱量を受ける意味で，南面しているのが原則であるという。事実，筆者の調査地の神社の殆どが南面している。

　ところで，調査地で時々農業改良普及員に会うことがある。その農業改良普及員に，「（有効）積算温度」ということを教わったことがある。積算温度とは，穀物が無事に実るまでに必要とする太陽の熱量の合計のことである。

　次に，主な穀物が必要とする積算温度を掲げておく（［216］52）。

　　　　　　大麦　　　　　1100度〜1900度
　　　　　　小麦　　　　　1250度〜2050度
　　　　　　とうもろこし　2600度〜3500度
　　　　　　水稲　　　　　2600度〜4150度

　水稲が秋に無事に実るためには，最低限，2600度の太陽の熱量が加わらなければならないのである。単純に計算してみて，30度の真夏日が，80日余必要ということになろうか。それほどまでに，水稲の栽培にとっては，太陽の熱量が必要なのである。農家の人々は，そのような具体的な数字でもって説明することはない。しかし，常日頃の農作業の経験から，太陽の熱量がいかに大切であるかを語るのである。

　調査地の古老が語る上述の「南中」という表現は，まさにそのことを示していると思われる。このようなことから，農産物，とくに春に水稲の豊作を祈願し，秋にその豊作を感謝する氏神社が南面していること，そして南面する姿勢からいって太陽の昇る東が「左」側に当たるという意味において，神道上の

「左尊」の事実を，このような南と東の方位観からする理解の仕方は，たしかに納得される。

　しかし，そのような方位観から，シメ縄が「左ナイ」であることそれ自体を説明することはできない。筆者の調査結果では，シメ縄の「左ナイ」の「左」は，農作業上の縄の右ナイの右との対比で，その農作業上の縄の右ナイの右のサカサということが強く意識されている。調査地の人々は，神に飾るシメ縄の「左ナイ」のことを，「使い縄（世俗的な経済活動としての農作業で使用する縄のこと）の反対」とよく述べる。そのことは，シメ縄の綯い方に，明確に示されている。

　つまり，世俗的な経済活動としての農作業で使用する縄の綯い方が，「左手」を下に右手を上にして，その間に藁をはさみ，上にした右手を前方に押して綯うのに対して，シメ縄は，そのサカサに，右手を下に「左手」を上にして，その間に藁をはさみ，上にした「左手」を前に押して綯う。ところによっては，上にした右手を前に押して綯うのでなく，手前に引いて綯うという人がいることもある。つまり，神に飾るシメ縄の「左ナイ」とは，農作業の際の縄の綯い方のサカサなのである。そのことは，かつて土葬であった頃の棺縄が「左ナイ」であったことに関しても同様である。

　また，後に述べるように，葬式に際しての「左マワリ」と同様に神祭りにかかわっても「左マワリ」が顕著な事実として見られ，そのために，浄としての神祭りに際しての右マワリ，一方，不浄としての葬制上の「左マワリ」という従来の「浄」―「不浄」：「右」―「左」の二項対置ないし象徴的二元論は，一部ないし一面にその事実が見られるとはいえ（そのことの理解も重要であることはいうまでもない。この点，後述する），わが国の文化に関して，十分な意味において，必ずしも納得することができないのである。

　また，南と東の方位観からする「左尊」の事実に関する説明も，必ずしも十分とは言いがたい。というのも，シメ縄の元（あるいは，根，頭，ナイ始メ）を，神からいって「左」側の東側におくということは，たしかにそのような方位観から説明されうる。しかし，シメ縄が「左ナイ」であることそれ自体は，そのような方位観から説明することはできないのである。筆者には，調査の結果，前に述べたように，神に飾るシメ縄が「左ナイ」であることとかつて土葬

であった頃の棺縄が同様に「左ナイ」であったことが, 世俗的な経済活動としての農作業で使用する縄の右ナイとの対比において明確に意識されていることに示されているように, わが国の文化において,「聖（呪術・宗教的生活活動）」―「俗（世俗的生活活動）」:「左」―「右」の二項対置の認識の仕方が注目されてならない。そして, 右との対置における「左」, 右―左のサカサということに呪術・宗教性が認識されていることが留意されてならない。

換言すれば, わが国の文化においても顕著に見られる「左」の呪術・宗教性は, 世俗的生活活動における右との対置において理解されるということである。そのことは, 本研究においてとくに強く意識しているわが国の民俗的事実に, 明確に示されている。そのために,「左」の習俗の理解に関して, 本研究の副題を,「『聖』―『俗』:『左』―『右』の二項対置の認識の重要性」とした所以である。本研究の主旨を, そのことの主張においている。

従来の「浄」―「不浄」:「右（マワリ）」―「左（マワリ）」の二項対置の指摘は, わが国の文化に見る右・左のシンボリズムに関して, 成立宗教のレベルにおいても, 神道における「左尊」の事実を考慮に入れていないという意味において, その成立宗教の一部ないし一面についての指摘にとどまるものであって, そのような指摘は不十分と言わざるをえない。

従来,「左」の習俗は, 葬制に関して注目されてきている。「浄（具体的には, 氏神祭祀）」―「不浄（葬制）」:「右（マワリ）」―「左（マワリ）」の二項対置論がその典型的な事例であるが, その点に関連しひとこと述べておけば, たとえば, 波平恵美子は, 葬式で「左袖」をかぶる習俗について,「この左は, 左膳や着物の左前などと同じく, 死に関した場面以外には表現されない行動様式である」（[120] 88）と述べている。この論述は, 直接的には「左袖」に関する論述であろうが, しかし, もし「左」の習俗を「死に関した場面以外には表現されない行動様式」と捉えることがあるとすれば（そのような捉え方がしばしば見られる）, それは, わが国の文化に見る「左」の習俗の一部ないし一面についての指摘にとどまるものと言わざるをえない。というのも, たしかに筆者の調査でも「左膳」は葬式に際してのみ見られるが, しかし着物の「左前」は, 死者に着物を着せる場合のほか, 沖縄・久高島においてなど, 神祭りをおこなう神女が「左前」に着物を着る事実も見られるからである（[38] [71]）。

したがって,「左」の習俗を, もし葬制にかかわってのみ見られると捉えることがあるとすれば, それは, わが国の文化に見る「左」の習俗の一部ないし一面についての指摘にとどまるものと言わざるをえないのである。筆者の調査結果によれば, たとえば, シメ縄と棺縄がともに「左ナイ」であるように,「左」の習俗が神祭りと葬制にかかわってともに見られることが留意されてならない。このように,「左」の習俗は, 決して葬式固有の行動様式ではないのである。

なお, 井之口章次は,「死者が男なら左袖, 女なら右袖をかぶる慣いである」([49] 130-1) ということを引用し記録にとどめている。一方,「女は左の袖をかぶって参列する」事実も引用し記している ([49] 126, 他)。このように,「左袖」が男性, 右袖が女性にかかわり, さらに, その逆の事例があることも留意しておく必要がある。

「左」の習俗の男性とのかかわり, 右の習俗の女性とのかかわりは, そのほか, 赤ん坊の名前の披露の宴において, 参会者が, 赤ん坊が男子ならば「左マワリ」に, 女子ならば右マワリに抱きまわす習俗 ([212] 74), また, 宮崎県所在の鵜戸神宮において, 運玉を, 男性は「左手」で, 女性は右手で投げるといったこと, さらに, 日本書紀には, 神婚に際しての「陽神左旋陰神右旋」([170] 81) と記されていることもあり, 数多く, その事例が知られる。

本研究では,「左」の習俗の問題を, 主として, 桜井徳太郎が「神道でも仏教でもなくて, それに先行する原質」([153] 187) と述べる民俗宗教のレベルで取り扱う。というのも,「左」の習俗の「原質」は, 桜井のいうように, まさにそのような民俗宗教に見られると思われるからである。

その場合, 主な論点として,
(1) 「左」の文化的意味を悪, 不祝儀, 不浄などとする従来の指摘とは異なって, 民俗宗教のレベルでは,「左」は, 決して悪, 不祝儀, 不浄の意味ではなく, むしろ逆に,「左」の習俗が神にかかわり, 祝いにかかわり, また, 魔バライ, 招福などの呪術的機能を有していることを描き出し, そして, その「左」の呪術性をいかに説明するかということ。
(2) 次に, 従来の指摘のように, はたして, 死が不浄としてのみ認識されているのか。(この点, 筆者には, 第7章に述べるように, 死の認識の一側面として,

魔バライということが注目され，「左」は，(1)に述べるように，悪，不祝儀，不浄
　　　ということでなく，魔バライそして招福などということにかかわっていることが注
　　　目されてならない。）
ということを問題とする。
　なお，成立宗教と民俗宗教ということに関して，種々な説明の仕方がなされ
うるであろうが，筆者は，次の3点に，その両者の違いを求めて説明する。
　　(1)　宗教施設の有無
　　(2)　専門的職能者の如何
　　(3)　教典の有無
　まず，(1)の宗教施設の有無ということに関して，神道・仏教の成立宗教には，
神社・寺院の宗教施設があるのに対して，民俗宗教にはそれがない。たとえば，
本研究でしばしばふれる南九州に顕著な田の神信仰（田ノ神サァー）には，少
なくとも筆者が調査をおこなったところでは，その地区に神社があり，また神
官がいるが，神官・神社とは無関係に，一般の人々（その多くは，農業従事者）
によってのみ，田ノ神サァーがおこなわれている。
　そのために，(2)の専門的職能者ということに関しては，成立宗教には，神官・
僧侶の専門的職能者がいるのに対して，民俗宗教にはいない。
　次に，(3)の教典の有無ということに関して，仏教の仏典のように，現在の時
点では，神道にも神典がある。それに対して，民俗宗教にはそのような教典は
ない。なお，神道は仏教とは異なって，民俗宗教のように，いわば自然発生的
なもので，その意味で過去にさかのぼった場合，神道を成立宗教とみなすこと
はできないであろう。しかし，今日では神典として体系的に書かれたものがあ
り，そのために，現在の時点では，仏教と同様に，神道も成立宗教とみなしう
ると考えられよう。その成立宗教と民俗宗教（「民間信仰」あるいは「民間伝
承」）ということに関して，

　　　「……成立宗教としての神社神道を『宗教』または『表層的宗教』と呼ぶならば，民
　　　間信仰は『信仰』または『基層的信仰』と呼ぶことができる……」（[13]573）

との記述も見られる。

民俗宗教が，桜井の述べるように，宗教の「原質」をなし，また，ここにいう「基層的信仰」をなしていて，宗教を理解する上において極めて重要であることは言うまでもない。

本研究の主要な研究対象は日本文化にあるが，「左」の習俗の呪術性に関して，比較文化的に，他文化に見る右・左のシンボリズムについても次に見ておこう。

第3節　諸文化に見る右・左のシンボリズム

右・左のシンボリズムないし右―左の二項対置，その両者間のサカサの事実は，世界各地の文化に顕著に見られる。わが国の文化に見る事実は，たとえば，前に述べたように，神に飾るシメ縄が「左ナイ」であり，かつて土葬であった頃の棺縄がまた同様に「左ナイ」であったことが，世俗的な経済活動としての農作業における縄の右ナイとの対比において，そのサカサとして明確に意識され，そして，そのサカサということに呪術性が認識されていることが注目される。

「左」の習俗を広く世界各地に見るとき，世俗的生活活動において，弱・劣・下などと認識されている「左」に，魔バライ・招福など，呪術・宗教的に積極的な機能が与えられ，世俗的生活活動において右に劣り弱く補助的な位置付けがなされ，また，文化によっては，悪，凶，不吉あるいは不浄などと認識されている「左」に，呪術・宗教的な優位性が付与されていることが留意されてならない。

たとえば，KruytのToradja族に関する報告（[77]，[126]に収録）に関心が持たれる。Kruytによれば，Toradja族において，母親が，出産後，新生児の体のどこに母斑があるかを綿密に見るという。そして，それが体の右側にあれば，それは幸運を意味し，一方，「左」側にあれば，それは不運を予告しているという（[126] 83）。ところが，関心の持たれることには，母親が新生児に最初に乳を与えるのは，「左」の胸からなのである（[126] 86）。Toradja族において，「左」は不運を象徴しているのみならず，死にもかかわっている（right=

life and left = death [126] 81, left means death [126] 83, right brings life and left brings death [126] 84)。そのように認識されている「左」の胸から最初に授乳するのである。授乳が子供の成長をうながすことであることはいうまでもない。鳥越憲三郎によれば，Toradja族の祭儀において，椰子の右側の葉を捨て，「左」側の葉だけを使用するという（[189] 12）。また，新築儀礼に際して「左マワリ」にまわるとも言う（[189] 12）。

　Toradja族におけるそのような「左」の事実をいかに理解したらよいのであろうか。Toradja族における右─左の認識の仕方は，基本的には，上述のように，右＝生命，左＝死の二項対置であろうが，しかし，右が生命を強化し，「左」が死をもたらす魔の力を取り除く（[126] 85）というように，Toradja族における「左」の習俗を，ただ単に，死を意味し，死を象徴する，とだけで捉えることはできないのである。

　病気の原因とみなされている魔をムラから追放するとき，右手に箒を持ち掃くことによって生命力を強化し，「左手」に箒を持ち掃くことによって，その魔を取り除くという（[126] 85）。「左」が死をもたらす魔の力を弱め，右が生命力を強化する，とのことなのである。そのために，ただ単に右が生命を象徴し「左」が死を象徴すると捉えるだけでは不十分なのである。

　また，司祭者が，農作業を開始するに際しておこなう儀礼を遂行するとき，その「左手」に魔をもたらすあらゆるものを集める一束の草を持ち，右手に人々に生命とその力強さを与える一束の植物を持つ，ということでもある（[126] 85）。

　さらに，新しく収穫した最初の稲の脱穀に際しておこなう儀礼の際，まず最初に，耕作者が，その「左」の肘で，あたかも脱穀するかのように，7回，稲束をつき，次に右の肘で同じ動作をするというが，「左」の肘でつくのは，魔を無害にし魔が米から栄養的価値を取り去ることを防ぐため，右の肘でつくのは，その栄養的価値を強化するためということである（[126] 86）。

　そのほか，司祭者が一度「左手」で水をふりかけて，家畜から魔を払い，その後，その家畜の生命の強化のために，右手で5回，水をふりかける，ということでもある（[126] 85）。

　このように，まず一度「左手」で魔バライをおこなうことが注目される。

要するに，Toradja 族において，基本的には，右が生者・生命・幸運などにかかわり，「左」が死者・死・不運などにかかわっているにもかかわらず，その「左」が，このように，魔バライ，事態の好転など，よい方向に向かう，呪術的に積極的な意味を持ち，そのような機能を果たしていることが注目されてならない。

　右―左の二項対置の象徴的二元論に関して，このような事実もまた十分考慮されなければならない。従来の「浄」―「不浄」,「善」―「悪」,「祝儀」―「不祝儀」:「右」―「左」の象徴的二元論において，「左」が不浄・悪・不祝儀の意味で捉えられているが，そのような指摘にとどまることなく，さらに，不浄・悪・不祝儀と認識されている「左」が，積極的に，呪術・宗教的な力を付与されている事実を，理論的に，いかに説明するかが，また，重要なのである。

　以上のほか，J. Goody が，LoWiili 族において，呪薬を不吉と認識されている「左手」で混ぜる習俗[3]を報告し，それが，日常の行動様式のサカサ（a reversal of everyday ways of acting）であることを指摘していることも注目される（[34] 111）。

　さらに，P. Rigby が，タンザニアの Gogo 族において，雨乞いなどの儀礼において，占い師の指示に基づいて，5個のカタツムリの殻を，彼らの住む土地の東，西，南，北の境界と中央の5ヵ所に，「左利き」の若者が「左手」で埋める事例を述べ，「右手が……世俗的な文脈において男性性，力強さ，力，したがって，優越し，権威を象徴するのに対して，左手……は，儀礼の聖なる文脈における特別な地位に帰属している」（[143]，[126] 275）ことを記述していることも注目される。

　そのほか，G. Dieterlen が，Bambara 族において，「雨期の前の田畑にまず肥料を施している期間中は，大地の汚れを消し去るために，農民は自分の左手でくわを持ち3度耕す。その後に，収穫期まで，農民は右手で働く……」（[60] 訳書359）習俗を述べていることも注目される。つまり，「大地の汚れを消し去る」ことに，右手に劣る「左手」がかかわっているのである。

　このように，右手が世俗的生活活動にかかわり，一方，「左手」に呪術性が付与されていることに関心が持たれる。

　なお，「右手を優越したものとして喜び，左手を不浄視する」（[220] 130）イ

ンドネシア・バリ島において，祭りに際しての清めの儀式で，「海水に足をひたして左回り」（[220] 118，[217] 改訂版256）にまわることも注目される。

一方，世俗的な経済活動としての農作業で，「……，田植えは必ず右手で行われなければならない……。水田を耕す時も，……，右まわりの形」（[220] 257）である[4]。

本研究の主なねらいは，優—劣の対置においては劣と認識され，また悪・不浄・不吉と認識されている「左」が，積極的に呪術・宗教的機能を付与されているということをいかに理解しいかに解釈するか，ということにおいている。このような事実は，世界各地の文化に広く見られ，わが国の文化においても前述したように，世俗的な経済活動としての農作業で使用する縄が右ナイであり，また，田植えの前に牛に引かせた馬鍬[5]で水田をならしていたのが右マワリであったのに対して，たとえば，神に飾るシメ縄が「左ナイ」であることや，神を祭る聖なる空間を「左マワリ」にまわって設定することなど，その多くの事例が知られる。

「左」に呪術性が付与されている事実は，柳田國男の報告する縄掛地蔵にもその例を見る。縄掛地蔵とは，重い風邪の百日咳で苦しいとき，「左ナイ」の縄を綯い，それを「左手」で地蔵に掛けて病魔を駆逐し病気の治癒を願う習俗のことで（[208] 451），この例においても，世俗的生活において右手に劣る「左手」に，病気を治すという積極的な呪術性が付与されている。このように，幾多の事例において，右に劣る「左」に，魔の除去・事態の好転などの呪術性が付与されていることが知られるのである。

さらに葬制にかかわっても，「左」が魔バライの意識で語られることが留意される。たとえば，鹿児島県徳之島伊仙町で，葬列の先頭の者が葬列の通る道に「左手」で米を撒いて進んでいたことがあるという話を聞くが，そのほか，かつて土葬であった頃，棺をしばっていた棺縄が「左ナイ」であったことはすでに述べたところである。そして，それら葬制上の「左」の習俗を，明らかに魔バライの意味で語る古老がいる。なお，沖縄伊平屋島野甫において，「葬式の際の魔除け」として，「他家の人が死んだら門の入口に竿を立ててカマドの灰を持って来て，門に撒いて左綱を張つて家を出る」（[59] 16）ということもある。

葬制上，出棺に際して，棺を安置した座敷であるいは庭で，「左マワリ」にまわす習俗を今日なお各地で見るが，かつて土葬であった頃，埋葬する前に墓穴のまわりを「左マワリ」にまわっていたことも，各地で顕著な事実として知られる。

その「左マワリ」も，魔バライの意識で語られることが多い。魔バライ・魔の除去という呪術的意味ないしその機能での「左マワリ」の習俗は，葬制上のみならず，本研究で述べるたとえば田の神信仰（田ノ神サァー）などに見るように，「左マワリ」にまわることによって神を祭る聖なる空間を設定するということのように，神祭りに際しても知られることである。

そのような「左マワリ」ということに関して，J. Middleton が，ウガンダの Lugbara 族において，リネージの権威を犯した罪の故に病気にかかった者が，その罪をつぐない，祖霊の許しを乞うためにおこなう供犠のための動物をきよめる目的で，病人の屋敷のまわりを「左マワリ」に引きまわす事実を述べている（[94]，[126] 382）ことも興味深い。また，霊所にただ1人行き，「左手」で，肉，酒などをそなえるという（[126] 382）。

さらに，右手が善・強さ・男性性などを象徴するのに対して，「左手」が悪・弱さ・女性性などを象徴し，また牛の右角を上に，「左」角を下に向けて飾る（[24] 訳書下114）Nuer 族において，子牛を生んだ母牛が後産が降りなくて苦しんでいるとき，「左利き」の人物に依頼して（つまり，「左手」で），草の輪を母牛の「左」の角にかけて楽にしてやる習俗を，E.E.Evans-Pritchard が，注記ではあるが，記録にとどめていることも興味深い（[23]，[126] 107note13）。

Evans-Pritchard は，その習俗を「同種療法」（similia similibus curantur，毒を以て毒を制すといったこと）として説明しているが，そのような説明の仕方も，一つの解釈の視点として，今後，十分検討してみなくてはならないと考えている。しかし，他方，本研究で述べる二項対置の視点からする説明の仕方が，より適切な場合もあるように思われてならない。二項対置の視点は，右 — 左の対置のみならず，たとえば，Evans-Pritchard が，アフリカの諸部族について報告する儀礼においてなど，特定の状況に際して，日常では禁じられている卑猥な歌とか踊りが許され，あるいは勧められてさえしていること（[25]），そして，そのような儀礼的状況において，何故に標準的な行為様式とは反対の

逸脱行為が見られるのかといった疑問に答える上においても，有効なことのように思われてならない。

　つまり，そのような状況に，日常 — 非日常（儀礼）：卑猥な歌や踊りの禁止 — その認可（さらには，奨励）という一種の二項対置を指摘することができるであろうと思われるからである。

　逸脱行動は，たとえば新谷尚紀が述べるように（[162] 162），きびしい不漁の際に，本来は船に乗せない女性をあえて乗せにぎやかに騒がせるといったことのように，一般的には好ましくないとされていることをあえてサカサにおこなう事例など，わが国においても見られる事実である。

　以上の点にかかわって，右 — 左の二項対置について，さらにひとこと述べておけば，従来の研究が，たとえばNeedhamがPurum族において「右と左の儀礼的対立は女性の文脈では転位する」（[123] 91）と述べていることに関して，安元正也が「なぜ転位がそこで生起するのか，そのメカニズムに触れたものであるが，むしろ男と右，女と左の象徴的関連を強調したにすぎないと思われる」（[214] 95）と述べているが，しかし，そのような二項対置の指摘と研究が最も基礎的な研究として重要であることはいうまでもないであろう。そのことは，たとえば，吉田禎吾が，前掲のGoodyの述べることを論評して，次のように指摘していることにも示されているところである。

　　「アフリカのケニヤのメル族も，右を尊ぶにもかかわらず，ムグウェといわれる最高の祭司の左手が神聖視されている。この祭司は，現実の世界における権力者，司法者としての『長老』と対比される。長老が男，右，昼などによって表わされるのに対し，祭司は男性であるが，象徴的には，女性，左，暗などに結びついている。このために，左手が祭司の象徴とされ，神聖視されているのであろう。

　　このように見てくると，アフリカのロウィイリ族で，左手で呪的な薬を混ぜるという習慣も理解できる。この部族でも，左利きは〈不吉〉とされており，左手は衛生上（排泄その他）の目的のために使う。ジャック・グディは，左手を用いて呪薬を混ぜる状況は〈神聖〉なのだから，この習慣は，右を聖，左を俗[6]とするエルツの主張に適合しないと述べている。グディは，これは日常生活における手の使用の転倒を表わすものだと述べており，社会現象を聖俗二元論に還元する試みに賛成していないが，現実の転倒ということ自体，日常と非日常という二元論に基づいていることではなか

ろうか。」（[217] 40-1, 改訂版39-40）

　このように，たしかに，二項対置の研究が基礎的研究として重要である。ただし，従来の研究では，右が優，強，上，吉，浄，善であるのに対し，「左」を，劣，弱，下，凶，不吉，不浄，悪などの意味において捉え，そのような二項対置の指摘において，「左」の習俗の能動的・積極的な呪術的機能ないしその役割を見ることが欠けているように思われてならない。

　その点に関連して，ひとこと述べておけば，Needham によって二元論研究のターニング・ポイントないし再認識（再方向づけ）とされている（[126] xiii）Evans-Pritchard の論文 "Nuer Spear Symbolism" の本文で Evans-Pritchard が述べている右—左：男—女といった二項対置の指摘（たとえば，結婚式に際して，屠殺した牛の右の前足と後足が父系親族に，左の前足と後足が母系親族に分配される），また，右—左：上—下，強—弱，浄—不浄などといった指摘も重要な研究課題であることはいうまでもない。

　しかし，一方，そのような二項対置の指摘に加えて，あるいはそのような二項対置の中に，Evans-Pritchard が，その論文の注13で述べていることで，すでに前に記したように，牛牧民（[53] 565）である彼ら Nuer 族にとって，生活の中心をなす牛——母牛——が，子牛を産んだ後，後産が降りなくて苦しんでいるとき，「左」利きの人物に依頼して（つまり，「左手」で），その母牛の「左」の角に草の輪をかけて，後産が降り，楽になるようにしてやるといった習俗を記録にとどめていることが（Evans-Pritchard は，そのことを注に記しているにすぎないが），また十分注目されなければならないのである。このような場合，「左」が，女性，死などを象徴している（Nuer 族において，「左」は，死や悪と同一視されてもいる。[24] 訳書上266）といった指摘に加えて，「左」の積極的な呪術的機能の究明ということが，また，重要なのである。

　つまり，「左」の習俗に関して，それが，死や悪と同一視され，それらを象徴しているという指摘にとどまってはならないのである。この点，さらに2，3述べておけば，たとえば古野清人は「……中央セレベスの住民にも，右は生，左は死と関連しているとの観念が見出され」（[31] 23），「……多くのインドネシア的未開社会では，諸部族が共有している宗教観念からして，右手が絶対的

に神聖化され，したがって左手が多少とも不浄とされていることを力説できる……」（[31] 23）と述べ，また，吉田禎吾は「……，現在の日本の民俗，俗信では，右はよい方に結びつき，左は不運，死などに関連する」（[217] 42，改訂版41）と記している。

そのような象徴的二元論研究の典型的な一事例を古野の著作『高砂族の祭儀生活』に見るが，たしかに，右―左：善―悪，生―死の象徴的二元論が高砂族の文化における基礎的な事実であっても，その高砂族の一部族であるアミ族において，「悪因（病因など，筆者注）を落とすためのジャンプ」で「左回りに3度回って，3度ジャンプしながら，オホオホと儀礼的に大声で咳をする」（[35] 58）ということもあるのである。したがって，高砂族の右・左のシンボリズムの研究において，右―左：善―悪，生―死といった古野の指摘にとどまってはならない。

また，日本の民俗でも，たとえば，前に引用した柳田國男が収録している縄掛地蔵の習俗のように，「左」の習俗が病魔の退散を願ってなされていた事実も見られるのである。そのような事実が見られる以上，従来の象徴的二元論の指摘にとどまってはならない。問題は，そのような「左」が，どのような論理でもって，病気の治癒といったことなど，魔バライ・事態の好転などの機能を付与されているかということの，その論理が究められなければならない。

「左」に，そのような機能が付与されている事例は，以上に見てきた諸事例のほか，世界各地の文化に数多く見ることができる。以下に，さらに，その幾つかの事例を記しておこう。

その一つは，従来「左」の文化的意味が不浄の意味で述べられているインドにおいても（その論述の一例として，[168] 308-9参照），死者の火葬後，沐浴に際して「左手の薬指で水をはねとばして，災厄よけの文句を唱える」（[198] 89）ということであるし，また，同じインドにおいて，結婚式に際して新郎新婦が「左足」で土器を蹴り割って悪霊を払い，その後の幸福を願う，ということでもある（[200] 189）。

さらに，花婿行列に出発する際に，「花婿は，母親につきそわれて井戸を左周りに5回まわり，水の神に結婚の成功をいのる」（[200] 189）ということである。その習俗は，花嫁に関しても同様である（[200] 189, 202注18）。「左」が

不浄の意味で認識されているインドにおいて，このような「左」の習俗もまた見られることが注目されてならない。

　世界各地の文化を見るとき，強─弱，吉─凶，善─悪，幸運─不運，浄─不浄，優─劣，上─下などの二項対置において，弱，凶，悪，不運，不浄，劣，下などと認識されている「左」が，事象を，積極的に，強，吉，善，幸運，浄，優，上，などに転化することにかかわってもいるのである。この点に着目するとき，右─左の象徴的二元論において，「左」の文化的意味を弱，凶，悪，不運，不浄，劣，下，などと捉えるだけでは，不十分と言わなければならない。「左」の積極的な文化的意味ないしその機能が捉えられなければならないのである。

　そのような象徴的対比ないし二項対置の論考に，さらに以上に見てきたような「左」の積極的な文化的意味ないしその機能・役割を捉えて初めて「左」の習俗の全体像が明らかになるように思われてならない。

　「『右』は正しさ，堅さ，方向づけられた行為を意味する。『左』は不確かさ，不決断，行動の可変性を意味している」（［60］訳書359）Bambara族で，「雨期の前の田畑にまず肥料を施している期間中は，大地の汚れを消し去るために，農民は自分の左手でくわを持ち3度耕す。その後に，収穫期まで，農民は右手で働く……」（［60］訳書359）ということであった。このBambara族の場合，いわゆる二項対置の視点で，「左」を不確かさ，不決断などと指摘するだけでは，「大地の汚れを消し去るために」「左手」が用いられることの文化的意味ないしその積極的な機能を見るには不十分である。その積極的な意味ないし機能がまた十分に究められなければならないのである。

　ただし，そのような場合にも，二項対置の認識が基礎的事実として重要であることは言うまでもないであろう。

　たとえば，すでに前に述べた柳田國男の収録する縄掛地蔵の例で言えば，重い風邪の百日咳で苦しいとき，「左ナイ」の縄を綯って，それを「左手」で地蔵に掛けて病気の治癒を願うというその際の「左手」は，世俗的生活活動において主として使用される右手のサカサとしての「左手」であり，「左手」の呪術性を理解する上で，その右手のサカサとしての「左手」ということが重要なのであって，その意味で，右─左の二項対置の認識が重要であり，そのこと

が基礎的事実として，当然，重視されなければならないのである。

しかし，従来の右―左の二項対置の指摘に見る優―劣，強―弱，善―悪，上―下，幸運―不運，吉―凶，浄―不浄，などといった指摘にとどまることなく，病気を治すという「左」の能動的ないし積極的な呪術的機能を理論的に考察することがまた重視されなくてはならないということを，あえて繰り返し述べておきたい。

わが国の宗教文化に見る「左」の習俗に関して，従来は，その文化的意味が不浄の意味で捉えられていた。しかし，柳田國男の報告する縄掛地蔵，その他数多くの事例で，「左」に病気を治すという積極的な呪術性が付与されていることが，また，重要な論点をなすのである。

さらに，柳田は，生まれた子牛が乳を飲まないとき，「左ナイ」の縄を綯い，それを首にかけて，乳を飲むようになることを願う習俗を記録にとどめている（[201] 1306-7，ヒダリナワ）。このように，事態の好転ということに「左」がかかわってもいるのである。

同様な事例は，前に見た他文化においても，十分に知ることのできることである。

このような事実を考慮に入れるとき，二項対置の指摘の中で，「左」の能動的・積極的な呪術的機能を，また，十分考察する必要があるということを指摘しておきたいのである。つまり，世俗的な日常生活において，右に劣り，弱く，右にとって補助的な役割しか与えられていない「左」に，呪術・宗教的優位性が付与されていることの理解がまた重要であるということである。

なお，悪にかかわる「左」に呪術性が付与されている事実が，ヨーロッパの民俗文化においても見られることが注目される。

たとえば，谷口幸男・福嶋正純・福居和彦は，

「黒い鶏は悪魔に仕える鳥といわれて人びとは忌み嫌った。魔女は箒のほかに，黒い鶏に乗って旅に出かけるし，悪魔はいつも黒い鶏の羽根を一本身につけておく。悪魔の契約はこの羽根を使って左手の人差し指の血を使って書くのがきまりである。」
（[183] 167）

という習俗を記述している。

ところが，一方，同著の中で，著者は，次のようにも述べている（[183] 233-4）。

「低地ザクセンのグロース・シェンクの百姓家のできごとである。日頃櫃の中から穀物が少なくなるので不審に思っていたが，ある時畑から帰って櫃の中をのぞいてみると，ひきがえるが一匹入っていた。殺してやろうと斧を振りあげてみたが，腕がしびれて動かない。百姓は斧を右手で摑んでいたからである。斧を左手に持ちかえるとひきがえるはたちまち姿を消した。

魔女を捕えようとすれば左手を使わねばいけない，右手でやれば失敗するという言い伝えは昔からドイツにある。このひきがえるは魔女であった。

ひきがえるは強い生命力をもつ動物であって，その生命力と醜い姿，それに魔女が結びついてさまざまな俗信を生んだのであろう。したがって干したひきがえるを粉にして関節に巻けば炎症が治るとか，ひきがえるの死骸をワイン樽の栓の上においておけば，ワインの味がますとか，ひきがえるは医薬や，呪術に使われることが多い。

雨を知らせる不思議な力をもち，姿が人に似たかえるや，しめっぽい地下室にじっと動かず住みついているひきがえるは単に身近な動物に止らず，人の魂に関連するものとして人びとからは丁重に扱われている。変身した若者であったり，死んだ後も巡礼を続ける人であったりするひきがえるは，またその反面，醜い姿ゆえに魔女とも受けとられる二面性をもっている。いずれにせよ，おたまじゃくしからかえるへと変態をみせる生き物をみて，民衆はその不思議におどろき，さまざまな俗信を生み出したのであろう。」

このように，ヨーロッパの民俗文化においても，「左」が悪魔にかかわる一方，魔女を捕えるなどといったことにもかかわっていることが留意されてならない。

前に述べたように，劣，弱，悪，下，凶，不吉，不運，不浄，などと認識されている「左」に，どのような論理でもって，積極的な呪術・宗教的意味ないしその機能が付与されているのかということが問題とされなければならない。

その点に関連し，安元正也は，

「通常は肯定的価値が右手あるいは右に結びつけられている。否定的価値が左手に

結びつけられている。否定的価値を持った左手は非日常的，儀礼的状況において価値が転換される，あるいは少なくともその否定的価値によって関与する状況を非日常的なものにすると云えないであろうか。この意味で左手の優越は，社会的カテゴリー間の関係が逆転し現実の日常性のサカサマが演じられる『転換』すなわち『逆転現象』（reversal）の一つとして位置づけることができよう。この逆転現象において俗から聖への転換が行われる。……逆転現象としての左手の優越は，俗から聖への移行に関わりまたそれを象徴する……」（[213] 94）。

と記している。

　問題は，そのような「『転換』すなわち『逆転現象』」の事実を理論的にいかに説明するかということである。筆者は，前に述べたように，本研究の論述の目的をその点においている。しかし，十分に，論点の全体にわたる説明をなしえているとは言いがたい。ただし，従来の研究をふりかえり，本研究が，少しでも，従来の研究に欠けていたと思われるそのような研究の重要性を指摘し，一つの理論的理解の仕方としての「聖」―「俗」：「左」―「右」の二項対置の認識の重要性を述べ，そのような研究の方向を打ち出している点を認めていただければ幸いである。

　「左手」の習俗に関して，Needham は，アフリカ・ケニアの Meru 族とウガンダの Nyoro 族において，その世俗的な日常生活において，右手に劣り，弱く，その補助的な位置付けを付与されている「左手」が呪術・宗教的に優越している事実を分析し，その「相補的二元論（complementary dualism）」を展開している（[124] [125]，ともに，[126] に収録）。Meru 族において，祭司が祭事で右手に劣る「左手」を使用し，また，Nyoro 族で，右手が優越し，「左手」が嫌われているにもかかわらず，その占い師が，占いに際して「左手」を使用している。

　その Nyoro 族の事実について，古野清人が「右手は優越しているのであるから，当然占い師は右手を用いるはずである」（[31] 38）と述べ，しかし，事実はそのサカサで，占い師が「左手」に占いのための貝を持って投げて占う習俗の解釈の重要性を指摘し，「ウガンダのニオロ族では左手は下位で嫌われているが，人々がいろいろの苦難を解決して貰うために依頼する占い師はしたがっ

てよい活動をしなければならないが,彼は占いの貝類を右手でなくて左手で投げて占う。このことは理論上の課題を提起している」([31] 38) と指摘している。つまり,Nyoro族においても,劣・弱・下などと認識されかつ嫌われてさえもしている「左手」に,積極的に,呪術・宗教的な機能が付与されているのである。Nyoro族について,さらに述べれば,吉田禎吾も引用し記しているように ([37] 訳書183,吉田禎吾の解説),「ニョロ族の占い師が患者の左肩に棒を置いて『病気が治るように,悲しみが,不妊がなくなるように』と言い,それから患者の右肩に棒を置いて,『富よ来れ,子どもがさずかるように,長命と幸福に恵まれるように』と言う」([126] xxii) ということである。

つまり,Nyoro族における「左」を,ただ単に,劣,弱,下などと認識するにとどまることなく,このように病気の治癒といったことなど事態の好転ということに積極的にかかわってもいることを看過してはならないのである。

本研究の目的は,以上に述べた古野清人の問題提起に答えることでもある。

わが国においても,くりかえし述べるように,たとえば,農作業上の縄が右ナイであるのに対して,神に飾るシメ縄が「左ナイ」であり,また,かつて土葬であった頃の棺縄が同様に「左ナイ」であった。そして,その両者に見る「左」は,ともに,魔バライのためと認識されている。

このように,世俗的な日常生活において,右手に劣り,弱く,補助的な位置付けがなされている「左手」に,呪術・宗教的な機能が付与されているのである。さらに,ひとこと述べておけば,沖縄本島南部の一集落において,日常の世俗的な生活において右が優越しているのに対し,病気ほどではなくとも,体がだるいといったような場合に,豚とか鶏の「左」の足を食べればよいといったことや,鹿児島県徳之島で,ケンムン(妖怪)に出会ったときに,「左足」でけとばせばよいとか,「左ダキ」といって,「左手」を突き出して取っ組めば勝つ,といったことを聞くことがあるが,さらに,吉田禎吾が,柳田國男の論述 ([205] 412) を引用しつつ,「沖縄ではハブの左の目をとって呑むと精力を増すという俗信があり,ハブの左眼を沖縄からとりよせていた人が東京にいたという。これも左の呪術的効果に由来するものだろう」([221] 222-3) と述べていることも興味深い。このような場合の「左」も,いうまでもなく,世俗的生活活動における右のサカサとしての「左」であり,そのような「左」は,常

日頃の世俗的な日常生活では，右に劣り，弱く，補助的な位置付けである。そのような「左」に呪術的機能が付与されている。そのことを理論的にいかに説明するかが究められなければならない。その場合，右— 左の二項対置ということがベースとして考えられることはいうまでもないことのように思われる。そのような二項対置ということの認識がまずもって重要である。しかし，その二項対置ということを基盤として，その中に，さらに，「左」の積極的な呪術的機能が究められなければならないのである。

　肩に関しても，通常の農作業で，右肩がいわゆる利き肩として使用されていた（現在では，農業の機械化のために，肥料・農産物などを肩に担ぐことは見られない。しかし，過去においては，それらを肩に担いでいたのであり，そのために，使用されていたと記す）のに対し，神事に際して，「左肩」が重視されているということがある（この点，第1章第3節参照）。

　また，葬式に際しても，かつて土葬であった頃，棺を「左肩」に担いでいたという話があることをいくつかの調査地で聞くことがあるが，この点に関連し，柳田國男が，葬列の先頭に立つサキダイマツ（先松明）を「左肩」に担ぐ習俗を報告していることが留意される。

　柳田は，次のように述べている（[209] 91）。

　　「近江滋賀郡坂本村では，葬列の先頭に先松明といふのが立つ。其役は經帷子を着て頭を白細紐で鉢巻し，左肩に藁束で縛つた薪を擔ぎ，左足には棧俵よりも大きな草履をはき，右足には豆草履をはいて居る。……」

　なお，足については，筆者の調査地において，手，肩についてほど聞かれないが，やはり，右足が利き足で，世俗的な日常の生活においては，右足から踏み出す（この点に関連して，[79]第4章「利き足について」参照）のに対して，神の前には，まず，「左足」から踏み出し（いわゆる「進左退右」あるいは「左進右退」），また，葬式に際しても，祭壇に向かって，まず，「左足」から進み出る。その習俗のことを「左右左右（サウサウ）」と言っている。

　このように，日常の世俗的な生活の場面で劣り，弱く，補助的で，周辺的に位置付けられている方が，呪術・宗教的に優越している事実は，Turnerが，

その著 The Ritual Process — Structure and Anti-Structure — において，父系社会における母方の霊的位置付け，一方，母系社会における父方の霊的位置付けを分析し，これらのことにかかわって，「世俗的な弱さが聖なる力である」と述べている通りである（この点，第3章参照）。Turner によれば，男系集団が優越し女系が劣っている父系社会で祭られている神の霊所は女の霊所ということであり，一方，母系社会で祭られている主な神々は男神であるという。つまり，世俗的生活の場面と呪術・宗教的生活の場面とで，男性性 — 女性性の位置付けが，優 — 劣の関係において，逆転しているのである。

同様なことは，「左手」の習俗についても言いうることであろう。

以上の諸点について，くわしくは本論で具体的に述べるが，わが国において，そして，世界各地の文化において，右 — 左の逆転の事実，つまり，日常の世俗的な生活で，劣，弱，下，などと認識されている方が，呪術・宗教的な生活の場面で，優り，強く，また，上位に位置付けられ，重要な文化的意味を持ち，その積極的な機能を果たしている事例が顕著に見られることが注目されてならない。

この点，「左手」の習俗に関して，吉田禎吾が，病気治療において必ず「左手」を用いる北アメリカ北西部の Kwakiutl 族のシャーマンの事例，また，前に述べたアフリカ・ケニアの Meru 族の祭司が儀礼に際して「左手」を使用する事例，さらに，メキシコ南部チアパス高地のシナカンタンの祭司であり呪医でもあるイロルが，イロルのシンボルとしての竹の杖を常に「左手」に持つ事例などをあげながら，「『左』が呪力を持つという観念は広く諸民族にみられる」（[221] 223「『左』の呪力」）と指摘していることが留意されてならない。

わが国の文化に見る「左手」の呪力が，その一事例であることはいうまでもない。「左手」は，世俗的生活において，右手が強であり優っているのに対し，弱く，劣っている。繰り返し述べるように，そのような「左手」に，呪術・宗教的生活において，その力が付与されているのである。その点に，左の呪力・サカサの呪力の比較文化的研究の意義を認識するのであるが，世界各地に見る右のサカサとしての「左」の習俗の検討を通して，その文化的意味と機能とをできるだけくわしく描き出し，かつ，そのような事実の理論的説明が試みられなければならない。

ここで，あえて結論を述べておけば，わが国で，筆者の調査地の人々が，彼らの意識において，その生活を世俗的生活の分野と呪術・宗教的生活の分野とに明瞭に分け，右が世俗的生活活動にかかわり，一方，「左」が呪術・宗教的生活活動にかかわるとする明確な認識の仕方を示し，その両者の間における二項対置の認識の仕方が明らかに認められる。そのようなわが国における事実を含めて，世界各地の文化について，そのことを一般化して，二項対置ということが人間の認識の基本にあるのではなかろうかということを思うとき，わが国の文化における左の習俗・サカサの習俗（世俗的生活において劣，弱などと認識されている「左」が，呪術・宗教的に優越していること）は，アフリカの文化などにおける「左」の習俗も同様に，いわば，当然なこととして説明することができることであろうし，古野清人のNyoro族についての問題提起も，そのような二項対置の視点から説明することのできることのように思われてならない。
　つまり，彼らが，その認識の仕方において，世俗的生活の分野と呪術・宗教的生活の分野とを，明らかに，サカサとして，対置して捉え，そして，世俗的生活分野において，右＝優，左＝劣，一方，呪術・宗教的生活分野においては，そのサカサに，右＝劣，左＝優であるように，世俗的生活分野と呪術・宗教的生活分野とが，異なった世界として，サカサに対置し，それに，同様に，相互にサカサとして対置する右と左とがかかわると認識していることを思うとき，世俗的生活分野において，劣，弱，下，などと認識されている「左」が，呪術・宗教的生活分野において優越していることは，いわば，当然のことのように思われてならないのである。
　そのように二項対置の認識が基礎的な事実であろうことを思うとき，右が世俗的に勝り，一方，世俗的生活活動において，右に劣り，弱く，補助的な位置付けがなされている「左」に，呪術・宗教的生活活動において，その能動的な力が付与されていることは，当然なことではなかろうか。
　古野清人が，Nyoro族において，呪術・宗教的に「左」が重視されている「左」の習俗（Nyoro族において，「左手」は，右手に対して下位で劣るのみならず，嫌われてもいるということであった）にかかわって，右手が優越しているのであれば，呪術・宗教的にも右手が優越して使用されるはずであるのに，

しかし，事実はそのサカサで，呪術・宗教的に「左手」が重視され使用されていることの理論的説明の重要性を指摘していることを前に述べたが，その点，世俗的生活と呪術・宗教的生活とが，サカサとして，対置して捉えられ，そして，その両者に，サカサとしての右と左が対置して象徴的に結びついていることを思うとき，世俗的生活において右手に劣る「左手」が呪術・宗教的に優越していることは，いわば，当然なこととして，理解されうることのように思われてならないのである。

二項対置の認識の仕方が基本的な事実であれば，世俗的生活において優る右に劣る「左」が呪術・宗教的生活において優ることは当然なことではなかろうか。そのことは，世界各地の「左」の習俗のみならず，たとえば，Turner の述べるように（この点，第3章参照），「世俗的な弱さが聖なる力」を有し，父系社会において女神が優越し（神を祭る霊所は「女の霊所」と認識されているという），母系社会においては，男神が優越し，このように，世俗的劣者が呪術・宗教的優者をなしていることにも示されているところである。そのために，終章に述べるように，二項対置の認識ということが，このような事実の解釈上，説明の原理として，重要なことのように思われてならないのである。

この点に関して，くわしくは，第2章に見る Needham の所論，第3章に見る Turner の指摘などのほか，わが国の文化についての吉成直樹，近藤直也，新谷尚紀の所論が注目される。吉成，近藤，新谷のそれぞれの所論の詳細は終章に述べるが，ここで，その三者の所論をごく簡単に述べておけば，まず，吉成直樹は，四国の一漁村における綿密な研究調査の結果，「なぜ不漁／豊漁という対立に，出産／死という対立が対応するのか，という問題」（[222] 37）に関して，海と里という異なった2つの世界間の「富の交換」ということを述べている。

次に，その吉成直樹の所論にふれながら，近藤直也は，山と里，海と里という，それぞれ異なった世界の間での「増える論理」と「減る論理」ということを論じている（[74] 287, 325, 他）。また，新谷尚紀は，その研究事例（「悪魔送神祭」）で，ある集落で，「人々の日々の生活の中で生じたケガレ」（[162] 95）を神輿と旗竿につけ，それを村境で捨てるが，ところが，関心の持たれることには，隣村の人々がそれらを拾い，「……養蚕の棚……に使うと蚕がよくあた

る……」([162] 94) としていることを報告している。つまり，異なった世界（新谷のこの研究の場合，隣接する2つの村落）において，全く異なった逆転した価値が見られるのである。

これら三者に共通していることは，異なった2つの世界で，サカサの全く異なった価値の事実が見られる，ということである。それらの所論は，本研究の主要な論点である右のサカサとしての「左」の事実に関して，重要な解釈の視点を提示するものであるように思われる。

以上，筆者が，本序章で述べておきたいことは，右―左の象徴的対立の認識において，二項対置ということがいわば基礎的事実として重要であること，しかし，従来の象徴的二元論においてしばしば見られるように思われることであるが，「左」の文化的意味を劣，弱，下，凶，不吉，不浄，不運などと捉えるにとどまってはならない，ということである。つまり，象徴的二元論の論考において，従来のそのような二項対置の認識に終止してはならないということである。

その二元論ないし二項対置に関し，吉田禎吾は，

「象徴体系の研究では，象徴的二元的対立の有無をさぐることだけでは不十分で，象徴的分類，カテゴリーの分類からはみでる，どちらつかずの，中間的，境界的な，両義的，多義的なものを対象社会の中で追求していくことも大切であろう。」([37] 訳書186，吉田解説）

と述べている。

このように，二元論の研究に関して，「分類からはみでる，どちらつかずの，中間的，境界的な，両義的，多義的なもの」の文化的意味とその機能をさぐることも，一つの重要な研究課題であることはいうまでもない。そのように，境界線上にあってどちらつかずの状態の研究の重要性は，Turner も，その著 "The Forest of Symbols" で通過儀礼に関し論じている（[193] 第4章 "Betwixt and Between: The Liminal Period in Rites de Passage"）通りである（socio-cultural properties of the "liminal period" [193] 93)。そのような境界線上にあってどちらつかずの状態の研究の重要性は，時間的次元および空間的次元

の両次元において重要であることはいうまでもないことで，そのことは，通過儀礼研究をおこなった Arnold van Gennep の著書に示されている通りである。

そのような研究のほか，二元論の研究にかかわって，世俗的生活において，劣，弱，下，などと認識されている「左」の習俗の積極的な呪術・宗教的機能の追求が，また，一つの重要な研究課題をなすであろう，ということを述べておきたい。

「左」の習俗に関して，従来，それが境界にかかわって見られるという指摘が有力な一指摘として見られる。たしかに，たとえば，葬式に際して，「左」の習俗が顕著に見られる。

葬式は，いわゆる通過儀礼の典型的な一事例で，この世（現世）からあの世（幽世）への過渡期の境界における儀礼であることはいうまでもない。そして，その葬式に際して，「左」の習俗が顕著に見られるのである。そのために，「左」の習俗を境界にかかわって見られるという視点から究めることが，一つの論点として，重要であることはいうまでもないことである。

しかし，一方，筆者の一調査地で，葬式終了後，葬式をおこなった部屋で，「左足」で部屋の四隅を蹴るしぐさをするが，その意味を尋ねると，それは，死者がすでにこの世の者でなくあの世の者であることを示していると述べる。このように，「左」は死者があの世に属していることを示しているとの認識を語るのである。

また，他の調査地で，かつて土葬であったころ，埋葬後，墓前で，餅を両方からひきちぎっていたこと（その場合，ひきちぎる2人が，「左手」でひきちぎっていたはずと述べる人と，利き手の右手でひきちぎっていたという人とがいて，その点，必ずしも明らかでない。ただしこの場合，ひきちぎる行為そのものが強調される）を，死者がすでにあの世に属することを示すためとの認識を述べる人がいる。このような場合，葬式に過渡期を認識しているというよりも，この世とあの世との明確な区別を意識しているということが注目されてならない。出棺に際して，玄関先で死者が生前使用していた碗を割ったり，また，門口で糸を切ったりすることも，そのような意識で述べる人もいる。神にかかわっても，たとえば，シメ縄の「左ナイ」を，神を祭る聖なる空間と人間の住む俗なる空間との境界に見られるとする捉え方もたしかに首肯されるが，一方，

「右は人間，左は神」「人間の右，神の左」「人間の右手が神の左手」などと表現する意識も，また，強く見られるのである。そのような場合，「左」は，境界にかかわるというより，異なった世界を示すいわば異界の象徴として捉えられ，要するに，世俗的世界と宗教的世界との対置ということが留意されてならない。

　本研究においては，主として九州・沖縄における研究調査の結果，そのような認識を論点の中心におき，そして，その研究調査の結果に基づき，わが国の文化において，世俗的生活の分野と呪術・宗教的生活の分野とが，サカサとして，明確に対置して捉えられ，そして，その両者に，サカサとしての右と左がかかわっていることを指摘し，かつ，筆者の研究調査は日本国内における研究調査ではあるが，そのことを通して，古野清人の問題提起に答えることに，本研究のねらいの一つをおいている。

　次に，まず，わが国の文化に見る「左」の習俗について，その事実を見る。

　なお，本書の表題には，Hertzの論文の主題「右手の優越」になぞらえて，「左手」の字句のみを掲げているが，わが国においては，「左手」に加えて，「左足」・「左肩」の習俗も顕著に見られ，そのために，「左足」・「左肩」の習俗も当然とりあげ，次の第1章の題目には，その点を明確に示していることを述べておきたい。第1章の目的は，いうまでもなく，わが国の文化に見る右・左のシンボリズムに関する従来の指摘，つまり，神祭りと葬制に右と左がかかわるとする指摘とは異なって，その両者に，ともに，「左」の習俗が見られることを示すことにある。

〈注〉

1）ここに，一部ないし一面と述べるのは，わが国の文化において，たしかにその一部に従来の指摘の事実が見られ，また，一面と述べるのは，本書の第8章に見るように，右マワリにまわっている全く同一の儀礼において，シメ縄が「左ナイ」ということがあるからである。
2）以前は3人であった。ところが，学校区の設定に際して，4学校区とする方が好都合で，そのそれぞれの学校区から1人を選出することになり，4人とすることになった。その際，神道においては，3という数が尊重されるために，4人とすることに大きな抵抗を示す人が多数いたという。
3）原文は，「呪薬が混ぜられている食べ物を左手で食べる」と記されている。ただ

し，吉田禎吾が紹介している文（後述）に従って，「呪薬を左手で混ぜる」と述べておく。
4）バリ島の調査地において，たとえば，寺院の内と外における違いなど，右と左のあり方がかなり複雑である。くわしくは，［220］参照のこと。
5）筆者の調査地のすべてで牛に引かせていながら，馬鍬と称している。なぜなのか疑問に思われることであり，今後明らかにしたい。
6）Hertz の所論は，その論文の副題「宗教的両極性」に示されているように，基本的には，「浄」—「不浄」の二項対置論であり，そのために，このように右—聖，左—俗と述べることには疑問が持たれる。

第1章

わが国の文化に見る
「左手」・「左足」・「左肩」の習俗

第1節　「左手」の習俗

1. シメ縄と棺縄の「左ナイ」

　わが国の神祭りに関して，成立宗教と民俗宗教の両レベルにおいて，ともに，シメ縄は「左ナイ」である。つまり，神社に飾るシメ縄が「左ナイ」であり，また，民俗宗教としてのたとえば南九州に顕著に見られる田の神信仰（田ノ神サァー）にみるシメ縄など，いずれも，「左ナイ」である。さらに，かつて土葬に際して棺をしばっていた縄（棺縄）が，また同様に，「左ナイ」であった（火葬をおこなっている今日では，棺を縄でしばることはしていない）。

　このように，シメ縄が「左ナイ」であるとともに，棺縄がまた同様に「左ナイ」であったことは，筆者が今日まで調査をおこなってきている二十余の調査地のすべてで知られることである。なお，棺縄が「左ナイ」であったことは，新谷尚紀も，「棺をくくる縄は左縄で綯ったもの」（[162] 152）と述べている。

　そのために，わが国の文化において，浄と不浄に右と左が対応しているとする従来の「浄（具体的には，氏神祭祀）」―「不浄（葬制）」：「右（マワリ）」―「左（マワリ）」の象徴的二元論ないし二項対置論は――（その事実が，一部ないし一面の事実として，わが国の文化に見られることは確かなことではあるが）――，必ずしも納得することができない。

　「聖（呪術・宗教的生活活動）」―「俗（世俗的生活活動）」：「左」―「右」

の二項対置が，わが国の文化における基礎的な事実であるとみなしうる。そのような中に，従来の指摘の事実が，わが国の文化の一部ないし一面に見られることについては後述する（第8章）。

調査地の人々の中に，そのように，シメ縄とかつて土葬であったころの棺縄の「左ナイ」とを常日頃の世俗的な経済活動としての農作業に際して使用する縄の右ナイとの対比において語る多くの人々がいることが留意されてならない。

神祭りと葬制にかかわって「左手」が重視されている事実に，次のようなこともある。それは，大分県の一山村における氏神祭祀の一行事としての麦餅ツキ祭リに際しての杵の持ち方に関する事実である。

まず，その麦餅ツキ祭リの準備の模様を述べると，祭リの前日，祭リの当番のクミ（座前という）が，大人が握れるくらいの太さで，長さ約2ｍの樫の木を切り，その両端を約50cm皮をはいで，杵を作る。前日には，餅につく小麦を水に浸しておく。

祭リの当日の朝，祭リの当番のクミの家の主婦が，小麦を蒸している間に，世帯主およびムラの独身の若者が，縦二列を組み，神官のお祓いを受け，新しく作った杵と身体をきよめるために，かなり離れた深い谷川（現在は，宮を少し下ったところの防火用水のプール）にまで，行進する。その行進のことを，汐井取リ，と称している。その場合，注目されることに，図9に示しているように，先頭の者1人で，「左手」に1本の杵を持つ。次いで，その先頭の者が，右手で，次の者の右手とともに1本の杵を持ち，次の者の「左手」では，さらに，次の者の「左手」とともに1本の杵を持つ，という形で杵を持って進む。

このような汐井取リは，一臼つくごとにおこなわれ，汐井取リから帰ると，社殿（神殿，幣殿，拝殿の総称）を「左マワリ」にまわり，境内で，シメ縄（左ナイ）で区画された餅をつく場所に入る（図10参照）。

このように，汐井取リに際しての杵の持ち方，つまり，先頭の者が，単独で，

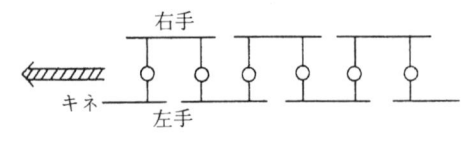

図9

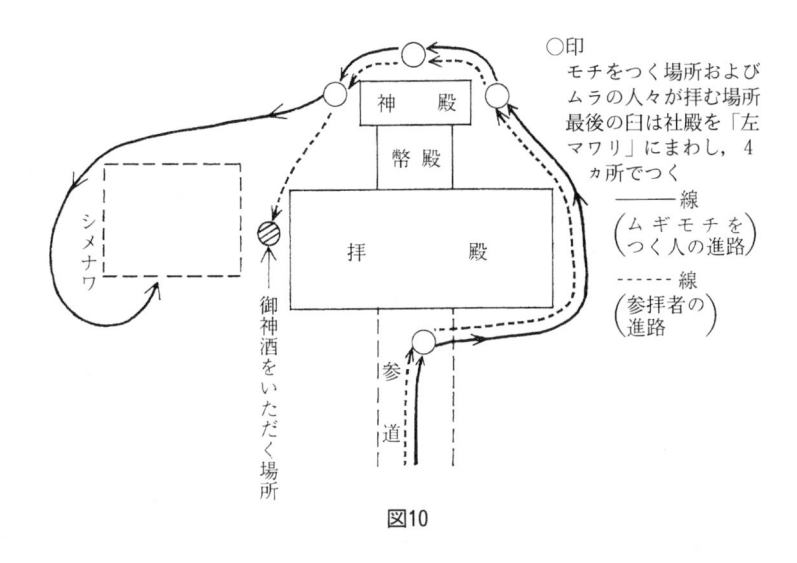

第1章　わが国の文化に見る「左手」・「左足」・「左肩」の習俗

```
○印
モチをつく場所および
ムラの人々が拝む場所
最後の日は社殿を「左
マワリ」にまわし，4
ヵ所でつく

———— 線
（ムギモチを）
　つく人の進路

------ 線
（参拝者の）
　進路
```

図中ラベル：神殿／幣殿／拝殿／参道／シメナワ／御神酒をいただく場所

図10

「左手」で1本の杵を持つということにも，神事にかかわって「左手」重視の事実を知る。

　また，神に参拝する前に，手水場で手を洗う場合，まず，「左手」を洗い，次に，右手を洗い，そして，再度，必ず，「左手」を洗うのが，ルールとされている。つまり，「左手」2回，右手1回，ということである。

　「左手」2回，右手1回ということは，神官の御幣の振り方が，御幣をまず「左」の方に振り，次に右の方に振り，そして，再度，「左」の方に振るということにも示されている。さらに，神官の御幣の持ち方，氏子の人々の玉串の持ち方が，「左手」の方を高く持つということもある。

　そのような動作の場合の「左」とは，動作をする本人を中心としての「左」である。

　つまり，シメ縄の飾り方とか供物のそなえ方においては，祭られている神を基準として，神からいっての「左」なのであるが，動作の場合には，動作をする本人を基準としての「左」である。その点に関して，神社本庁刊行の『神社祭式行事作法指導要綱』に，次のように記されている（[61] 19）。

　「祭場に於て左，右といふ場合は，神座を基準としての左，右であるが，自己を本位

とする作法については，自己の左，右を指すこと。」

なお，当山村の氏神祭祀の春の行事としての的ホガシ祭リ（表面には，三重の円を描き，裏には，鬼と墨書している的を境内の一隅に懸け，それをムラ人が弓矢で射り，いよいよ本格的にその年の農作業をはじめる前に，ムラから魔を追放し，ムラ人の健康を祈願する行事）において，的を境内の一隅に懸ける前に，神前に置き，神官が祈り，そして，神社に伝統的に伝えられている矛でその的をつくが，その際，神官は「左手」を先にし，右手を後にして，矛を持つ。神官は，鬼（魔）に対する「左手」の重要性を強調する。

そのほか，「左手（サシュ）」といって，手に何も持たず，神に面するとき，右手に「左手」を重ね，神には「左手」を見せるようにしなければならないということは，どこの調査地ででも聞くことである。また，各地の神楽において，「左手」に榊を持ち（右手に鈴），その「左手」を高くかかげて神招きをおこなうということもよく知られる事実である。

神事に「左手」が重視される一方，葬制にかかわっても，「左手」重視の事実が知られる。たとえば，焼香は「左手」でおこなうと述べ，また，祭壇において，点火した蝋燭の火は，「左手」で風を送って消し，口でふいて消すようなことは絶対してはならないこと，さらに，火葬後，骨を骨壷に入れる場合，箸（その箸を，竹と木の1本ずつで，2本にするというところもある）は，必ず，「左手」に持つというところが多く見いだされる。その場合，「左手」は使いにくいということで，最初のみ「左手」でおこない，その後は右手でおこなうところが多いが，最後まで「左手」でおこなうというところもある。

そのほか，かつて土葬であった頃，棺に死者を納めた後，小川で拾ってきた石を「左手」に持って釘を打っていたと述べるところもあり，棺を「左ナイ」の棺縄でしばる際，それを，通常の縄の結び方とは違った「左ムスビ」（通常の結び方でない結び方を「左ムスビ」と表現する）にしていた，というところもある。さらに，野辺送りに際して，葬式のヒキオ（棺にとりつけて，それを親戚の者，近隣の者，学校の友人たちが引いて，墓地にまでみちびく。前ビキともいう）を「左ナイ」にしていた，というところもある。

なお，「左手」の習俗に関して，「……墓地での埋葬が終わった後，墓前にて

卯木や竹に串刺したダンゴ状のモチを右手にもって,その串からモチを抜き,左手で左脇から後方に向かって投げる」という「死人の屋敷取り」([102] 86)ということもある。

2. 神輿を担ぐ人の履くワラジの緒と葬式ワラジの緒の「左ナイ」

その典型的な一事例を,大分県豊後高田市近郊の一農村に見る。

当農村において,筆者の幾多の調査地の中,神祭りと葬制にかかわる「左」の習俗上,神輿を担ぐ人の履くワラジの緒と葬式ワラジの緒の「左ナイ」ということのほか,実に,関心の持たれる事実が見られるので,ここで,そのことを記しておきたい。

まず,当農村における氏神祭祀は,1.元旦祭(前日の除夜祭から続く),2.春の大祭(オカグラ),3.秋の大祭(御神幸祭,オミコシともいう),の三大行事を中心とし,それに,4.二百十日および二百二十日の風除ケ祭などがおこなわれている。そのうち,最大の行事である御神幸祭について見る。

御神幸祭は,調査を実施した年は,10月12日・13日の両日におこなわれた。それは,稲の収穫を祝っての祭事で,稲刈りの直前に,見事に実った稲の様子を氏神に見てもらい,神に感謝して祭事をおこない,その後に,稲刈りをはじめる。ムラの若者が,稲が見事に実った田の間を神輿を担いでねりまわる。御神幸祭は,その1週間前のシメオロシの準備からはじまる。

シメオロシとは,古いシメ縄と新しくなったシメ縄とをとりかえ飾り替える行事であり,新しいシメ縄は,当番のクミ(「年番」という)からえらばれた3人のナイ手と3人の藁を補充する者の6人で綯う。

その人たちは,当日,夜明け前に海に行き,身をきよめる。そして,夜明けとともに綯いはじめ,できれば,午前中に古いシメ縄と交換し,新しいシメ縄との飾り替えを完了する。シメ縄は,本調査地でも「左ナイ」である。シメ縄を綯う人は,当日一日,海で身をきよめるが,神輿を担ぐ者は,その日から毎日海に行き,身をきよめる。

そして,御神幸祭の当日は,水田の広がるムラの一方の端の山手にある本宮(モトミヤ。モトグウという人もいる)から,12日,午後3時に,16名のカツギ手に担がれて出発し,ムラの他の端の山手にある御旅所(あるいは,御仮屋

ともいう)へ向かう。

　神は,当夜,御旅所で1泊なされ,その御旅所では,神官と氏子総代(12人。12の集落から,1人ずつ)が徹夜でこもり,神とともにすごす。ムラ人は,夜おそくまで,そして翌日の昼間まで,演芸その他に打ち興じる。翌日午後3時,御旅所を出発なされ,ムラの中をねり歩きながら本宮に帰られる。

　次に,そのような御神幸祭に,いかに「左手」の習俗が示されているかを見る。

　まず第1に,シメ縄が「左ナイ」であることはすでに述べたが,シメ縄のナイ始メを神からいって「左」側においている。というのも,本調査地において,日ノテリ,日ノアガリという言葉が聞かれ,かつ重視され,氏神社が日ノテリの方向,つまり南面し,そしてシメ縄のナイ始メを日ノアガリの方向,つまり東側におく,と述べる。

　また,ヒダリウエという言葉も聞かれ,神からいって「左」側が上座で,春のオカグラの際などにも,拝殿の神からいって「左」側で,氏子総代が会合をもっている。きけば,「左」側が神に近い方といい,右側は空いたままである。ムラの神官の話に,よく左尊右卑とか,左上右下,という言葉を聞くが,ムラ人のいうヒダリウエという言葉は,その左上右下という言葉の省略であるのかもしれない。

　いずれにしても,ムラ人がヒダリウエという言葉を使い,拝殿における自分たちの位置,神への供物をそなえる順序などにおいて,神からいって「左」側が上という意識を持っていることが注目される。

　第2に,そのような「左」側,すなわち東側(本調査地の氏神社も南面しているので,「左」側が東側でもある)重視の事実は,春のオカグラと秋の御神幸祭に際して,後述する通常の供物の前に,さらに「左」側,つまり東側に,特定の袋に入れた米をそなえることにも示されている。

　つまり,図11に示しているような固定した神への供物の前に,多量のミカン(当地は,伝統的なミカンの産地である)と,特定の袋に入れた米(その袋は,そのための専用として,それぞれ大切に保管している)とをそなえるが,その場合,米を必ず東側,つまり神からいって「左」側に,ミカンを西側,つまり神からいって右側に,そなえる。

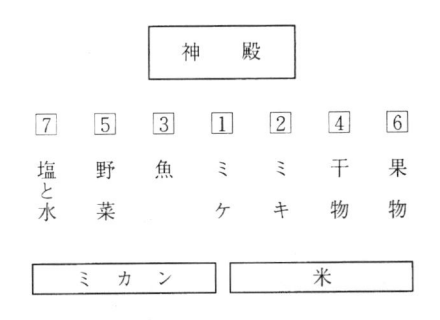

第1章 わが国の文化に見る「左手」・「左足」・「左肩」の習俗

```
        ┌─────────┐
        │ 神   殿 │
        └─────────┘
  ７   ５   ３   １   ２   ４   ６
  塩   野   魚   ミ   ミ   干   果
  と   菜        ケ   キ   物   物
  水

        ┌─────────┐  ┌─────────┐
        │ ミカン   │  │   米    │
        └─────────┘  └─────────┘
```

図11 神前における供物の順序・位置

　筆者が秋の御神幸祭の準備の段階から参拝させてもらった際，ムラの若者が神にそなえるミカンを持参し，急いでいたためにか，うっかりして神の前の東側，つまり「左」側の案（神への供物をそなえたり，玉串をささげおく机）の上にそなえたところ，氏子総代の1人が西側，つまり神からいって右側の案の上にそなえるように注意していた。きけば，米はミカンより大切なものであり，また，米の栽培にとって太陽は欠くことのできない重要なものであり，米と太陽とは直接結びつくものであるからと述べる。

　勿論，ミカンの栽培にとっても太陽は欠くことができず，日照量が不足した場合，ミカンは甘みに欠けるということで，ミカンの栽培にとっても太陽の重要性は十分認識されている。そのことは，ミカンの栽培地として，南向きの土地が好まれ，また，山の斜面など南向きの土地の価格が他の土地より高いことにも示されている。

　太陽は米とミカンの栽培上，ともに，重要であることはいうまでもない。

　しかし，ムラの主要な経済基盤が，また，心理的にも，伝統的にミカンより水田稲作に依存してきており，そして，水田稲作にとって太陽の多量の熱量を必要としている以上，上述のムラ人の意識は，十分，首肯されるのである。

　ムラ人にとっての水田稲作の重要性は，各家が神にそなえる米を入れる特定の専用袋を所有し，氏神祭祀に際して，ムラ全体として，神の真正面にそなえているミケのほか，各家が，すべて，さらに，その専用袋に入れた米を，必ず，神からいって「左」側の案の上にそなえるということにそのことがよく示されている。

以上のほか，本調査地でも，「進左退右」ということが聞かれ（神の前に進み出る際の作法として，「左先右後」という人もいる），また神官の持つ祓串の持ち方，氏子総代および他のムラ人の持つ玉串の持ち方なども，他の調査地の場合と同様で，「左手」で「左」の方を高く持っている。なお，神官の祓串のはらい方も，左→右→左と，まず最初に「左」へはらい，次に右へ，そして，再度，必ず「左」へと，「左」へ2回，右へは1回である。
　次に，神にそなえる供物の数は，本調査地の場合，すべての氏神祭祀を通して，奇数，しかも，七種―1．ミケ，2．ミキ，3．魚，4．干物（スルメ，コンブなど），5．野菜，6．果物，7．塩と水―と，固定している。そして，その七種を神からいって「左」側，換言すれば東側（ムラ人の中に，「左」側といったり，東側といったりする人がいるが，その両者は，本調査地の氏神社も南面しているので，符合する）を重視する形で，神の真正面，神からいって「左」側，右側，「左」側，……と，順次，そなえる。そのような供物の前に，図11に示しているように，米とミカンを，米を東側，つまり神からいって「左」側に，そして，ミカンを西側，つまり神からいって右側にそなえる。
　なお，上記七種の供物をそなえたそれぞれの三方（供物をのせる台）をムラの神官が氏子総代から受け取る場合の作法にも「左手」重視の事実が示されている。三方に，まず「左手」でふれ，次に右手でふれて，初めて三方を持つ。
　三方を持つ場合，両手を同時にふれてはならず，まして最初に右手でふれてはならないとされている。さらに，そのような「左」の習俗は，神輿のカツギ手が頭に巻いている鉢巻にさしている御守札の位置にも示されている。つまり，御守札を頭の「左」側にさしている。
　ムラの古老の話によれば，以前から必ず「左」側にさすのがキマリ（習慣）であったといい，今日の若者の中には，そのキマリを知らない者が段々増えていると嘆いていた。事実，筆者が参拝させてもらったとき，神輿のカツギ手16名中4名が最初，右側にさしており，ムラの古老が注意して，「左」側にさしかえさせていた。
　また，神輿のカツギ手の履いているワラジの緒も，最近まで「左ナイ」であった。というのも，今日，稲の刈り取りは機械でおこなわれているので，藁は短く切られてしまい，氏神社と御旅所に飾るシメ縄を綯う藁を確保するのがやっ

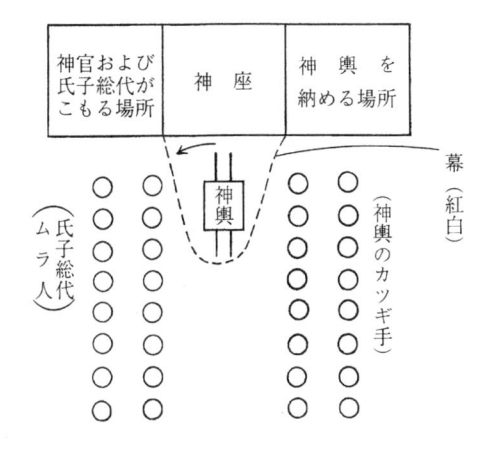

図12 御旅所の構造および神輿出発の際の御旅所の前における神輿のカツギ手その他の人々の位置

とといった実情である。そのために，筆者が調査をおこなった年のワラジは，外部でつくられた右ナイの緒の，しかも，ビニール製のワラジであった。

ムラの古老は，自分たちでワラジをつくることができないこと，外部から購入したワラジの緒が右ナイであり，さらにそれがビニール製のものであることを大変残念がっていた。氏子総代の話によれば，稲刈りをはじめる前に，ムラ中の田を見てまわり，藁が一番立派な家の人に，機械刈りでなく手刈りにしてくれることを依頼し，そうすることによって，氏神社と御旅所に飾るシメ縄を綯う長い藁を確保するのが精一杯という実情なのである。そのような実情であるために，今日，神輿を担ぐ人の履くワラジの緒が「左ナイ」であるということは見られないが，最近まで，それは「左ナイ」であったのである。

次に，御旅所の建物の構造にも，「左」側上座の事実を知る。

建物は，3つの部門から成り（図12参照），中央に神が宿らせ給うところ，その神が宿らせ給うところからいって「左」側が神輿を一夜納めおくところ，そして右側が神官および氏子総代が一夜こもるところである。

聞けば，神が宿らせ給うところからいって「左」側が上座であり，当然，その「左」側に神輿は納めるべきものと述べる。御旅所における供物もその重要度に応じて，神の真正面 → 左側 → 右側 → 左側……とそなえる。

翌日の祭りの2日目は，御旅所の前で，神からいって「左」側に神輿のカツギ手，右側に氏子総代およびその他のムラ人が位置し（それは，前日，本宮を出発する際も，同じである），そのような中に，神官が祝詞を奏上し，神を神輿に乗り移らせる。

その後，神輿はカツギ手に担がれて，御旅所を出発する。

神輿をいよいよ担ぎ出す際も，「左マワリ」に半回転させている。右マワリには決してまわさないという。何故ならば，宮メグリは「左マワリ」であるからと述べる。

なお，神輿を担ぐ際に，左右のカツギ手が同時に立ち上がるのでなく，「左」側のカツギ手の方が，右側のカツギ手の方より，心持ち少し早く立ち上がるのが習慣であるという実に関心の持たれる話をする古老がいることにも注意が向く。

その後，ムラの中の多くの農家を訪ね，そこで御神酒をいただき，ムラ中をめぐって本宮に帰りつく。

このようにしてムラ中をねり歩き，本宮に帰りついた後，本宮では神官が祝詞を奏上し，神輿から神を神殿に移らせ，神が神座に鎮まり給うて，御神幸祭が終了する。

最後に，拝殿では神官と氏子総代との直会が催される。その場所は，神からいって「左」側で，右側は空いたままである。聞けば，「左」側ないし東側が，右側ないし西側より神に近く，上座であるから，と述べる。このように，神にかかわって，「左」側ないし東側の重視ということを知る。

一方，当農村で葬制上にも「左」の習俗が明確に示されている。

その点，最も印象深く感じたことは，死そのものを「左」と表現していたという古老の話である。ムラ内あるいはクミ内に死者が出て，シラセに行ったとき，「誰々が『左』モウサレマシタ」と言っていた，と述べる。そのことは，他の調査地では全然聞くことがないが，本調査地で，以前，死そのものを「左」と表現していたということは興味深く，また，死にかかわって，「左」がこれほどまでに端的に示されているという点で，非常に注意を喚起されたのであった。

その理由を問えば，「左ナイ」の棺縄をはじめとして，葬式は「左」でなく

てはならないからであろうと述べる。このように葬制にかかわって，当調査地でこれほどまでに「左」が強く意識されてきている。

　当調査地でも，以前，葬式前夜の通夜に際して，臼で麦粉をひき，ウドンをつくって参会者に出していたが，当調査地では，そのような通夜に際してのウドンをつくる麦粉をひくためのムラ共有の特別の臼があったという。つまり，葬式専用の臼である。というのも，各家所有の常日頃使用する臼は右マワシの臼であり，歯の立て方もそのように切ったものであるが，葬式に際しての臼は「左マワシ」の臼であり，また，歯も常日頃の右マワシの臼の歯の立て方とはちがった，特別に「左マワシ」のための歯の立て方をした臼であったと述べる。粉にする麦を落とす穴も，「左マワシ」の臼では，右マワシの臼の穴のあけ方とは，やはりちがっていたという。当調査地では，常日頃使用する右マワシの臼とは別に，葬式専用に所有していた「左マワシ」の臼のことを「左ウス」と称している。

　死者は，いわゆる北枕に寝かしている。その後，葬式にかかわるいろいろな準備をおこなうのであるが，その最も重要な準備の一つは，以前では，棺をしばる縄を綯うことであった。その棺縄は「左ナイ」であったという。また，葬式ワラジの緒も「左ナイ」であった。

　上述のように，死直後，北枕に寝かしていた死者は，その後，祭壇の前では，祭壇からいって「左」側に頭をおく形で寝かせる。このように本調査地においても，葬式にかかわって，「左」重視の事実が明確に認められる。

　そのほか，湯灌に際しての「左ビシャク」ということを言い，ヒシャクを「左手」に持って，しかも水に湯を入れる（常日頃，湯に水を入れて適温にする方法のサカサのいわゆるサカサ水）という事実も知られる。また，一部の人々は，ギャク（あるいは，カエシ）ビシャクといって，ヒシャクを右手に持ってはいても，いつもはヒシャクを内側にかたむけて使用するのに対して，湯灌に際しては，ヒシャクを外側にかたむけるという人もいる。

　このような葬式に際しての，いつもとはちがった，内側のサカサの外側に向けたヒシャクの使い方をも含めて「左ビシャク」，あるいは「ギャクビシャク」，また「カエシビシャク」，と称している。

　さらに，死者には，「左マエ」（本調査地では，「左ムネ」のことを「左マエ」

と述べる)に着物を着せており,また以前は,足袋を左右サカサにはかせていたという。死者を納棺した後,棺(寝棺)に死者が生前着用していた着物を,その着物のすその方が死者の頭の上にくるようにしてかけていた,ということもある。そのことをサカサギモン(キモノ)といっている。また一部に,納棺する前に死者を寝かしている布団の掛け布団を,上下サカサにしていたと述べる人もいる。

次に,葬式の祭壇の前における座について,祭壇からいって「左」側が上座と述べ,祭壇の前で経をとなえる前,僧侶は祭壇からいって「左」側の祭壇に最も近いところに座を占め,その同じ「左」側で,僧侶の次に遺族,そして親族の者が座り,祭壇からいって右側に,クミ・ムラの人々が座っている。ところによっては,部屋の中で,庭に背を向けて座る方が下座で,庭に向かって座る方を上座とし,葬式に際しても,祭壇からいって右側を上座とし,僧侶,遺族,親族の者がその右側に座るというところもあるが,当調査地では,このように庭に面しているかどうかには関係なく,祭壇からいって「左」側を常に上座としている。

以上のほか,数珠の持ち方についても,「左手」重視の事実を述べる人が多い。つまり,数珠は必ず「左手」に持たなければならないという。

焼香は,今日,利き手の右手でおこなっているが,現在のムラの古老の人で,彼らが若かったころ,「左手」に持つ数珠を一時的に右手に持ちかえて,「左手」でおこなうのが正式だ,と当時のムラの古老に教わったと述べる人がごく一部にいることも興味深い。今日,殆どの人々は,「左手」は使いにくいということもあって,焼香・線香・蝋燭に火をつけること,また,消すことなど,いずれも,右手でおこなっている。しかし,意識としては,「左手」でおこなうべきという考えを持っている人が一部にいることが注目される。

その他の事実として,本調査地で聞く重要なことで,人々からいただいた香典を記録しておく香典帳は,以前,必ず,「左ビラキ」でなくてはならなかった,ということがある。つまり,記入していって次のページにめくる際,「左」の方にめくるようにしたものでなくてはならなかったのである。それは,福岡県八女市近郊一農村では「左トジ」の名称で知られるが,本調査地では,「左トジ」という言葉は聞かれず,専ら「左ビラキ」といっている。かつて,小作

人が納めた小作米の量とその月日を地主が記録していた記録簿のように，常日頃の世俗的な生活での記録をとるのが右ビラキのノート（大福帳のようなもの）であったのに対し，いうまでもなく宗教行事としての葬式に際しては「左ビラキ」のノートでなくてはならなかったのである。

　また，出棺に際して，葬式をおこなった部屋で，遺族・親族の者が，棺をかかえて「左マワリ」に3回まわっている。

　さらに，最近まで，おこなっていたことで注目されることがある。それは，初盆のとき，死者が出た家が所属するクミの者，学校での死者との同級生などが，供養オドリと称して，死者の家の庭（雨天の場合には，家の屋敷）で，盆踊りのように，最近まで[1]踊りまわっていたが，その際まわるのは必ず「左マワリ」でなくてはならなかったと述べる。

　以上のほか，一部の古老の話に「左グワ」，ないし「サカ（サ）グワ」，「ウラグワ」ということも聞く。それは，かつて土葬であったころ，死者を墓穴に納め土をかける際，常日頃の農作業では，右手を先にし「左手」を後にして鍬を持つのに対し，墓穴に土をかけるのは，鍬の持ち方を常日頃の農作業の際とはサカサにして，「左手」を先にし右手を後にして鍬を持ち土をかけていたということで，そのような鍬の持ち方を「左グワ」ないし「サカ（サ）グワ」，あるいは「ウラグワ」と称していたと述べる。他の古老の話では，通常の農作業では，鍬を引いて使用するのに対して，墓穴に土をかける際には，鍬を押して土をかけるため，そのような使用の仕方での鍬のことを「サカ（サ）グワ」あるいは「ウラグワ」と言い，もし常日頃の農作業でそのような鍬の使い方をしたら嫌われていたという。

　ところが，本調査地で，以前，地鎮祭などに際して，神事に際しても，同じ鍬の持ち方をし，「左手」を先にし右手を後にして鍬を持ち砂を盛っていた，という話も聞くことが興味深い。葬制上，火葬となっている今日では，そのような「左グワ」ないし「サカ（サ）グワ」あるいは「ウラグワ」が見られないことはいうまでもない。

　また葬式に際して，棺をしばるしばり方などに関して，サカムスビということを述べる人もいる。つまり，日常生活でのむすび方をマムスビといっているのに対し，葬式の際のむすび方をマムスビとはちがったサカムスビにしていた，

というのである。

　この点，福岡県八女市近郊の一農村では，ここにいうマムスビのことを花ムスビといい，サカムスビのことを「左ムスビ」と称している。

　本調査地でも他の調査地においても見られることであるが，通常の料理の並べ方とはサカサの「左(お)膳」ということがあり，このように本調査地の葬制にかかわっても，多くの「左」の習俗を知るのであるが，このような諸事実があって，本節の冒頭に述べた死のシラセで，死という言葉を直接口にすることをはばかって，「誰々ガ『左』モウサレマシタ」と述べていたということも理解される。

　葬式ワラジの緒の「左ナイ」ということも，このように葬制上顕著に見られる「左」の習俗の一つとして注目される。神輿を担ぐ人の履くワラジの緒も「左ナイ」であった。

3．柳田國男の収録する縄掛地蔵の習俗

　「左手」と「左ナイ」の習俗に関して，柳田國男の収録する縄掛地蔵の習俗が注目される（[208] 451）。縄掛地蔵とは，重い風邪の百日咳で苦しいとき，「左ナイ」の縄を綯い，それを「左手」で地蔵にかけて，病魔を駆逐し，病気の治癒を願う習俗のことである。このことは，後述する（第7項）ハラメン棒などと同様に，「左」が事態の好転・招福ということにかかわり，その呪術性が示されている一事例である。

　また，柳田が，生まれた子牛が乳を飲まないとき，「左ナイ」の縄を綯って，それを子牛の首に掛けてやると飲むようになるという習俗を収録していることも興味深い（[201] 1306-7，ヒダリナワ）。

4．その他の「左縄」の習俗

　そのような「左縄」の習俗は，以上のような事例のほか，いろいろな事実が知られる。長崎県対馬で，海女が海に潜るとき，魔ヨケのために，「左縄」を腰に巻くということがあり（呪力が宿っている「左ナイ」のハツコ縄。[179] 91），沖縄・久高島では，ヤナガレ（祀ってくれる子孫のない死霊）を入れないためなどのムンヌキ（魔ヨケ）として「……ピザイナー（左縄）をない，モングチ

第1章　わが国の文化に見る「左手」・「左足」・「左肩」の習俗

の内側に張った」（[75] 164）という報告もある。

　また，鹿児島県徳之島で，稲を害虫の被害から守るための虫ノゾキの儀礼において，一家の主人が朝早く田圃に行き，稲についている害虫を数匹捕って，里芋の葉に包んで海へもっていって，「オオシマ，ヒロシマカチ，流リティ給シ（大きい島，広い島へ流れていってください）」と唱えて流し，「害虫を捕った後は，すすきの葉で田の稲を払ってからさらにそのすすきを左結びにして田の水はけ口に立てて」（[91] 41）いたという報告もある。

　そのほか，「左縄を左手で作った草履をうちつけると病気にかからない」（[135] 508），「ウルシマケには，縄を左にない，患部をこすって火に投ずる」（[135] 510）ということもある。

　さらに，桑の木で作った箸を「左手」に持って食べれば中風がなおるとか（[109] 173），誕生した赤ん坊がクシャミをしたとき，魔ヨケのために（クシャミをすれば，一時的に，魂が抜け，その代わりに，魔が入り込むという考えがあったらしい），お七夜の間，クシャミをした回数分，生糸を「左合ワセ（左ヨリ）」に結ぶ習慣があったという報告もある（[109] 200）。

　また，岩崎敏夫は，神社で「左手」の指で紐を結ぶことができれば願いがかなうという習俗を写真で紹介している（[57] 写真 5）。

5.「左弓」の習俗

　「左手」の習俗に関して，「左弓」の習俗もまた注目される。「左弓」の習俗は，熊本県一の宮町阿蘇神社の秋の御神幸祭に際して見られ，通常，弓を引くのが「左手」に弓を持ち，力の強い右手に矢を持ち引きしぼるのに対して，阿蘇神社の御神幸祭に際しては，そのサカサに，その行程の重要な辻々で，右手に弓を持ち，あえて力の弱い「左手」に矢を持ち，引きしぼり，射っている。阿蘇神社の祭祀を研究した村崎真智子は，「左弓とは右手で弓を持ち，左手で矢を放つこと」（[104] 104）と述べている。右手に弓を持つので，右弓と称するのがよいように思われるのであるが，そのように，御神幸祭に際して，通常の弓矢の持ち方とはサカサに持つ弓矢の持ち方を「左弓」と称している。

　神事にかかわる「左弓」に関して重要なことは，それが，通常の世俗的な生活における弓矢の持ち方のサカサとして，その習俗に，「聖」―「俗」：「左」

―「右」の二項対置の認識が知られるということである。それとともに、あえて力の弱い「左手」に矢を持って引きしぼるということで、第3章に述べるTurnerのいう「世俗的な弱さが聖なる力であること」のわが国の文化に見る一事例と考えうることとも思われる。

なお、そのような弓矢の持ち方(「左弓」)は、魔バライのためと認識されている([104] 104, 136, 205)。

6. 神楽繰出帳と香典帳の「左トジ」

これまで述べてきたように、神祭りと葬制上にともに「左」の習俗が見られることが留意されるが、さらにその一事例を、宮崎県の一山村の氏神祭祀で、毎年神に奉納した神楽名を記録にとどめておく神楽繰出帳の「左トジ」とかつて葬式に際して使用していた香典帳の「左トジ」に見る。

神楽には三十三番があり、以前は、その三十三番すべての神楽を夜明けまで舞い奉納していたというが、今日では、そのうち、十八番を舞い奉納し(三十三番の神楽名など、その詳細については、本章第3節1参照)、毎年その年に舞った十八番の神楽名を神楽繰出帳に記入し、記録にとどめている。その神楽繰出帳が「左トジ」なのである。

ところが全く同じその山村で、葬式に際しての香典帳がまた「左トジ」であった。

葬式に際しての香典帳が「左トジ」であったことは、前に述べたように、福岡県八女市近郊の一農村においても知られ、また、大分県豊後高田市近郊の一農村においては、「左ビラキ」の名称で知られる(「左ビラキ」にするためには、「左トジ」でなければならないし、また、「左ビラキ」は、「左手」でもって、「左」側に、ひらくことである)。また、「左帳面」と言っているところもある。そして、それらの「左トジ」・「左ビラキ」・「左帳面」は、いずれも、たとえばかつて小作人が地主に小作米を納めた際の記録簿(大福帳のようなもの)が右トジであったことなどとの対比において、そのサカサとして、認識されている。

その一例を、図13に示しておく。

この点にも、「聖(呪術・宗教的生活活動)」―「俗(世俗的生活活動)」:「左」―「右」の二項対置を知る。なお、その「左トジ」・「左ビラキ」・「左帳

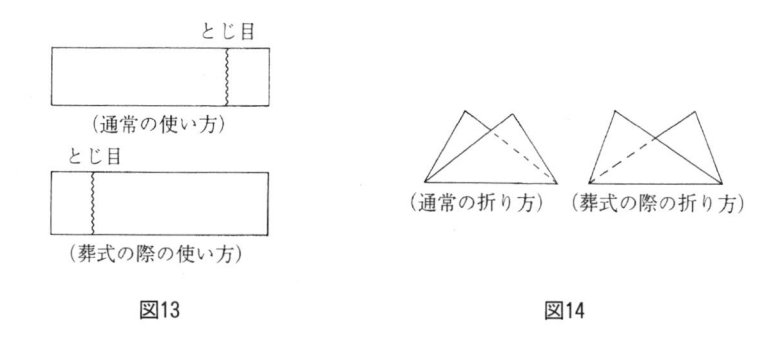

第1章　わが国の文化に見る「左手」・「左足」・「左肩」の習俗　　　53

```
           とじ目
         （通常の使い方）
           とじ目
         （葬式の際の使い方）
```

（通常の折り方）　（葬式の際の折り方）

　　　図13　　　　　　　　　　図14

面」は、利き手の右手に劣り弱い「左手」でめくることであることは言うまでもない。

　さらに、以上に述べた「聖」―「俗」間の二項対置の認識は、福岡県八女市近郊の一農村における次のような事実についても知られる。

　それは、通夜・葬式に際しての参拝者に、お茶とともに出す菓子をのせる紙の折り方に関する事実である。

　図14に示しているように、世俗的な日常生活における接客の際に出す菓子をのせる紙の折り方が、右側が上になるように折るのに対して、通夜・葬式に際しては、そのサカサに、「左側」が上になるように折っている。そのような折り方を、ヒダリオモテ、と述べる人がいる。

7．柳田國男の報告するハラメン棒・祝棒および船霊様にかかわる「左巻き」

　「左巻き」ということに関して、柳田國男がハラメン棒などの「左巻き」について述べていることが注目される。ハラメン棒とは、結婚した新妻が無事懐妊し、元気な赤ん坊を出産することを願って、新妻の腰をたたく藁の棒のことであるが、福岡市南郊春日市農村部の一集落で、嫁の尻タタキと称して、同様なハラメン棒の習俗を知る。それは、藁を縄でぐるぐる巻きにして棒状にしたもので、その縄の巻き方が「左巻き」であったという。今日当地で「左巻き」ということに必ずしもこだわってはいない。しかし、ムラの古老に聞くと、それは、以前、必ず、「左巻き」にしていたはずだと述べる。

　ハラメン棒が「左巻き」であることに関連して、鹿児島県大口市の一集落における報告もある。当地ではハラメボウといって木製であるが、「左手に強い

力を入れて，左巻きのケズリカケを削り出し」（[64] 58, [65] 81）て，つくっている。

　なお，福岡県南部の一農村では，1月14日の夜おこなっているモグラ打チ（モグラ打チの名称が一般的であるが，当地ではモグラタタキと称している）の棒が「左巻き」であったと述べる。モグラ打チとは，畑を荒らすモグラを追い払うために，竹の棒の先にとりつけた藁の棒で地面をたたく行事であるが，竹の棒の先にとりつけた藁を棒状に縄で巻いたその巻き方が「左巻き」であったという。そして，その「左巻き」ということが，かつて水田のミナクチ（水口。水田稲作に必要な水を水田に取り入れ，次の水田に落とすところ）に，水田に水をためるためにはめていた短い藁の棒が右手で右巻きに縄を巻いていたこととの対比においてそのサカサとして意識されている。

　モグラ打チについて，「この行事は子供達がカズラ棒や藁束などで田畑を叩き，鳥を追い払う，または，モグラを追い出すなどの意味を有しながらも，大地を叩くことによって悪霊を祓い，新たな活力を生み出そうとする呪的行為である」（[118] 240）との見解もある。

　水口には，近くにはえている草をたばねて使っているところも多く，また，木の板を使用したり，人によってはまれにプラスチック製の板を使用していることもあるが，以前は調査地の多くが藁の棒であったといい，そして，ムラの古老のなかに，水田のミナクチにはめていた藁の棒を右手で右巻きにしていたのに対し，上述のように，モグラ打チの棒は，右手に劣り力の弱い「左手」で，苦労して，力をこめて「左巻き」にしていた，と述べる人がいることが興味深い。

　つまり，このような事例にも，「聖（呪術的生活活動）」―「俗（世俗的生活活動）」：「左」―「右」の二項対置を見，そして世俗的生活活動において，右手に劣り，力が弱く，また右手の補助的な位置付けである「左手」に呪術性を認識している事実を知るからである。

　「左巻き」ということにかかわって，鹿児島県田代町の一集落におけるオツッサァーノツナ（お月様の綱）を「綱を左巻き」（[64] 62）につくり，そして，それを蛇がとぐろを巻いたような格好にしてそなえるが，その巻き方も「左巻き」であるということもある（[64] 62）。

第1章　わが国の文化に見る「左手」・「左足」・「左肩」の習俗　　　　　55

なお，各地に見る正月の祝棒が「左巻き」であることについて，柳田國男が，次のように述べている（[202] 213）。

「正月に作られる色々の棒の中でも，最も弘く國内に分布して居るのは祝ひ棒，子供の手に持たせて鳥を追ひ果樹を打ち，又は新婚の婦人の尻を叩いたりするハラメン棒の類であるが，是には今日は一種の總を下げるものと，畫を描き紋様の紙を貼るものと，左巻きと稱して木の皮などを巻き爐の火で燻して型を附けるものと，更に昔ながらの削りかけを，ふさ〜〜と垂れたものと，土地によって新舊色々の變化がある。最近に霧島山麓のある老農から，作つて見せられた孕め棒などは，材は川楊の木で半分を削りかけ，その長さが二尺もあつて，一筋も落ちこぼれては居なかつた。曾ては天然の木草の葉をシデに垂れる以外には，たゞこの方法を以てのみ神の木を標示した時代があつたのである。」

さらに，柳田が，「船おろしの祝のおりに贈られるもの」で「船霊様のムロすなわち神棚の前に垂れた鈴の緒」のヒダリマキを記録にとどめ（[208] 313），また，種子島などで，正月七日の「福は内」行事に際してつくられる祝棒のヒダリマキを収録している（[211] 227）ことも注目される。

わが国の文化において，「左」は葬式にかかわるのみならず，神にかかわり，祝にかかわってもいるのである。そのために，わが国の文化に見る「左」の習俗を，従来の象徴的二元論に見るような不浄の意味でのみ捉えることができないことはいうまでもない。

8．桂井和雄の報告する「左巻き」のノブドウの習俗

桂井和雄が，四国における習俗として，「左巻き」のノブドウが田の畔に田の神を迎えて祭る際に神聖な空間を設定するために用いられるとともに，同じ「左巻き」のノブドウが新墓にも使用されるという実に興味の持たれる事実を写真入りで紹介している（[68]）。稲作を開始するに際しての鍬はじめの前に，田の畔に田の神を迎えて祭る際，ノブドウ（あるいは，エビヅル，オノービ）の葛を「左巻き」にしたものを田の畔におき，「左巻き」の「左」によって，清浄な聖なる空間を設定した中に，田の神を迎えるのである。一方，新墓に，同じ「左巻き」のノブドウの輪をかかげてもいる。そして，その「左巻き」の

ノブドウは，田の神にとって，また，新墓にとって，ともに，魔バライのためと認識されているということである。

つまり，田の神を迎える上での「左巻き」のノブドウが，「稲苗の生長を妨げる邪悪なものを退けるための呪力を持つもの」（[68] 186）と認識され，他方，新墓に飾るそれが，「魔おどし」（[68] 193）と認識されているということであり，その両者に見る「左」が，ともに，魔バライのためであることに注意が向く。

このように，わが国においても，右手に劣り力の弱い「左手」に，呪術・宗教的機能が付与されているのである。問題は，このようにわが国の文化において，神祭りと葬制上にともに見られる「左」の習俗をいかに理解しいかに解釈するかということであるが，その点に関し，吉田禎吾は，神社に飾るシメ縄が「左ナイ」であることと，かつて土葬であったころの棺縄が同様に「左ナイ」であったことにかかわって，

「……日本で象徴的に葬式や死と結びつく『左』（左ないの縄で棺を縛った）が，コンテクストの違いによって，神社のしめ縄（左ないに作られる）や魔物払い（左ないの縄を木につるすなど）に用いられる……」（[217] 改訂版261）

と述べている。

このように，「左」の習俗に関する「コンテクストの違い」・「コンテクストによって意味が逆転しうる性格」（[221] 223）という解釈の視点は，解釈上の重要な一視点として，今後，十分，検討されなければならない。

しかし，筆者にとっては，限りある調査の経験ではあるが，神祭りと葬制とにともに見られる「左」の習俗に関して，本項に引用した桂井の記述のように，その両者に共通に見られる認識としての魔バライということが注目され，そして，その両者にともに見られる「左」の魔バライの呪術性（呪術的機能）が，たとえば世俗的な経済活動としての農作業で使用される縄の右ナイの右との対比において，そのサカサとして，明確に意識されていることが留意されてならない。

つまり，「聖（呪術・宗教的生活活動）」─「俗（世俗的生活活動）」:「左」

― 「右」の二項対置の認識ということである。そのような事実に着目するとき，わが国の文化に見る「左」の習俗に関して，その解釈上，吉田のいう神祭りと葬制との間の「コンテクストの違い」ということも重要な論点であるが，このような「コンテクストの違い」ということのほかに，右の世俗性と「左」の呪術・宗教性の対置ということも，重要な論点であるように思われる。そのことは，前項に述べた右巻き ― 左巻きということなどに，明確に示されている。

なお，同じ宗教的生活分野において，神祭りと葬制の両者にともに「左」の習俗が見られることに関しては，「コンテクストの違い」との観点からあるいは解釈されうることであろう。

その点に関連しひとこと述べておけば，Robert Parkin は，その著書［142］において，筆者の福岡県八女市近郊農村における調査報告［84］に言及し，「左」の習俗が，"auspicious agricultural rites" と "inauspicious funerals" に際して見られることを，"different values according to context" と述べている（［142］73）。

このような場合，「コンテクストの違い」ということとともに，「左」の右との対置ということを十分考慮すべきであろうし，その点に関して，Parkin が，後に述べる Leach などの所論にふれながら，"normal time" と "ritual time" との間のサカサ（reversal）ということを述べている（［142］73）ことが留意される。

9．「左鎌」の習俗

「左鎌」の典型的な事例を，柳田國男が神に奉納なされた「左鎌」に見る。それは，現在，國學院大學神道資料展示室に展示されているが，柳田はそのほか，その著において，いくつかの事例を述べている。

次に，その一例を掲げておこう。

「鎌を数多く祈願者の納める例は，又三河の猿投山（さなげやま）神社にもあつて，私は大正九年の秋の旅に，自身之を目撃した。特徴は左鎌と称して，刃の表が右手で持てば外になることである。是に金色の巴の紋を描いたものが，大小無数に拝殿の縁に積上げられ，又門前には之を鬻（ひさ）ぐ店もあつた。」（［204］252）

このように，神にかかわって見られる「左鎌」の習俗は，常日頃の世俗的な生活活動としての農作業において使用する鎌の右鎌との対比において意識されていることはいうまでもない。

なお，「左鎌」は，死にかかわって見られることも留意されなければならない。たとえば，不幸にして，妊婦が出産前死亡した場合，「左手」に持った「左鎌」で妊婦の腹を裂き，胎児を取り出して葬っていたという報告もあるからである（この点，くわしくは，後述する第4章第1節8参照）。

10. 沖縄県宮古島における事例

このように「左」の習俗に呪術・宗教性が認識されている事実は，たとえば，沖縄県宮古島で，ヒジャーナーという「左縄」が悪魔除ケとされているのみならず，サン（マカヤあるいはチガヤ，アダンの葉）を3本「左ナイ」に綯い，それを「左手」で「左マワシ」に頭上でまわし，悪霊を払う（宮古島平良市御在住岡本恵昭氏の御教示による）ということにも知られる。

また，同島で，道をきよめる力，場所をきよめる力を持つ呪物とされている米，あるいは，塩を，神々の案内に際しての祓いに，「左手」で撒くということもある（岡本恵昭氏の御教示による）。

さらに，その宮古島で，反時計マワリ（「左マワリ」）に円を描きながらまわる神女が「左手」に杖を持つこと，また，神が出現する姿がすべて杖を「左手」に持っているというが（岡本恵昭氏の御教示による），この点，Vogtが述べ（[197] 417），吉田禎吾も引用し述べるシナカンタンのイロル（祭司，呪医）が「……聖山で病気治療の方法を年長のイロルから習い，その後低地に行き，竹を切って杖とし，これを左手に持って帰る。それ以後イロルはこの杖を常に左手に持ち，イロルのシンボルとする」（[220] 241）ということが，比較文化的に関心が持たれる。

宮古島で，墓の入口の石を開けるとき，後ろ向きになり，「左手」を後ろにまわして，少なくとも最初の1，2個，墓石をとりのぞく習俗，また，「左手」の人差し指では里の方を指さないこと（岡本恵昭氏の御教示による）ということも注目される。このような事実にも，右が世俗的生活活動にかかわり，「左」が呪術・宗教的生活活動にかかわるということがうかがわれるからである。

第1章　わが国の文化に見る「左手」・「左足」・「左肩」の習俗　　　　59

　葬制上，「左手」が重視されていることは，すでに前に述べたように，かつて土葬であった頃の棺縄が「左ナイ」であったということのほか，たとえば，鹿児島県徳之島伊仙町で，葬列の進む道を，その先頭の者が「左手」で米を撒いてきよめていた（道バライ，道ヲキヨメルなどと述べる）ということを聞くこともある。このように，葬制にかかわっても，「左」の習俗が顕著に見られるのである。

11. 松山光秀の述べる鹿児島県徳之島における事例

　以上に見てきた「左手」の習俗は，今日，筆者のそれぞれの調査地において，これを包括的かつ体系的に知ることは，まず不可能である。筆者の知りうることは，各調査地において，それぞれ断片的なことにしかすぎない。その意味において，本項に述べる松山の報告（「左綱にまつわる信仰と習俗 ― 徳和瀬部落を中心にした ― 」『徳之島郷土研究会報』2，所収）は実に貴重な報告と言わなければならない。

　それは，特定の一集落において，これほどまでに生活の全般にわたって「左手」の習俗が見られるということを如実に示している体系的な報告として，実に貴重なものである。

　かなり長い松山の報告論文を，筆者が筆者なりにまとめ，それを基礎としながら，内容に関して種々質問し，それに筆者が調査の結果，同島で知りえた事実を加えながら記すことについての松山氏のありがたいお許しを得ているので，その概要を本項に述べておきたい。

　まず最初に，「左」の習俗が日常生活の全般にわたって見られることを簡潔に示すために，当論文の目次を示しておけば，それは，次の通りである。

　　　　はじめに
　　　（一）　マキャ（チガヤ）の左綱
　　　　　(1)　眼病の祓いに使う左綱
　　　　　(2)　舟おろしの儀式に使う左綱
　　　　　(3)　山の泊り小屋に張る左綱
　　　　　(4)　悪病の予防に用いる左綱

（二）　藁の左綱
　　　　　(1)　正月のシメ縄
　　　　　　　(ア)　オーバン木に用いるシメ縄
　　　　　　　(イ)　門口に張るシメ縄
　　　　　(2)　牛にまつわる左綱
　　　　　　　(ア)　牛の病気の祓いとクッチャ
　　　　　　　(イ)　牛の鼻に抜く牛ン綱
　　　　　(3)　葬式にまつわる左綱
　　　　　　　(ア)　死人に湯浴みをさせる時の左綱
　　　　　　　(イ)　棺をかつぐ人の左綱
　　　　　(4)　十五夜綱
　　　　　(5)　神山と人の山をわかす左綱
　　　　　(6)　草履，下駄など履物の緒
　　　（三）　その他
　　　　　(1)　布切れの左綱
　　　　　　　(ア)　赤子を守る左綱
　　　　　　　(イ)　ナルカミ（雷）よけの左綱
　　　　　(2)　夜の浜に寝る時の魔よけの線
　　　おわりに

　以上のような目次の下に構成されている当報告論文は，執筆者の松山が，海にも山にも道の辻々にも，沢山の神々がいた神ン世で「左綱」の果たす役割を描き出し，「左綱」には大きく分けて，神からの危害を払う力と，神と人間の領域を区別する目じるしとしての力があったことを述べ，ある場合には「左綱」で積極的に神をこらしめることもできたことを指摘している。その場合，神とは決して人々を守り，人々に福をさずける善良な神だけでなく，人々に祟りをもたらす種類の神も，神の観念の中に含まれている。筆者にとって，「左綱」にそのような神からの危害を払う力と神と人間の領域を区別する目じるしとしての力があったということに注意が向くのであるが，そのことは，筆者が，「左」の習俗にかかわって強く意識している魔バライということと，その魔バライということを理解する上で基本的に重視している神の世界と人間の世界との境界，ないしその両者の対置ということについてである。

第1章　わが国の文化に見る「左手」・「左足」・「左肩」の習俗　　　　61

　まず，最初に，（一）「マキヤ（チガヤ）の左綱」の(1)「眼病の祓いに使う左綱」とは，一般に症状がはっきりせず理由のはっきりしない眼病をケンムン（別名，ボージキともいい，一種の妖怪）のせいにする場合が多く，その場合，マキヤで「左綱」をつくり，ケンムンの家だと目される木の幹を，唱文をとなえながら，その「左綱」でしばるという習俗で，そうすると，不思議に，数日で眼がよくなっていたといい，その習俗は，終戦前までおこなわれていたということである。このように，人々に害を及ぼすケンムンを排除する（あるいは，閉じ込める）一種の魔バライとして「左綱」が使用されていたことを，ムラの古老の話のみならず，松山氏自身の経験をも記述している。

　「左綱」の役割は，(3)の「山の泊り小屋に張る左綱」，および，(4)の「悪病の予防に用いる左綱」についても同様である。まず，「山の泊り小屋に張る左綱」とは，よい木を求めて奥山に泊りがけで木を伐りにいったとき，泊る小屋の周囲に山の悪い神々から身を守るために，マキヤの「左綱」を張りまわしてから寝ていたという。つまり，山の小屋のまわりに「左綱」をめぐらすと，神々（いうまでもなく，この場合，悪い神々）は小屋に立ち入ることができない，との考えがあったのである。

　同様な「左綱」の機能ないし役割は，次の(4)「悪病の予防に用いる左綱」についても見ることができる。つまり，ホーショー（天然痘）や人間の生活にとって重要な役割を果たしていた牛の病気が流行り出すとマキヤで「左綱」をつくり，その中央部にトベラの木（山野に自生している植物の一種で特殊な臭気があり，その臭気のために魔ヨケとされている）の小枝を吊り下げて，門口に張っていた。というのも，ホーショーはホーショーの神の仕業だと信じられ，流行中は，ホーショーの神を防ぎまた追い出すのに懸命で，追い出すためには，ブリキなどをカンカンたたいて騒音を出していたそうであるが，流行り出すと，また牛の病気に際しても，マキヤの「左綱」をつくってつるしていた。なお，トベラの木に関して，鹿児島県加計呂麻島において，「棺の傍からトベラの枝で棺を払いながらついていく人がいる」（[66] 36）という習俗の報告もある。

　次に，(2)の「舟おろしの儀式に使う左綱」とは，山中で丸太のクリ舟をつくり，それが完了して里へおろすときにおこなわれる舟おろしの儀式において，マキヤの「左綱」が使われていた，ということである。山でできあがったクリ

舟は，トモ（舟の最後部）を山の方に，タイガミ（最前部）をシマ（集落）の方に向けておかれ，山の神祀りをする神官が，山の神に向かって，シュギ（水田稲作にとって，最も重要な水を得る湧水の近くに生えている稲——水口稲——の米を，水に浸して，軟らかくし，臼で砕いてこねたダンゴ状のもの）と酒とをそなえて，舟を貰い受ける唱え言をとなえるが，その際，トモにマキヤの「左綱」が，また，タイガミにはウシンニョ（藁でつくった手製のロープ。元来は，繋留用の綱として使ったり，牛をコントロールするために使用する綱。右ナイ）が，それぞれ，とりつけられる。

　そして，里の方に降ろす前に，儀礼的にトモに結ばれたマキヤの「左綱」を山の神の方に3回引っ張るが，そのトモに結ばれたマキヤの「左綱」に，松山の論文の最初に述べる「左綱」の意味ないしその機能としての神と人間とを区別する目じるしの役割が認められる。

　そのような役割は，次項の「藁の左綱」についても明確に示されている。まず「正月のシメ縄」であるが，当報告がなされている徳之島では，炊事場のある部屋で，火の神（ウカマガナシ）にそなえられるオーバン木と称される椎の木（直径約10㎝，長さ約2m）の皮を剥いだものに張ったシメ縄と，門口に張る本土式のシメ縄の2通りがあるが，松山によれば，門口に張る本土式のシメ縄は，ある時期に島にもたらされたもので，古くはオーバン木のシメ縄だけであったという。そのオーバン木には，大晦日に，正月用の豚を2等分した胴体の片割れを結びつけ，火の神の前の柱につりさげる。そして，「左綱」のシメ縄をそのオーバン木に張る。シメ縄には，コンブ，人参，大根，ニンニク，など，葉茎の栄えるものの7種をえらんでオーバン木の両端にかざり，中央部には重ね餅を飾る。なお，その中央部には，さらに，炭，ウラジロ，ミカン，などをとりつけ，飾りとする。そのオーバン木につるされた豚は，火の神にささげられたものであり，そして，そのオーバン木に張られた「左綱」のシメ縄は，火の神および神にささげられた供物に，外部の魔ないし穢れがかからないように，火の神および供物を守るためと認識されている。

　同様な意味は，次の「門口に張るシメ縄」にも明確に示されている。シメ縄も，また，外部からの魔を防ぐ「左綱」なのである。

　その「左綱」の習俗は，正月に際してのみ見られることでなく，次項の「牛

第1章　わが国の文化に見る「左手」・「左足」・「左肩」の習俗

にまつわる左綱」の（ア）「牛の病気の祓いとクッチャ」に見るように，牛が病気にかかったとき，その病魔を払うために，クッチャという「左綱」を牛の首にはかせ，かつ，ホーギという強い臭気のある木の小枝で，牛の体を唱え文をとなえながら3回たたくということにも示されている。というのも，島で，臭気のある木には魔をよける力があると信じられ，その一例として，屋敷の周囲の植え込みにツゲの一種のデンギチという木がよく植えられているが，それも，その独特な臭気の力で，屋敷内に魔を入れないためだということである。なお，そのデンギチは墓前の供養花としても用いられ，また，家のウジシ（祭壇）にそなえる花でもあるという。筆者は，大分県国東半島の山村の調査で，強い匂いのする樒を，修正鬼会（修正鬼会については，第8章第10節参照）の行事に用いた後，以前は虫ヨケのまじないとして，水田の一隅にさしていたことがあったと言い，その樒の葉がさらに末期の水に際して用いられ，かつ葬式の祭壇にも飾られることを知ったが，魔バライのため臭気を放つ木が徳之島でも使用されることを知り，興味深く思っている。樒など強い匂いのする木の使用の事実を解釈する場合，死に関して，死の穢れ観ということとともに，魔バライの意識が強く見られることにも十分注意を払う必要のあることが感じられるからである（この点，第7章参照）。

さらに興味深いことには，その臭気を放つデンギチを祖霊を祭る祭壇にそなえた花瓶の水でイボを洗うとイボが治るとも言われているということであり，その点にも，それが人々にとって一種のやっかいものを払う魔バライの意識が見られることに注意がうながされる。

このように，魔を屋敷内に入れないために，臭気を放つ木を屋敷の周囲に植えたり，その臭気を放つ木でもって牛の病魔を払うのであるが，その際，その臭気とともに「左綱」の「左」が同時に用いられることに注意が喚起される。

つまり，「左綱」は，要するに，魔バライ，魔をさける意味なのである。

そのことは，次の（イ）「牛の鼻に抜く牛ン綱」についても言いうることであろう。

牛は，子牛からある程度成長したとき鼻に穴をあけ，その穴に牛ン綱を通すのであるが，その綱が「左綱」であるのも，同様な意味合いで理解することができると思われる。つまり，前述のように，通常のウシンニョは右ナイなので

あるが，鼻に穴をあけた最初だけは，病魔を防ぐ意味において「左ナイ」の綱であろうと推察される。そのような「左綱」の意味は，葬式に際してもよく示されている。

　その点，(3)の「葬式にまつわる左綱」に関して，松山は，(ア)「死人に湯浴みをさせる時の左綱」と(イ)「棺をかつぐ人の左綱」の二項について述べているが，まず，「死人に湯浴みをさせる時の左綱」とは，人が死亡したとき，近親者の中から男2人女2人を選定して当らせる湯浴みに際して，男だけであるが，「左綱」のたすきを「左肩」からかけるという。女2人がたすきをかけない理由が必ずしも明らかでなく（松山は，「女性は『穢』に対して強いのだろうか」と問題を提起している），この点，問題が残されているが，男2人が死者の湯浴みに際して「左綱」のたすきをかけることに注意が向く。

　さらに，「左綱」のたすきは，「棺をかつぐ人の左綱」としても知られる。つまり，棺を墓に運ぶときの運搬役の人たちが，頭に白い布の鉢巻きをし，「左肩」から「左綱」のたすきをかけるのである。

　次に，(4)「十五夜綱」について述べる。十五夜綱は，米の祭りとも言われている十五夜祭リに際して見られる綱で，旧7月15日に綱引をおこない，片方が勝てば稲の豊作，他方が勝てばハンシン（からいも）が豊作になると言われている祭りで，それは，引き分けになるように，綱を故意にかくした刃物で傷をつけて中央で切れるようにするという。つまり，稲，ハンシン，ともに豊作を願ってのことである。前日の14日の晩に，各家から新稲の藁を一束ずつ集めてつくるが，その綱が三つよりの「左綱」なのである。

　神にかかわる綱引の綱が「左綱」であることは国内のみならず，たとえば朝鮮半島の事例の報告にも見るが（一例をあげれば，[73] 80)，そのように，神にかかわる綱が「左綱」であることは，次の(5)「神山と人の山をわかす左綱」にもよく示されている。松山によれば，自分の所有する山と隣接して神山（古く祭祀とかかわりのあったところか，また，現に神が祀られているところ）がある時は，その境をはっきりさせるために，「左綱」を張ったという。神山からは，牛の鞭一本も生木はとらず，また落葉や枯枝もとらなかったと言われているほどのところで，それは，要するに，神を祀る神域を区画するシメ縄と同じ（というよりも，シメ縄そのもの）なのである。その場合の「左綱」は，神山

第1章　わが国の文化に見る「左手」・「左足」・「左肩」の習俗

（神域）の方から言えば，人間（の山）の方から及ぶ穢れあるいは魔を防ぐためと考えられる。

魔バライのための「左綱」ということは，次の(6)「草履，下駄など履物の緒」が「左綱」であることにも明確に示されている。そのことは，筆者の他の調査地において見られる神輿を担ぐ人の履くワラジの緒が「左ナイ」であることや，また，かつて葬式ワラジの緒が同様に「左ナイ」であったことを解釈する上で参考になる実に貴重な事例と思われるものである。そのために，その点にかかわる松山の論述を以下に引用しておこう。

松山は，次のように述べている。

「履物の緒綱は必ず三つよりの左綱を用いている。夜，路上などで悪なモン（神）に会った時に，左綱で緒をした履物を履いていると護身に役立つ……。」
「悪なモンが逃げていかない時は，左綱の緒のついた履物の一方を投げつけるとよい。左綱の緒には魔を払う力があるので逃げていく……。しかしもう一方の履物は投げたりしないで身につけておく。」

と記している。

「左綱」の魔に対する力の例は，次の「布切れの左綱」として述べる(ア)「赤子を守る左綱」，および，(イ)「ナルカミ（雷）よけの左綱」に関しても知ることができる。

次に，松山の述べるところを引用しておく。

「誕生したばかりの赤子を，夜，伴って歩くときは，木綿の布切れで左綱をつくり，それに火をつけ，煙を出させながら，手にぶらさげて持つ。これは赤子は，生まれたばかりなので，一般の人たちよりも悪なモンに対する抵抗力がないと考えられている処からなされる魔よけの術である。また，同時に赤子の額に……，ウカマガナシ（火の神）の顔（祀っているところ）からナーナシ指（クスリ指）でへぐろを取り，ぬりつける。……。へぐろを火の神の顔からとってつけるのは火の神の守護を願うからであろう。」

と記している。このようにして，要するに，この事例からも，「左綱」は魔バ

ライのためであることが理解される。そのことは，次の(イ)「ナルカミ（雷）よけの左綱」ということからも言いうることである。

その点，松山は，次のように述べている。

「雷が鳴る時は，布切れで作った左綱に，火をつけて，くすぶらせて，軒下にさげておくと，落雷の心配がないという。また，火のついた左綱を，雷が鳴る時，庭に投げつけてもよい。昔は，軒下に左綱をさげ，その下に，桶に水を入れて杓子をそえ，放置しておく人もいた。これはウヤホウ（先祖）の神が，若し雷が落ちて火事になったとき，火を消してくれると信じられていたからだという。」

最後に，「夜の浜に寝る時の魔よけの線」について述べておこう。「夜の浜に寝る時」とは，「海へ漁にいって，汐ときなどが合わず，暫く浜に寝て待つ時がある」が，「そんな時は，海の神様に，『これだけの場所をしばらく貸してください』といって，周囲の砂の上に，イチュギァ（魚をつくモリ）の柄などで，線をひいて囲いをしてから寝た」という。海には，いろいろな恐ろしい神，なかにはチュトイガミ（人とり神）とも言われている海で苦しんで死んだ人の亡霊で，その苦しみの復讐のために，海や浜，海岸に出没し，人々を殺すとも言われている神もいて，それはそのような恐ろしい神から身を守るための線なのであるが，その線は「左マワリ」（つまり，時計まわりとはサカサに描いた線）ということであって，このように「左綱」が魔バライのためであるということのみならず，「左マワリ」も，また，同様に，魔バライのためであることに注意が喚起される。

なお，徳之島で，稲の豊作を感謝し，翌年の豊作を願って，祖先の神とともに海辺で踊りまわる夏正月で，「左マワリ」にまわるということもある。

夏正月に際して，「左マワリ」にまわる習俗は，沖縄伊平屋島においても知られることである（豊年祝いのウシデークの踊り。「時計針とは反対の左廻り」[196] 146）。

以上が，松山の報告論文を中心とした徳之島の一集落における「左」の習俗の概要である。

第1章 わが国の文化に見る「左手」・「左足」・「左肩」の習俗

　松山はさらに他の論文（[92]）で，新しく屋敷を設け，門の位置を定めるに際して用いられる八ッ縄（財，病，離，義，官，劫，害，吉，の八字を刻んだ唐尺に類似したもの）が「左縄」であることを報告している。家を新築するに際して，その前に，屋敷地の内と外との境界に八ッ縄をおき，門の位置を決定するのであるが，それが「左縄」であることは，以上に述べた「左綱」と同様に，外部の魔を防ぐ魔バライの意味で理解され，その「左」でもって，屋敷内に祭る神を守り，屋敷内の無事・安泰，家族員の健康・幸運を願っている。

　松山によれば，家の新築後，大黒柱に米（五合〜一升）をつりさげ，その側に棟梁が立ち，家の外側では家の者が棟梁との掛け合いで，「この家の四隅に，粟俵・米俵を積み上げて，白蟻などには食わせるな……」などといった呪文を唱えながら，「左マワリ」に3回まわり，柱に水をかけるということであり，この点でも，「左マワリ」が，魔バライそして招福のためであることが推察される。

　以上のような鹿児島県徳之島の事例について筆者が強く意識することは，農作業上のウシンニョ（牛をコントロールする綱）が右ナイであるのに対し，神にかかわるシメ縄は「左ナイ」であること，また，葬式に際して見られる綱が「左ナイ」であること，さらに，かつて山でクリ舟をつくり，いよいよ人々の住むシマ（集落）の方に引く綱が右ナイの綱であったのに対して，シマの方に引く前に，神にかかわり，儀礼的に神（の住む山）の方に引いていた綱が「左ナイ」であった，ということである。それらの点にも，呪術・宗教的生活活動と世俗的生活活動とに左と右がかかわる「聖」—「俗」：「左」—「右」の二項対置の事実を見るからである。

　また，このことは現在十分な意味において確かめえないことであるが，神祭りと葬制にかかわって見られる「左マワリ」の事実を，かつて農作業上水牛に犂を引かせて右マワリにまわって水田を耕していたということとの対比において語る幾人かの古老がいることも留意されてならない。農業の機械化が進んでいる今日，水牛に犂を引かせて水田を耕している姿を見ることはまずなく，したがってその点確かめえないが，もし幾人かの古老の話を考慮に入れるとき，そのことにも，呪術・宗教的生活活動における「左マワリ」（神祭りおよび葬制上の「左マワリ」）と世俗的生活活動としての農作業上の右マワリとの二項

対置を知るからである。

第2節　「左足」の習俗 ──「進左退右」と「左右左右」──

　神社祭祀上，神の真正面（「正中」という）において，まず最初に，「左足」から進み出，退くときには，まず右足から退いて，少しでも永く「左足」を神の前に残すということが原則とされている。そのことを「進左退右」（ところによっては，「左進右退」）といっている。

　ところが，葬式に際して，祭壇の前に進み出る場合も，「左右左右」（サウサウ，あるいは，ところによってはザウザウと述べる）といって，「左」の足から進み出ることを原則としているというところがある。このように，神事および葬制上ともに「左足」が重視されている。

　この点に関連し，柳田國男が，葬列に際して「……左肩に藁束で縛つた薪を擔ぎ，左足には桟俵よりも大きな草履をはき，右足には豆草履をはいて居る」（[209] 91）と記し，葬列の先頭に立つサキダイマツ（先松明）を「左肩」に担ぐとともに，「左足」に大きな草履を履く習俗を収録していることが注目される。

　なお，桟俵とは，「米をつめる俵の両端のふたとして，また，俵の形を整えるために使う，わらで丸く編んだ径30cmほどのもの」（[127] 278）である。

　このように，わが国において，呪術・宗教的に，「左手」と同様に「左足」が重視され，そして，次項に述べるように，「左肩」もまた重視されている。ただし，たとえば四国八十八ヵ所霊場の一つである愛媛県仙遊寺において，弘法大師の像を祭り，その周囲に一番から八十八番と刻んだ八十八個の敷石を敷き，その上を歩いて拝むが（「御砂踏」の行事。八十八ヵ所霊場の砂（土）を，それぞれ，敷石の下に敷いている），その際に右マワリにまわるとともに，「右進」といって，必ず右足から踏み出している。敷石に上る際にも，右足から上ることは言うまでもない。このような作法は，神道における「進左退右」あるいは「左進右退」と述べる作法とは全く逆の作法である。

　わが国の宗教文化において，このように全く逆の作法がともに見られることを十分留意しておかなければならない。

第1章　わが国の文化に見る「左手」・「左足」・「左肩」の習俗

　なお，沖縄本島南部知念村の一漁村において，ちょうど潮の流れが変わり，また突風が吹く危険な3月の春先に，海上での安全を祈り豊漁を願うハマエーグト（浜祝事）で，牛を屠殺し，その牛の「左足」を海辺で海神にそなえている。右足は集落の各家に分配し食べている。「左足」も，神にそなえた後，その祭事でいただくが，このことにも，「聖」―「俗」：「左」―「右」の二項対置を知ることができる。
　「左足」の習俗に関して，たとえば，鹿児島県徳之島で，ケンムン（妖怪）に出会った際，「左足」でけとばせば勝つということを聞くが，その点に関連し，朝鮮半島における習俗として，「……左の足を強く地に力踏し，高聲に咳きて唾を吐り，斯の如くすること三回せば，鬼退却す」（[20] 167）という報告も，比較文化的観点から関心が持たれることをすでに述べておいた。

第3節　神輿担ぎと棺担ぎの際の「左肩」の習俗

　以上に述べたように，わが国の宗教文化に「左手」・「左足」の習俗が明らかであるが，そのような宗教文化にかかわる「左」の習俗は，「左手」・「左足」にかぎらず，「左肩」についても知られる。その「左肩」の習俗に関して注目されることに，まず，伊勢神宮で20年に一度おこなわれる式年遷宮で「心御柱を左の忌肩に荷う」（[56] 209）ということがあり，さらに，福岡県太宰府市所在の太宰府天満宮の御神幸祭で，神輿を「左肩」に担いでいる。
　このような事例のほか，「左肩」の習俗が明瞭に示されている一事例として，本節で，筆者が調査をおこなった宮崎県一山村の神社（宮崎県東臼杵郡南郷村神門神社）の祭祀に見る事実について述べておきたい。

1．師走祭りの概要

　さて，当村における氏神祭祀は，1年を通して，基本的に，4つの行事――1．歳旦祭（正月祭），2．ギオン祭（旧6月15日），3．秋祭リ（新10月17日・18日），4．師走祭リ（旧12月18日・19日・20日）――がおこなわれている。
　その中，最大のものは第4の師走祭リである。

その師走祭リに本章の主題とする「左肩」の習俗が,「左手」・「左足」の習俗とともに顕著に示されているので,以下,その師走祭リについて述べる。

　師走祭リは,宮崎県児湯郡木城町比木所在の比木神社とのかかわりにおいておこなわれている。

　というのも,比木神社の御祭神と師走祭リがおこなわれている神門神社の御祭神とは親子の関係にあり(神門神社の御祭神が父親,比木神社の御祭神が長男),年に一度,長男である比木神社の御祭神が父親の神門神社の御祭神に会いにいかれるという形でおこなわれている。なお,母親は,長男の比木神社が祭られている木城町の隣町の高鍋町にある大年神社に祭られている。母親の大年神社にも大年下リと称して,長男の比木神社の御祭神が,年に一度,面会にいかれる神事がおこなわれているが(新11月4日),その神事は小規模で,父親の神門神社の御祭神に会いにいかれる神事の師走祭リほどではない。

　大年神社への御神幸は,以前から日帰りで,朝8時に比木神社を出発し,途中往路12ヵ所の神社・聖地に参拝し,大年神社に1時頃到着し,当神社で約1時間祭りをおこない,その後,2時頃に大年神社を発ち,夜くれて比木神社に帰着する。

　その御神幸は,(1)ノボリ(幡),(2)御幣,(3)御神体,(4)座ブトンの順序の一行で,御神体その他,いずれも「左手」で「左肩」に担いでいる。大年神社に入る前には,当神社のすぐ近くの海で神官以下ミソギをおこない,ミソギからあがる際,石2つを拾う。それは神社の境内にある石塚に納めるが,その石2つも「左肩」に担いでいる。このようにして,海で拾った石を納めた石塚では,その上に持参した神様用の座ブトンを敷き,その上に御神体を鎮座せしめて,祝詞をあげる。それが祭りの中心で,その後,直会がおこなわれる。

　言い伝えによれば,神門神社の御祭神,大年神社の御祭神,そして比木神社の御祭神,それに後述する次男の御祭神などの一行は,660年に滅亡した百済の王族が,国を逃れて日本にきたが(奈良地方とされているが,定かでないという),日本でもその後の動乱で,船に分乗し筑紫を目ざしたものの,シケに襲われ日向の浜に漂着した,とされている。その後,父親は神門に定着し,母親は高鍋町鴫野に,そして長男は比木に定着し(次男については,後述),それぞれ神として祭られることになったという。なお,父親が祭られている神門神

社が存在する神門の集落は，長男が祭られている比木神社から約90kmの距離にあり，一方，母が祭られている大年神社が存在する鴫野の集落は，比木神社から約10kmのところにある。そして，長男の比木神社の御祭神が，年に一度，父親である神門神社の御祭神と母親である大年神社の御祭神に会いにいかれるという神事がおこなわれているのである。

　父親の神門神社の御祭神に会いにいかれる師走祭りの神事は，今日では（昭和30年以降)，2泊3日の日程（最初の日の早朝，比木神社を出発し，夜，神門神社に到着。当神社に2泊し，3日目に比木神社に帰着する日程）で，比木神社の御神体を中心として，比木神社の宮司・神職・伶人（笛，太鼓を奏し，神楽を舞う人）計5名，氏子総代5名，お供人8名の一行計18名[2]）が車で往復しているが，それ以前は，9泊10日の日程で，徒歩で往復していた。今日でも，後述する次男を祭る神社からは，約7kmの距離を，以前通り，歩いている。

　往路（上リマシという）においては，途中4泊し，各地の神社で神楽を奉納し，また親子の御祭神が上陸したところとされている海岸でミソギをおこなう。ミソギは，車でいっている今日でも，途中約1時間同海岸にとどまり，おこなっている。ミソギに際して，注目すべき事実が見られる。それは，ミソギをおこなう宮司・神職等が，上質の和紙でコヨリの輪をつくり，それを男根につるす。そのコヨリが「左ヨリ（左ナイ)」である。そのコヨリは，道中で舞われる神楽に際して舞い手に持たれるが，それが持たれるのは「左手」である。右手に鈴，より大切なものを「左手」に持つ，という。そして，そのコヨリを道中の集落の妊婦が安産のお守りとしていただく。

　そのようなミソギとともに，上リマシの途中で神楽を奉納しつつ4泊して，神門神社に到着した後，当神社に3泊し，その間に各種神事をおこない，帰路（下リマシ。下リマシでは，途中から，舟を使い，川を下る）2泊の日程であった。なお，上リマシに際して，一行は，途中，ムラの人々が棒につるして道端に立てている大根，蕪，人参，牛蒡，その他の野菜をいただくが，御神体，ノボリなどと同様に，それらも「左肩」に担ぐ。

　ノボリは時々手で高く持たれることもあるが，その際には，玉串を「左手」で「左」の方を高く持つのと同じように，「左手」でノボリの棒の上の方を持ち，右手で下の方を持つように心がけるという。ミソギで御神体・御幣・ノボ

リなどを持って海に入る場合にも言うまでもなくその通りで,筆者が同行させてもらった年の際にも,その事実が確認された。

　比木神社を出発した後,途中,次男を祭る神社(父親が祭られている神門神社から約7km手前にある。当神社で,ともに神楽を舞う)まで出迎えた神門神社の宮司・神職・伶人・氏子総代等の一行とともに,4日目の夜,空高く火の粉が舞い上がる迎え火の中を神門神社に到着した際には,夕闇せまる中,お着きの儀がおこなわれる。その場所は,今日,中学校の運動場になっているが,そこは以前笠取リ塚があり,御神幸の一行が必ず通っていたところで,その道筋は,今日なお厳格に守られており,現在は中学校の運動場になっているその場所に,シメ縄を張り,2列にならんだ神門神社と比木神社の一行の中で,比木神社の御神体の笠取リ神事がおこなわれる。いよいよ父親の前に参上する前に,それまで道中かぶっていた笠を脱ぐ(取る)という神事である。

　その神事の後に,神門神社の本殿に到着した後には,ミコヤギヨメノ儀がおこなわれる。神楽を奉納し,比木神社の御祭神の御神体を神殿に納める。その後は,比木神社の一行を迎えた神門神社とのいわば懇親会が催され,心ずくしの酒がくみ交わされる。

　なお,神門神社の方は,比木神社の一行が到着する前夜,一ノ鳥居と二ノ鳥居との間にある石塚で,星祭リをおこなう。その星祭リは,夜くれて,8時頃から約1時間かけておこなうから,そのように称しているという。星祭リをおこなう前日には,一ノ鳥居の側の猿田彦および神社の境内にある水神を祭る。その猿田彦および水神の祭りは比較的小規模で,簡単なお供えと御神酒をそなえ参拝する程度であるが,星祭リの行事は,まず,ミキ(御神酒)バライ,米バライ,塩バライをおこない,その後,ミキスズという神社に伝統的に伝えられている供物を入れる容器に入れた御神酒,その他の供物をそなえ,神官・氏子総代等6名が2列にならんで,高さ約2mの榊の木を拝礼し,御幣を枝に結びつける。その星祭リの後,比木神社の一行を迎える。

　比木神社の一行が到着した翌日は,早朝まだ日が昇る前に,神官がミソギをおこない,神事にそなえる。その神事とは,御神体を包む御神衣の材料として,また御幣にも使用する和紙,麻緒,真綿などを,神門の里の各家を訪ね,その玄関で,各家の人々から受けとる神事である。神官は沈黙のまま受けとるので,

その神事は沈黙ノ神事と称されている。お礼の言葉を述べると，御神衣をつくり，また御幣にも使用する上記の材料に，神官の息がかかり，けがれるから，と述べる。

　この点，ミソギをおこなうことによって身をきよめた後の神官の息にさえ，まだケガレの観念が示されていることに注意が向く。キヨメの観念は強く，各種神事に，神官は悉くキヨメということを述べる。星祭リ，また道中各地における神楽に際しても，口をはじめて開き，言葉をかわすのは，神事を終えてからである。神官は，このように沈黙しているのみならず，御神衣をとりかえる際など，白紙でつくったマスクを着用している。

　このようにして，里の人々から奉納された御神衣をつくる材料などを神官が集めた後には，父親の神門神社および長男の比木神社双方の御神体のお衣替えの神事が，ハライコトバを唱えた後，約2時間かけておこなわれる。御神体を幾重にも包んだ和紙を，外側から約20枚はぎ，新しい和紙で包みかえる。古い御神衣の和紙は，後述するお洗濯の神事の後，石2つを包み，前述の石塚にともに納める。神官が着用していた紙マスクは，口をすすぎ手を洗って身をきよめた氏子総代によって，けがれることのないように焼却される。

　なお，お衣替えの神事の後には，塩湯祓をして，御神体に新しく着せ奉った御神衣をきよめる。このお衣替えの神事に使用されるコヨリ・麻緒が「左ヨリ（左ナイ）」であることも注目される。その場合，「左ヨリ」のコヨリ・麻緒を「左手」でよることはないが，右手でよっても，常日頃使用するたとえばキセルの管を掃除するコヨリ，帳面をとじたりするコヨリなどは，右手の人差し指の上にのせた親指を前方に押してよるのに対して，「左ヨリ」のコヨリをよるのは親指を手前に引いてよる，と言う。つまり，日常生活の世俗的な事柄に使用するコヨリのサカサのより方のことを「左ヨリ」と称しているのである。この点，シメ縄の「左ナイ」のことを「サカサナイ」とか「サカサヨリ」と呼ぶ人がいることも注目される。要するに，「左」とは「サカサ」のことなのである。

　なお，前掲の海に入りミソギをおこなうときの男根にあてる「左ヨリ」のコヨリのより方も同じである。筆者が御神幸に同行し神事に参拝させてもらったとき，比較的若い人で，御神衣をとりつけるコヨリなど，「左ヨリ」というこ

とを必ずしも強く意識していない人もなかにはいたが，ムラの古老に聞けば，それは本来「左ヨリ」のものでなくてはならない，ということであった。

　そのような準備の前には，神からいって「左」側（向っては右側）に父親である神門神社の御神燈，右側（向っては「左」側）に子である比木神社の御神燈が飾られ，火がともされる。このように，父親である神門神社の御神燈が神からいって「左」側，子である比木神社の御神燈が右側であることにも，他の神社におけると同様に，神からいって「左」側が上座であることが知られ，事実，明確に，そのように述べる。

　神前には，ニゴシネ（和稲。白米のこと），アラシネ（荒稲。籾のこと），御神酒，餅，魚（海魚，川魚の2種類の魚。海魚の方を神からいって「左」側の上位にそなえる），果物，そして，塩と水などがそなえられるが，そのような供物の位置・順序にも，神からいって「左」側を上座としていることが示されている。すなわち，神の真正面が最高の位置で，供物が奇数の場合，その神の真正面に最も重要なニゴシネをそなえ，次に重要なアラシネを神の真正面に最も近く，かつ神からいって「左」側に，次に重要な御神酒を神の真正面に最も近い右側に……という順序であり，供物が偶数の場合には，最も重要なニゴシネを神の真正面に最も近い「左」側にそなえ，次に重要なアラシネを神の真正面に最も近い右側に……という順序である。このように，神からいって「左」側が右側より高い位置なのである。

　お衣替えの神事を到着した翌日の午前中におこない，午後には，まずドンタロウサンの祭りと山宮サンの祭りをおこなう。ドンタロウサンとは，神門神社の御祭神が追討の敵を逃れて神門にやってきた際，敵を迎え討ち，御祭神を大いに助けた者と言われている。そのドンタロウサンは，神が祭られている山の中腹より高く山の頂きに祭られているが，その理由は，ドンタロウサンが御祭神を助けた者である故に，神（神社）より高いところに祭られているのだと説明する。

　午前中，お衣替えの神事がおこなわれ，新しい御神衣に包まれた両神社の御神体と御幣，米・酒・塩を入れた御神酒箱など，すべてが神官の「左肩」に担がれ，山頂のドンタロウ塚へ出発する。ドンタロウ塚では，塚の前に御神体を鎮座せしめ，まず最初に将軍神楽を奉納し，次いで両神社の神官2人が背中合

わせに塚の前に立ち，2本の矢を天に向けて放つ。弓矢神楽，と称している。
　天に向けて矢を放つのは，魔を払い，塚を守るためと言われており，天に向けて放った矢が落下してきたら，参詣者が競ってその矢を拾い，家に持ち帰って魔ヨケとして玄関などに飾っている。なお，矢を放つのは殆ど同時に見えるが，「左」側に位置した神門神社の神官の方が少し早く放つという人がいることも注目される。このことは，大分県豊後高田市近郊の一農村で神輿を担ぐ際，「左」側の担ぎ手が，心もち少し早く立ち上がると述べることを想起させることである。
　ドンタロウサンの祭りをすませた一行は，次に，山の中腹で山宮サンの祭りをおこなう。山宮サンは，水田稲作にかかわる神様[3]と言われ，その際，竹にシメ縄を張りめぐらした中で，田植神楽（別称，苗舞また農事神楽ともいう）を舞う。神門神社，比木神社，両神社の代表2人が，2本の笹のついた青竹を持ち，舞手が舞っているのにかぶせるようにして，笹の葉をゆする。それは稲穂が出たことを意味する，とされている。神楽が終わると，参詣者はその神霊のかかった竹の小枝と笹をいただき，家に持ち帰って，笹は家畜の飼料に混入し，また，竹の小枝は，家の玄関，家畜小屋に飾って，家の者および家畜の健康を願っていたという。家畜のいない現在でも，家の玄関や床の間の上の方に飾って，家族員の健康を願っている。
　山宮サンの神事をおこなった後には，川にいき，お洗濯の神事をおこなう。お洗濯の神事は，以前は神門神社滞在の最終日つまり3日目におこなっていたが，現在では，滞在2日目に，上述のドンタロウサン・山宮サンの両祭事をおこなった後，とりおこなっている。渇水期で水が少なくなっている川で，露出している岩の上に御神体と御幣とを並べて安置し，河原にひざまずき，拍手を打って，拝礼する。
　お洗濯の神事が終わると，帰路に際し，河原で石を2個（2個ということに，正月の重ね餅の意味を述べる人もいる）を拾い，それをお衣替えの神事で新しい御神衣と取り替えた古い御神衣の和紙に包んで持ち帰り，前述の星祭りをおこなう石塚に納める。その石塚は，過去長期間，毎年石が納められているにもかかわらず，その石で少しも高くならないという，何とも不思議な石塚と言われている塚であるが，本節の主題にかかわって最も関心の持たれることは，そ

の河原で拾った石を必ず「左肩」に担ぐ，ということである。若者が無意識的に誤って右肩に担ごうとすることが時々ないこともないというが，その際には，「『左肩』に」と，古老がわざわざ注意するという。事実，筆者が同行し参拝させてもらった年にも，古老がそのように前もって念のため注意していた。

その後，両神社の御神体，御幣などは，神官の「左肩」に担がれ，社殿に入り，神殿の中に納められる。その後，しばらく休憩し食事をとり，夜7時頃から神楽が舞われる。以前は，夜を徹して，三十三番すべての神楽を舞っていた。今日では，そのうち，十八番を選び，舞っている。筆者が調査をおこなった年は，夜中の1時頃終了した。なお，その三十三番中十八番を選ぶのに特別の基準はなく，その年に舞う人の得意とするものを選ぶ，ということであった。

次に，その三十三番すべての神楽名を記しておく。

第一番	神楽初メノ舞	第十二番	振揚舞	第二十三番	御笠将軍
第二番	花ノ手	第十三番	帳 読	第二十四番	御笠練舞
第三番	荒神返シ	第十四番	地 割	第二十五番	獅子舞
第四番	太神舞	第十五番	舞 上	第二十六番	綱取鬼神舞
第五番	ビンギリ舞	第十六番	祝 詞	第二十七番	寿之舞
第六番	鬼神舞	第十七番	鬪開神楽	第二十八番	伊勢舞
第七番	将軍舞	第十八番	鬪開鬼神	第二十九番	手力雄舞
第八番	問 舞	第十九番	繰御舞	第三十番	戸開雄舞
第九番	節 舞	第二十番	御笠神楽	第三十一番	柴 舞
第十番	盤石舞	第二十一番	笠取鬼神	第三十二番	太 神
第十一番	神 帥	第二十二番	御笠神酒上	第三十三番	神送神楽

その夜神楽が舞われる場所には，やはり神からいって「左」側に神門神社の御神燈，右側に比木神社の御神燈が飾られ，そのそれぞれの御神燈の前に両神社の神官が着座する。このように，御神燈，神官の位置の神からいって「左」側が上座であることは，本殿における場合と同じであることはいうまでもない。

神楽は，まず，いわば前奏としての神楽初メノ舞が舞われ，次いでキヨメのための舞いとされている花ノ手という舞いからはじめられるが，それは口に1枚の榊の葉をくわえ，両手に1枚ずつ持ち，その左・右・口の榊の葉を一度に

集め，それを半分に破り，左右に放つものである。その場合も，「左」側にまず最初に放つもの，とされている。なお，舞いを舞うとき，あるいは神前に進み出るとき，まず最初に「左」の足から進み出ている。このように，神楽に際しても「左」重視の事実が知られる。さらに注目すべきは，神に奉納した神楽を書き留めておく神楽繰出帳が「左トジ」であるということである。

　三十三番の神楽の中から十八番を舞って，神門神社滞在の2日目を終えた翌日，つまり神門神社滞在の最終日には，午前10時頃から，別れの神事がおこなわれる。その神事では，まず父親の神門神社の御祭神から子である比木神社の御祭神に，御土産として稲穂が贈られる。その稲穂は，10月17日・18日の秋祭リに際して，出来映えのよい個人の水田6枚から12株の稲穂を刈り取り，神殿に納めていたもので，師走祭リに際して，比木神社の方に御饌米として贈られ，比木神社の御祭神はその稲穂を持ち帰り，神祭り用の稲を植え，育てる。

　稲穂を贈る神事が終わると，いよいよ最後の別れの宴が催される。その宴に際しては，魔を払い，互いの健康を願って，へぐろを顔に塗り合い，そして，御神酒をいただくとともに，焼いた魚を里の主婦が少しずつ箸に取り配るが，それを受ける方は，右手の上に「左手」を重ね，その「左手」に受け取ることにも注意が喚起される。なお，その魚は，師走祭リの神事に際して，神にそなえられていた魚（鯛）である。

　このような宴の後，比木神社の御祭神の一行は帰路（下リマシ）につくが，その際，御神体，御幣，ノボリなど，すべて，「左肩」に担がれ，神門の里の人々のオサラバーの声の中を静かに進む。神門神社の神官・氏子総代等は，往路の上リマシで，比木神社の一行が御神体から笠を取ったところ（笠取リ塚）まで見送る。そこで，いよいよ最後の別れの儀式をおこなって，翌年の再会を楽しみにしつつ，別れを惜しむ。その下リマシは，以前は，途中で1泊した後，川舟に乗り，翌日，比木神社に帰着していたが，車で往復している今日では，神門神社を去った当日帰りつき，師走祭リの全日程を終了している。

　以上が，宮崎県東臼杵郡南郷村の神門神社でおこなわれている師走祭リの概要である。注目されるのは，すでに幾ヵ所かで指摘したように，「左肩」が，「左手」・「左足」とともに神事にかかわっている，ということである。

2．葬制上の「左肩」の習俗

　一方，その山村で，葬式に際しても，棺を「左肩」に担いでいた，という話がある。そのことは過去の事実であるために，現時点で確実な事実として把握しえないが，ムラの幾人かの古老（とくに，高年齢の古老）の話に，そのことがうかがわれる。彼らが，若い頃，以前，棺を「左肩」に担いでいたということをたしかに聞いている，というのである。

　この点にかかわって，柳田國男がその著『葬送習俗語彙』のサキダイマツ（先松明）の項で，「……，左肩に藁束で縛つた薪を擔ぎ，……」（[209] 91）と述べ，葬列の先頭に立つサキダイマツを「左肩」に担いでいた習俗を収録していることが注目され，サキダイマツを「左肩」に担いでいた事例がある以上，棺そのものを「左肩」に担いでいたことは，当然，ありうることと思われる。

　なお，「左肩」の習俗は，神輿や棺を担ぐのが「左肩」であることのみならず，神仏の加護を「左肩」に受けるということも留意される。たとえば，大分県国東半島でおこなわれている修正鬼会に際して，小ダイマツを「左肩」に受け，そのように仏の加護を「左肩」に受けることを理念としている。

　このように，わが国の宗教文化において，「左手」のみならず，「左足」・「左肩」に呪術・宗教性が認識されている。問題は，そのような事実をいかに理解しいかに解釈するかということであるが，その点，今日，調査の過程で浮かび上がってきていることは，右手・右足・右肩が世俗的な日常生活の活動にかかわり，一方，「左手」・「左足」・「左肩」が神事・葬制の宗教活動にかかわり，「聖（呪術・宗教的生活活動）」―「俗（世俗的生活活動）」に「左（手，足，肩）」―「右（手，足，肩）」が対応している，ということである。

　右肩は，日常の世俗的な農業活動に際して肥料などを担ぐ肩であり，それらを「左肩」に担ぐことはまずなく，その意味でけがれていない「左肩」が神にかかわって重要だとする認識を述べる人もいる。同様なことは手についても聞かれ，右手は日常生活にかかわり，けがれているから，神事では「左手」を重視し，たとえば前に述べた師走祭りの最後の日の宴におけるように，焼魚の一片を「左手」に受ける，と述べる。なお，足については，手および肩についてほど明確な話は聞かれないが，常日頃，右足から踏み出すので，神事において

第1章 わが国の文化に見る「左手」・「左足」・「左肩」の習俗　　　79

はまず「左足」からということを神官および幾人かの古老から聞くことがある。

　このような認識の仕方においては，生活の「宗教的分野」―「左（手，足，肩）」―「浄」：「世俗的分野」―「右（手，足，肩）」―「不浄」という二項対置を描くことが可能であろう。つまり，世俗・不浄としての右に対して，「左」が宗教・浄にかかわるとする認識の仕方である。

　本調査地におけるそのような認識の仕方に関連し注目されることとして，折口信夫が，萬葉集の歌の語釈で，「……右手は，常に用ゐる手で，同時に穢れてもゐる。左は，神聖な手であり，……」（[138] 325）と述べ，また，わが国の神道に多大な影響を及ぼしたとされる道教の『老子』の中の「貴左」について，加藤常賢も，「元来左手は穢れたものを持たないからである」（[69] 144）と述べていることが注目される。つまり，右が日常生活上の不浄（穢）にかかわり，「左」が日常生活であまり使用されることのない故に浄であり，そのために神にかかわる，と見るのである。日常生活が不浄であるということなど，今後，十分，検討されなければならない。

　この点に関連し，ひとこと述べておけば，たとえば，福岡県太宰府市所在の太宰府天満宮の秋の御神幸祭で，神輿を担いでいる人が休憩に際して煙草を吸う時，見物人から煙草の火を借りることは絶対してはならないという。何故ならば，世俗の見物人はケガレているからだと述べる。このような場合，常日頃，人々は潜在的にケガレを有し，そのケガレが祭事に際して顕在化するということも考えられる。ただし，日常の世俗的生活が必ずしも不浄（穢）でなくても，生活の「呪術・宗教的活動」―「世俗的活動」：「左」―「右」という二項対置は描けるものと思われる。そのような「聖」―「俗」：「左」―「右」の二項対置は，さらに広く述べることができると思われ，秋の稲の取り入れの際，稲束をくくるのが右ナイの縄であるのに対し，神にかかわるシメ縄は「左ナイ」である。

　この点，ところによっては，シメ縄の「左ナイ」のことを「使い縄の反対（サカサ）」と表現する人がいることを前に述べておいた。また，神にかかわる「左マワリ」に関しても，たとえば，田植えの準備の最終段階のシロカキが右マワリであることのサカサとの認識を示す人がいることも，すでに述べておいた。さらに，かつて，世俗的な日常生活上の帳面（すでに述べた大福帳など）

が右トジのそれであったのに対し，神楽繰出帳は「左トジ」である。

あとひとこと述べておけば，世俗的な日常生活上のコヨリ（たとえば，帳面を閉じたり，煙草のキセルを掃除したりしていたコヨリなど）が右ヨリであったのに対し，神事にかかわるコヨリ（御神衣をとじるコヨリなど）は「左ヨリ」なのである。このようにして，生活の「呪術・宗教的活動」―「世俗的活動」：「左」―「右」の二項対置を描きうるものと思われる。

さらに，本調査地でも，「左」の習俗が葬制上にも知られる。香典帳が，前に述べた神楽繰出帳と同様に「左トジ」であったというし，また，かつて棺を担ぐのは，担ぐ人全員「左肩」に担いでいたと語る古老もおり（ただし，棺の左右の外側に立ち，それぞれ，左肩と右肩に担いでいたはずと述べる人もおり，この点，必ずしも，明らかでない），葬式ワラジの緒が「左ナイ」であった。この葬式ワラジに関して，今日なお「左ナイ」の緒のワラジを一足つくり，葬式に際して，棺の上にのせている。このように，「左ナイ」の緒のワラジを棺の上にのせるだけという人と，一方，近親者のみ，棺を霊柩車にのせるまで履く，という人もいる。このように，本調査地においても，「左」の習俗が，神事とともに，一方，葬制にかかわっても見られることを指摘しておきたい。決して，従来の主張に見る「浄（神祭り）」―「不浄（葬制）」：「右」―「左」の対置ではないのである。

なお，本調査地をその一例として見るわが国の宗教文化上の「左肩」の習俗に関連して，飯島茂の報告するカレン族の「左肩」の習俗が，比較文化的に注目されることも，すでに，述べておいた。飯島によれば，カレン族において，祖霊儀礼に際してそなえる豚を「左肩」に担ぐというが，その際の「左肩」の理由を，「左側は悪霊のダムハ（Damuxa）に対して，『強力に作用する』からだ」（[45] 144）と述べる，ということであった。

第1章　わが国の文化に見る「左手」・「左足」・「左肩」の習俗

第4節　「左」のその他の習俗

1．守札を頭の「左」側にさす習俗

　大分県豊後高田市近郊の一農村の秋の大祭で，神輿を担ぐ際，神輿の担ぎ手が，神輿が神社を出発する前に，神官が三方に乗せ神に供え祈ることによって，神霊のかかった守札を頭の「左」側にさしているが，日本書紀には「解其左髻所纏五百箇統之瓊緬（其の左の髻に纏かせる五百箇の統の瓊の緬を解き）」（[170] 120, 121）とあり，解説者は，そのことを解説して，「左を尊しとする日本の風が現われている」（[170] 120上段解説2）と記している。

2．「左耳」の習俗

　わが国の文化の「左」の習俗に，「左耳」の習俗も見られる。上江洲均著『伊平屋島民俗散歩』には，八月十日の新しい年[4]の折目に，健康を願い，「シワ（心配事）を返す」との意味合いで，ススキの葉を「左耳」にはさんでいる写真が掲載されている（[196] 160）。沖縄・久高島で，イザイホーという12年に一度おこなわれる儀式で祖霊を司る資格を得て守護力の発揮者となった妹が兄の待つわが家で兄と対座するが，その際，「兄は左耳にイザイ花を挿している」（[39] 75）。また，神女の葬送に際しても，葬儀に立ち会う全神女が「左耳にイザイ花と呼ばれる白い花を挿す」（[39] 40）という。このように，神にかかわり，葬送に際して，「左耳」の習俗が知られる。なお宮崎県の一山村の神事において，イノシシの「左耳」を神にそなえ（[176] 112），また，必ずしもイノシシの耳とは限らないのかもしれないが，同じように獲物（獲物とのみ記されている）の「左耳」を神にそなえるという報告が四国においても見られる（[68] 197）。

3．「左馬」の習俗

　これまで殆ど報告されてきていないように思われることであるが，わが国の

民間伝承に,「左馬」の習俗が見られる。

　それは,「馬」の字を左右サカサにした「䮂」で, 福岡県糸島郡の一村落での事例を述べれば, その「馬」のサカサ字を大きな将棋の駒に描いたものを床の間あるいは玄関に飾っている。その意味を問えば, 魔バライそして招福のために, との認識を示す。「左馬」の習俗は, わが国の将棋の駒の主要生産地である山形県天童市に顕著に見られ, 幸運を招く縁起物とされている。天童市において, メイン・ストリートの十字路の一隅に,「左馬」の大きいパネルが嵌め込まれ, また, 道路のマンホールの蓋にも,「左馬」の字が描かれている。さらに, わが国の焼物の主要生産地の一つである岐阜県美濃で, 初窯に際して, 焼物に「左馬」の絵を描き, また, 馬の字を左右サカサに書いて, 今後の仕事の発展と繁栄を願っている（[139]）。このように, 人々がサカサおよび右のサカサとしての「左」ということに, 事態の好転, さらなる発展の願いを込めていることが, 十分, 考慮されなければならない。

　なお, 上述の「左馬」と同じと思われることに, 桂井和雄が「……麻疹の流行する時, 赤い紙に馬字を左文字に三つ書いて門口にはっておくとかからぬ……」との習俗を記述している（[68] 130）。その内容はこれ以上わからないが, その馬字の左文字の意味が病魔を防ぐことにあることが注目される。左文字とは, 国語辞典類, たとえば国語大辞典（小学館刊）によれば,「裏返しに見た形の文字。鏡に映って見える文字」（[128] 715）のことであるが, その文字が, 赤色ということとともに, 魔バライということにかかわっていることが推測される。

4.「左角」の習俗

　宮崎県南那珂郡南郷町の農村部において, 毎年, 2月11日の建国記念日に,「作神楽」と称して, 本格的な農業（水田稲作）をはじめる前に, 秋の豊作を願って村の氏神社で神楽を奉納し, かつ,「牛祭り」をおこなっている。その「牛祭り」に際して, 注目すべき事実が見られる。その際, 約1mと約2mの小型の水田に模した土盛りの周囲を小型の木製の牛を引きまわすが, その木製の牛の「左角」だけがはずれるようになっており（「ぬけ角」と称している）, そのことは, 神の使いとしての牛から放たれた「左角」による魔バライ, 招福, 豊作祈願などと認識されている。牛を引きまわす際に歌われる歌詞の中に,

第1章　わが国の文化に見る「左手」・「左足」・「左肩」の習俗　　　83

「悪事災難のぬけ角」，との語句がある。牛は神の使いとされており，神の使いである牛が「左角」を放つことによって魔を払い，人々の安泰と稲の豊作をもたらす，との認識なのである。右角は固定されており，はずすことは不可能である。このような「左角」の事例も見られることが興味深い。なお，水田の模型の周囲をまわるのはいわゆる時計まわりの右マワリであるが，ただし，それは「左マワリ」と認識されている。というのも，神からいって，上座の左側の方からまわりはじめるので，それは「左マワリ」という認識なのである。

　それと同様な事例はよく見られ，たとえば大分県豊後高田市近郊の一集落の氏神祭祀において，稲苗を綱のところどころにはさんで，氏神の周囲を右マワリにまわるが，それも「左マワリ」と認識されている。というのも，神からいって上座である「左側」からまわりはじめるので，当集落においても，それを「左マワリ」と認識しているのである。事実としては右マワリであっても，このような場合，「左マワリ」と認識していることが重要であることはいうまでもないであろう。

5．神祭りに際しての「左マワリ」と葬式に際しての「左マワリ」

　従来，「左マワリ」の習俗は，葬式に際しての「左マワリ」が注目され，「浄（具体的には，氏神祭祀）」—「不浄（葬制）」：「右マワリ」—「左マワリ」の二項対置論が説かれていた（たとえば，[100]，[218]）。そして，その場合，「左マワリ」の文化的意味は，不浄・不祝儀の意味で捉えられている。

　しかし，本書の随所で述べるように，「左マワリ」の事実は，葬式に際してのみ見られることではなく，神祭りに際しても顕著に見られることが留意されなければならない。南九州の田の神信仰（田ノ神サァー）において，秋の豊作を願って「左マワリ」にまわり，沖縄県伊平屋島では，前に引用したように，豊年祝いのウシデークの踊りにおいて「時計針とは反対の左廻り」（[196] 146）にまわる。また，漁村において，出港に際して「左マワリ」にまわることによって，船・乗組員の無事と豊漁を神に祈っている（この点，後に，詳述する。第5章第1節2参照）。なお，花嫁が婚家において，イロリのまわりを「左マワリ」に3回まわって火の神に挨拶する，という事例の報告もある（[188] 292）。

　つまり，「左マワリ」の事実は，神祭りと葬式に際してともに見られる事実

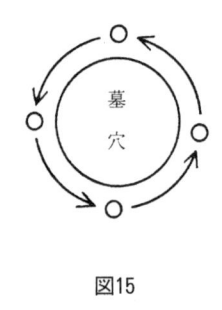

なのである。葬式に際しては，今日なお，出棺時に，葬式をおこなった部屋で，あるいは，庭で，棺を「左マワシ」にまわしているし，また，かつて土葬であった頃，埋葬する前に，墓地で墓穴のまわりを「左マワリ」にまわっていたことはどこででも聞くことであり，大分県の一山村では，埋葬後，墓穴のまわりを「左マワリ」にまわりながら，図15のように，4ヵ所から，土をかけていた事実も知られる。

図15

　この点，新谷尚紀も，「棺は，庭先で左廻りに三回まわる」（[164] 28）と記し，さらに，新谷が，「土をかぶせ終わると，その上に四本幡で持ってきた青竹四本を円錐形になるようにさし立て，まわりを縄でぐるぐる巻きにしばる。縄は時計と逆回りに巻く」（[163] 171）と記し，埋葬した地表に4本の青竹を立て，それを縄で「時計と逆回り」つまり「左マワリ」に巻く習俗を写真入りで紹介している（[163] 171）。

　なお，前に記したように，大分県豊後高田市近郊の一農村で，以前，供養オドリと称して，初盆のとき，死者が出た家が所属するクミの者，学校での死者との同級生などが，死者の家の庭（雨天の場合には，家の座敷）で，盆踊りのように踊りまわっていたというが（今日では，他出者が多く，盆に一時的に帰郷しても，滞在期間が僅かであるために見られない），その際，まわるのは必ず「左マワリ」でなくてはならなかったという。

　このように，「左マワリ」の事実は葬制にかかわって顕著に見られるが，しかし，その事実は葬制上に見られるのみならず，神祭りに際しても見られる事実であることが十分に留意されなければならない。つまり，従来の指摘のように，「浄（氏神祭祀）」―「不浄（葬制）」：「右マワリ」―「左マワリ」の二項対置ではないのである。

　では，以上に見てきたわが国の文化に見る「左（手，足，肩）」の習俗をいかに説明したらよいのであろうか。

　その点，Rodney Needhamが，アフリカ・ケニアのMeru族および同ウガ

ンダの Nyoro 族の「左手」の習俗に関して述べる「相補的二元論」ということが，まず，注目されなければならない。

〈注〉

1) 当地方はいわゆる過疎地区で，そのために他出者が一時的に帰郷しても，滞在が2，3日であるために，今日ではおこなっていない。
2) 筆者が調査をおこなった年は，この18名のほかに，神門出身者で比木神社の近くに婚入している人が里帰りを兼ねてかなり加わっていた。そのことは，よくあることだそうである。
3) その山官サンの祭りは，およそ水田とは無関係と思われる山の中腹の林の中でおこなわれている。そのことが，今後，十分，究められなければならない。
4) 稲を刈り取った後のいわゆる夏正月の意味である。

第 2 章

Rodney Needham の「相補的二元論」
—— わが国の文化に見る「左手」の習俗の解釈にかかわって ——

　以上に見てきたわが国の文化の「左手」の習俗を解釈するに当たって，アフリカ・ケニアの Meru 族および同ウガンダの Nyoro 族の文化に見る「左手」の習俗に関する Needham の所論がまず考慮されなければならない。その Needham の所論は，論文 "The Left Hand of the Mugwe —— An Analytical Note on the Structure of Meru Symbolism" ([124], [126] に収録), "Right and Left in Nyoro Symbolic Classification" ([125], [126] に収録) に見ることができる。
　まず，Meru 族において，その祭司 Mugwe の「左手」に呪術・宗教性が付与され，その「左手」に宗教的徴章を有し，儀礼に際して「左手」が用いられ，その「左手」は決して見ることのできないものであり（もし見たら，直ちに死にいたる），また，その「左手」をあげることによって，敵を防ぐこともできるとされている。さらに，ウガンダの Nyoro 族においては，占い師が占いのための貝（9個。後述）を「左手」に持ち，「左手」でその貝を投げて占うといったことのように，Meru 族・Nyoro 族ともに，「左手」が呪術・宗教的に重視されている。
　問題は，そのように呪術・宗教的に「左手」が重視されている事実をいかに解釈するかであるが，その点，Needham は，Meru 族について，その世俗的な政治的・経済的・社会的リーダーとしての長老の右手に対して，Mugwe の「左手」が呪術・宗教的に重視されているとし（「聖」—「俗」に「左手」—「右手」が対応した二項対置），同様に Nyoro 族においても，その世俗的な日常生活で，右手が勝り，縁起のよい手とされているのに対し，「左手」は劣り，縁起が悪く，左利きの人物は嫌われているにもかかわらず，その「左手」に呪

術・宗教性が付与されている事実について論じている。そして，そのような事実を理解する上で，その社会的・文化的基盤ないし背景が，すぐれて二項対置をなしていることに着目する。

その点，まず Meru 族について述べれば，部族が地域的に二分され，その二支族が相補的な（complementary）関係にあり，相互にコントラストをなし，支族の片方が，たとえば家畜にまず最初に優先的に草を食べさせ，また水を与え，さらに土地の管理権を保持しているといったような点で，社会的・経済的・政治的特権を有し，その支族出身の世俗的な社会的・政治的リーダーとしての長老に右手重視の事実が見られる一方，そのような社会的・政治的特権を保持せず，その意味で，社会的・政治的に劣位におかれている他の支族に宗教的特権が与えられ，その支族出身の宗教的リーダーとしての祭司 Mugwe に「左手」重視の事実が結びついていると見る。

さらに，Nyoro 族について述べれば，たとえば後産の埋め方が，男子の場合，家の入口の近くの右側，女子の場合，その「左」側，また埋葬の仕方においても，男性の場合，身体の右側を下にして埋葬するのに対して，女性の場合，「左」側を下にして埋葬するといったことのように，男性 ― 女性に右 ― 左が対応している。また数についても，結婚式に際して，花婿4回，花嫁3回身体を洗うこと，出産後，母親の床につく日数が，男の子の場合4日，女の子の場合3日であること，さらに，子供をはじめて家から外に連れ出す場合，男子4回，女子3回草の葉で子供の身体をなでること，埋葬後，男性の場合4日間，女性の場合3日間，墓の上にとかした鉄のかたまり[1]をおくといったことのように，偶数と奇数とが男女間に明確な対照をなしている。このように，Nyoro 族の男性に右と偶数，女性に左と奇数が象徴的に結びついている事実をもって，Needham は，占い師がその「左手」に9個という奇数の貝をもって占うことを解釈している。つまり，世俗的な日常生活において劣位にある女性に象徴的に結びつく「左手」と「奇数」に，他方，その呪術・宗教的生活において優位性が付与されていると見るのである。

この点，Needham は，「右は……男性……に，左は……女性に……結びつき，右は優り重んじられ，左は劣り嫌われている」（くわしくは，[126] 305），「3（また，3×3としての9）は女性，4は男性」（[126] 314）「奇数が……神秘

第2章　Rodney Needham の「相補的二元論」

性（mystical status），偶数が……社会性（social status）……に結びつく傾向にある」（[126] 314）などと述べ，右―男性―優位性―偶数―社会（世俗）性：左―女性―劣位性―奇数―神秘（宗教）性の二項対置を描き出し，占い師が象徴的に女性・奇数にかかわり，その「左手」が呪術・宗教的に重視されていること（優越性の認識）を指摘している。このように，Needham は，基本的に，世俗的生活活動と呪術・宗教的生活活動との間の関係を問題とし，その両者における「左」の位置付けに相補的な関係を見る。

　以上は，その一部の例にしかすぎないが，そのような例によっても知られるように，Meru 族・Nyoro 族の社会・文化のシステムは，基本的に，"dual structure"，"binary scheme"，"dichotomy"（そのほか，"partition"，"diarchy" など，いろいろな用語でもって，その二項対置ということを表している）をなし，「左手」の事実も，そのような社会・文化のシステムの一環として理解され，Meru 族において，右手が世俗的（政治的・経済的・社会的）リーダーとしての長老に重視されるのに対し，「左手」の重視が，その世俗的活動において劣位に位置付けられている宗教的リーダーである祭司 Mugwe に宗教的活動において優位性が付与されていると見る解釈である。

　つまり，生活の世俗的分野において劣位におかれている「左手」が，宗教的分野において優位に位置付けられていると見る見解なのである。「相補的（complementary）」とは，まさにそのような意味においてであって，Nyoro 族についても，同様な意味における世俗的―神秘的（霊的）二分野（secular-mystical diarchy [126] 299）に右手―左手の対応を見る。

　Needham は，このようにして，右―左の二項対置ということ，その両者間における「相互補完性（complementarity）」（[126] 117）を強調し，「相補的二元構造の原理（the principle of complementary dualism）」（[126] 116）「相補的機能の主題（the theme of complementary functions）」（[126] 115）を指摘する。

　さらに，Needham の所論に関し，ひとこと付加しておけば，Needham は，Meru 族の宗教儀礼において，祭司 Mugwe が蜂蜜からつくった酒（honey-beer）を使用することを解釈して，同じ見解を述べている。

　Meru 族の生業は，農耕と蜂蜜収集[2]の2種の中，基本的に農耕に依存し，

副次的に蜂蜜の収集をおこない，このように生活上副次的に収集している蜂蜜からつくった酒が，彼らの宗教儀礼上重視され，祭司 Mugwe がそれを使用している。そのことの解釈に関しても，Needham は彼のいわゆる［相補的二元論］を展開し，生業上副次的で，その意味で経済的（世俗的）生活の分野において劣位に位置付けられている蜂蜜に呪術・宗教的生活の分野における優位性が付与されていると解釈し，生活の経済的（世俗的）分野と呪術・宗教的分野における蜂蜜に関して，「相補的機能（complementary function）」（［126］115）の用語でもって説明している。このように，Needham は，生活の経済的（世俗的）分野と呪術・宗教的分野との間における蜂蜜の位置付けにも，「相補的」な関係を見る。

　Needham は，このようにして，要するに，生活の世俗的分野と呪術・宗教的分野との間，右と左の間，その両者の対置，その両者間に見るサカサ（reversal, inversion）ということに「相互補完性（complementarity）」の意味を見いだし，「相補的対置（complementary opposite）」，「相補的機能（complementary function）」を見，その「相補的二元論（complementary dualism）」を展開している。

　このような Meru 族および Nyoro 族に見る「左手」の習俗に関する Needham の分析・解釈の視点は，わが国の文化に見る右（手，足，肩）―左（手，足，肩）の関係にかかわっても，その分析・解釈の視点として注目されることである。というのも，わが国で，世俗的生活活動において，右（手，足，肩）が優り，「左（手，足，肩）」は，その世俗的生活活動において右（手，足，肩）に劣り，弱く，補助的な位置付けであり，一方，そのような「左（手，足，肩）」が呪術・宗教的に重視されているからである。

　まず，世俗的生活活動において，右手がいわゆる利き手として優越していることは容易に考えられることであるが，農村において，農作業で使用する縄を「左手」を下にし右手を上にして，その両手の間に藁を挟み，上にした右手を前に押して右ナイに綯うように，利き手の右手が強く意識され，一方，「左手」は，右手の補助的な位置付けとして意識されている。肩に関しても同様で，以前，農作業上，肥料・農産物を利き肩の右肩に担ぎ（現在では，農業の機械化が進み，軽四輪車を使用），時々，右肩が疲れた場合など，一時的に「左肩」

に担ぐことがあっても，右肩が中心であったのである。農村の人々は，右肩を利き肩として明瞭に意識している。

　足については，筆者の調査地で，手・肩についてほど，明確な話は聞かれない。しかし，たとえば，有明海沿岸の漁村で，有明海独特の漁法として有名な潟(がた)スキー（潮が引いた後，戸板に乗って潟の上を進み，ムツゴロウを獲る）で，普通，戸板の上に「左足」を乗せ，右足で潟を蹴って進むが，右足が疲れた場合などに，一時的に，右足を戸板に乗せ，「左足」で潟を蹴って進むこともある。しかし，いうまでもなく，右足が中心であるという話を聞いたことがある。このように，足も，右足が利き足なのである。

　なお，前原勝矢は，利き手について，「紀元前3000年から今日までの約5000年の間に創られた芸術作品から，推定した右手利きの割合」（[79] 16）として，表（「過去5000年の芸術に見る右手利きの頻度」）を掲げ（[79] 17），「すべての時代

表1　過去5000年の芸術に見る右手利きの頻度

年　代	件　数	右手利き頻度
紀元前3000	39	90.0（％）
2000	51	86.0
1000	99	90.0
500	142	94.0
0	134	97.0
紀元　500	42	93.0
1000	64	89.0
1200	41	98.0
1400	50	88.0
1500	68	93.0
1600	72	94.0
1700	71	93.0
1800	101	94.0
1850	39	97.0
1900	77	92.0
1950	90	89.0
平　　均		92.6

（スプリンガー－バーレイ，1981）

表2　国別に見た右足でボールを蹴る頻度

国　　名	頻　　度
カナダ	95.0（％）
イギリス	89.0
日　本	87.0
台　湾	85.0
アメリカ（白人）	72.0
〃　　（黒人）	68.0

を通して右利きの割合は，約90パーセントと一貫している」（[79] 16）ことを指摘している（表1）。また，足について，「利き足とは動作をする足」（[79] 113）と述べ，表（「国別に見た右足でボールを蹴る頻度」）を掲げている（表2）（[79] 112）。

以上，要するに，世俗的生活において，右手・右足・右肩が優越し，一方，「左手」・「左足」・「左肩」は，その世俗的生活において，右手・右足・右肩に劣り，弱く，補助的な位置付けであるのに対し，呪術・宗教的生活において，力が付与され，優越している。

明らかに，その両者の間に，

世俗的生活活動	呪術・宗教的生活活動
右＞左	右＜左
（左の劣位）	（左の優位）

の事実が見られるのである。そのような事実は，右と左の間に見られるのみならず，他の事象に関しても知ることのできる事実であり，その点，Turner の論述が注目されるので，次章に，そのTurner の所論を見ておきたい。それは，右と左の問題を取り扱ったものではないが，分析・解釈の視点として，注目されることである。

〈注〉

1）Nyoro 族は，当地方で，鍛冶の技術で有名という。
　「とかした鉄のかたまり（lumps of smelted iron）ということにかかわって，Needham は，その鉱石に，硬軟の二種があり，硬いそれが男性，軟らかい方が女性と呼ばれ，それぞれ，墓に使用されることを述べ，そのような鉄の使用の仕方についても，硬―男性，軟―女性の二項対置を指摘している（[126] 333 note 16）。」
2）天然資源の開発の起源に関する神話の中に，まず Mugwe とともにやってきた集団が蜂蜜収集をおこない，次に来た集団が農耕を開始したということが語られているということであり，その点，先に来た集団の蜂蜜の劣位と後に来た集団の農耕の優位ということも述べている。

第 3 章

Victor W. Turner の所論
―― 「世俗的な弱さが聖なる力であること」 ――

　さて,「左手」の習俗を取り扱っているのではないが,論点として前章に見た Needham の所論と基本的に同じとみなしうるものに,Turner の所論がある。M.Fortes, E.E.Evans-Pritchard などの諸研究を援用しつつ,Turner は,父系社会における母系の霊的位置付け,母系社会における父系の霊的位置付けに関して,世俗的生活と呪術・宗教的生活における [構造的優位性 ― 構造的劣位性] の間のサカサの事実を問題とし,「世俗的弱さが聖なる力であること (secular weakness as sacred power)」を論じている。

　以下,その Turner の所論を簡潔に見ておこう。

第1節　Tallensi 族・Nuer 族の父系社会における傍系としての母系の霊的位置付けと Ashanti 族の母系社会における傍系としての父系の霊的位置付け

　Victor W. Turner は,その著『儀礼の過程 ―― 構造と反構造 ―― (The Ritual Process ― Structure and Anti-Structure ―)』において,アフリカ・ガーナの Tallensi 族(父系社会),同スーダンの Nuer 族(父系社会),ガーナの Ashanti 族(母系社会)について,実に関心の持たれる事実を述べている。Turner は,そのそれぞれの部族において,父系社会における母方の霊的位置付け,母系社会における父方の霊的位置付けに関して,「構造的優位性 ― 構造的劣位性 (structural superiority ― structural inferiority)」([194] 100) の事実を指摘し,「(世俗的) 弱者の儀礼的力 (the ritual power of the weak)」([194] 100)・「構造的劣者の儀礼的優勢 (the ritual dominance of structural inferiors）（[194] 177）というサカサの事実を述べている。

　まず，Tallensi族は，父系社会で，法的身分，財産や役職の相続・継承の権利など，男系をたどり，一方，母系は，そのような面で，「表面に出ない側（submerged side）」（[194] 101, 訳書155）であり，「男系のリネージや氏族と張り合う組織された集団（corporate groups competing with the agnatic lineage and clan）」は組織されていない（[194] 101, 訳書156）。しかし，母系は，「精神的（霊的）特質（spiritual characteristics）」，「精神的（霊的）属性（spiritual attribute）」（[194] 101）を持ち，占い師の霊所は，「女の霊所（female shrine）」（[194] 101）とされている。

　Tallensi族におけるそのような事実は，スーダンの父系社会であるNuer族においても同様であり，その父系社会において，周辺的で，境界的，政治的に弱い立場の母の兄弟に聖職者としての象徴的価値が付与されている（[194] 106）。

　一方，母系社会のAshanti族において，「父親 ― 息子の環は構造的に劣位の環（the father-son link, ……, is the structurally inferior link）」（[194] 108）である。しかし，「アシャンティの主要な神々は男神（the major Ashanti gods are male deities）」（[194] 109）である[1]。

　Turnerは，このような事実に，「世俗的な弱さが聖なる力であること（聖なる力としての世俗的弱さ，secular weakness as sacred power）」（[194] 112, 訳書171）を指摘している。

　このようにして，Turnerの論述に見るTallensi族，Nuer族，Ashanti族において，

	「聖（呪術・宗教的世界）」	―	「俗（世俗的世界）」
Tallensi族	男性＜女性		男性＞女性
Nuer族	男性＜女性		男性＞女性
	（男性の劣位・女性の優位）		（男性の優位・女性の劣位）
Ashanti族	男性＞女性		男性＜女性
	（男性の優位・女性の劣位）		（男性の劣位・女性の優位）

の対比，その二項対置の事実を見ることができる（なお，表化は，理解しやすい

ように，筆者の試みである)。

第2節　インドの事例

　Turnerは，さらにインドの一村落の祭りにおいて，「村で富裕なバラモンや……農場主たちが村の女たちにぶちのめされている情景や村落社会の柱とされる……バラモンが……かれらの便所の掃除婦である頑丈な若い……女が振りまわす丸太棒から，息せききって，足をひきずって逃げて」([194] 175，訳書265-6) いく様に注目している。このような事実に，Turnerは，「構造における劣位者が，構造における象徴的な優位性を儀礼において熱望」([194] 193，訳書294) し，「構造的に劣位にあるものが道徳的儀礼的には優位者であること，世俗的な弱さが聖なる力であること」([194] 112，訳書171) を見いだし，「……，身分逆転……は，構造における恒久的な劣位性ということと相関関係がある」([194] 181，訳書276) ことを指摘している。要するに，この点にかかわるTurnerの分析の基本的視点は，世俗的生活の分野と呪術・宗教的生活の分野に見られる［構造的優位性―構造的劣位性］の間の逆転（サカサ）――「世俗的な弱さが聖なる力であること」――の分析と，捉えることができよう。
　なお，Turnerの所論を考察する場合，その境界性（liminality）論とともに有名なコムニタス（communitas）論を検討してみることも重要であろう。コムニタスとは，構造（structure）のサカサの概念であるからである（[194] 92)。
　次に，そのコムニタス論を見る。

第3節　構造とコムニタス（反構造）

　Turnerの所論で，境界性論とともに有名なコムニタス論も，一つのサカサの事実に関する所論として，十分留意しておく必要があると思われる。日常の世俗的な生活で，個々人は，その社会体系において，特定の社会的地位に位置

付けられ，構造付けられ，それぞれの役割を果たしているのに対して，コミュニタスとは，そのような社会体系に拘束されず，構造付けられていない状態，つまり非構造（astructure），あるいは，前項に見たような構造が逆転している反構造（anti-structure）を意味する。Turner は，「……構造が瓦解したのちにコミュニタスが生成する……」（[195] 251, 訳書238），「……コミュニタスは社会構造が存在しないところに出現する……」（[194] 113, 訳書173）などと述べている。儀礼において，個々人が平等に位置付けられ，構造が見られない状態，また，Turner が一事例として述べるインド村落の儀礼（前節参照）において，下位カーストのしかも同一カースト内で，男性より劣った位置付けがなされている女性が，そのような通常の社会的位置付けとはサカサに，儀礼において上位に位置付けられた状態などをコミュニタスと称すると捉えうるであろう。

　この点に関連し Turner は，区別がなく（undifferentiated），平等であり（equalitarian），ノルムによって形付けられることなく（not shaped by norms），制度化されていない（not institutionalized）などと述べている（[195] 274）。

　このようなコミュニタスの概念について，Turner がコミュニタス論を展開しているその著書『儀礼の過程——構造と反構造——』を翻訳した冨倉光雄は，その訳者あとがきで，次のように説明している（[194], 訳書302）。

　「コミュニタスとは，かんたんにいえば，身分序列・地位・財産さらには男女の性別や階級組織の次元，すなわち，構造ないし社会構造の次元を超えた，あるいは，棄てた反構造の次元における自由で平等な実存的人間の相互関係のあり方である。」

　このような Turner の述べるコミュニタスの概念にかかわって，筆者にとって注目されることは，Turner がそのコミュニタスの特質として指摘している3つの点——(1)「境界性（liminality）」，(2)「部外者性（outsiderhood）」，(3)「構造的劣性（structural inferiority）」（[195] 231, 訳書210）——ということであり，さらにそのようなコミュニタスの状態にあることは，「……自動車のギア・ボックスにおけるニュートラルの位置のようなもので，そこからは，新しい一連の運動を起こすに当たって，さまざまな方向に，いろいろな速度で前進

することが可能になる……」（[194] 192, 訳書292-3）と述べ，コムニタスつまり周辺的で境界線上にあり，構造的に劣り，また，構造に位置付けられていない部外者としての状態に，変化への能動性・積極性を認めていることが注目される。本研究で，その主要な論点としている各文化における「左」の位置付けを思うとき，「左」がそのような特質を持ち，そのような視点から「左」の問題を考察することも可能であり，また，重要なことであろう。

つまり，日常の世俗的な生活において，「左（手，足，肩）」は，いわゆる利き手，利き足，利き肩としての右（手，足，肩）に劣り，弱く，補助的な位置付けであり，右（手，足，肩）が中心をなしている日常の世俗的生活において，「左（手，足，肩）」は，中心を離れた周辺ないし境界上に位置付けられ，また部外者的存在であり，構造から離れた，あるいは構造的に劣位の位置付けであるからである。重要なことは，上述のように，構造的に劣り，あるいは構造から自由であるが故に，コムニタスに，いわば一種の創造性が認められるとすることが留意されてならない。

Turnerは，次のように述べている。

「なまのコムニタスないしはむき出しのコムニタスこそ，およそ大きな社会変化の局面に発生する現象である。それは，地位と役割を演ずることがあまりに厳格に決定されていることに対する一つの反応として起きるのかもしれない。」（[195] 254, 訳書243）

「急激な社会変化や，社会変化がつづいて起こる場合には，コムニタスこそが中心的なものとして出現する。」（[195] 268, 訳書261）

さらに，通過儀礼に関して，

「……通過儀礼では，人間は構造からコムニタスに解放され，そして，かれらのコムニタス経験によってふたたび活力をえた構造に戻る……」（[194] 116, 訳書176）

「……女のコムニタスのなかで神秘的な力を手に入れて，一人の少女が女性へと成長してゆく……」（[195] 258, 訳書248）

このように，Turner がコムニタスの状態に，力の獲得，一種の創造性を認めていることが注目されてならない。

Turner が，さらに次のように述べていることも引用しておく。

「構造に強弱がみられ，それらが二元的な対立を示すときには，構造的劣位者がつねに価値を担う存在として立ち現われてくる。」（[195] 234，訳書214）

以上に述べた「世俗的な弱さが聖なる力であること」ということは，Turner の述べる父系社会における母方の霊的位置付け，母系社会における父方の霊的位置付けについて見た通りである。そのことは，さらに，世界各地に見る「左手」の習俗に関しても言いうることと思われ，その「左手」の習俗に関しても（ただし，Turner が「左手」の習俗について述べていないことはすでに記しておいた），Turner がその基本的な分析の視点とする［構造的優位性 ― 構造的劣位性］・「世俗的な弱さが聖なる力であること」という視点から検討してみることが重要なことのように思われる。わが国の文化の「左」の習俗を見る場合，たとえば，すでに述べた柳田國男の報告する縄掛地蔵など，事態の好転という積極的な変化（への願望）に，世俗的な日常生活において右手に劣る「左手」がかかわっているのである。「左」のそのような呪術的な能動性ないし積極性を考慮するとき，「左」の習俗に関しても，以上に見た Turner のいう反構造ないし非構造としてのコムニタスの特性（能動性）の考察が重要なことのように思われてならない。

なお，Turner は，彼が提示する前掲の事例のほか，「クリスマスの当日，イギリス陸軍で，兵隊たちが晩餐のときに士官や下士官の給仕を受ける」「身分逆転の現代的儀礼」（[194] 160，訳書244）の事例を述べていることも興味深い。つまり，通常は下位に位置付けられ，命令を受ける方の兵隊が，儀礼（クリスマス）に際して，命令を与える士官や下士官の給仕を受けるということもあるのである。Turner が，そのような事例も記述しているので，補足的にではあるが，ここに，そのことを記しておきたい。

第4節　John H. M. Beattie の所論
——Nyoro 族の象徴的逆転について——

　以上に見た Needham の「相補的二元論」，および Turner の［構造的優位性―構造的劣位性］のサカサの認識，「世俗的な弱さが聖なる力であること」ということは，さらに，Beattie の Nyoro 族に見る象徴的逆転についての論考に関しても言いうることのように思われる。Beattie は，その論文 "Aspects of Nyoro Symbolism" において，「生きている間は，ほとんど顧慮されることのなかった奴僕が死ぬと，その亡霊に特別の潜在力（mahano）が帰せられ，……，卑賤なる者が，聖なるものに転位している」（[15] 417 note 1, 2. 語句は，安元の紹介による。[214] 85）事実を記述している。そのことに関して，安元正也が要領よくまとめ説明しているので，次に，その安元の文を引用しておく。

> 「Nyoro の地においては……いかなる関係においても，一方が目上と考えられ，他方は目下とみなされる。幾つかの文脈において社会的ないし政治的に従属的な役割を受け持つことは，一種の儀礼的優越が目下の者に与えられることによって補償される，ということのようである……奴僕として使役された捕虜に特別の儀礼的力が与えられる……。」（[14] 149, [214] 86）

　以上，Rodney Needham, Victor W. Turner, John Beattie の所論の要旨を見てきたが，それらは，要するに，右―左のみならず，事象を，優―劣の関係において見ているということに，その基本的な視点があることは言うまでもない。わが国の文化に見る「左（手，足，肩）」の習俗も，たとえば，Needham が分析した Meru 族・Nyoro 族における「左手」のように，世俗的生活分野において優る右（手，足，肩）に劣り，弱く，補助的な位置付けがなされている「左（手，足，肩）」が呪術・宗教的に優越しているために，以上に見たように，右―左を，世俗的生活活動の分野における右＝優，左＝劣，一方，呪術・宗教的生活活動の分野におけるそのサカサの右＝劣，左＝優の関係において分析し解釈することは可能であり，また，重要なことである。わが国においても，

「左手」は,「左足」・「左肩」とともに,世俗的な日常生活において,通常,利き手,利き足,利き肩としての右手,右足,右肩に劣り,弱く,補助的な位置付けであるからである。「左」は,くりかえし述べるように,従来,わが国の文化において,主として不浄の意味において捉えられ,その不浄という認識に基づいた説(たとえば,「浄(具体的には,氏神祭祀)」―「不浄(葬制)」:「右(マワリ)」―「左(マワリ)」)の象徴的二元論ないし二項対置論が述べられてきている。

しかし,すでに述べたように,神に飾るシメ縄が「左ナイ」であるとともに,かつて土葬であった頃の棺縄がまた同様に「左ナイ」であったことなど,神にかかわって,そして,葬制上に「左」の習俗が見られ,その場合,「左」に魔バライ・事態の好転・招福などの呪術性を認識し,民俗宗教のレベルでは,「左」は不浄の意味で認識されていることはない。「左」の習俗について不浄の意識を明白に語るのは,それぞれの調査地において,寺の住職のみといっても,決して過言ではない。そのことは,漁村においても同様である。というのも,出港に際して「左マワリ」にまわって,船と乗組員の無事と豊漁を神に願っているし,また,「左」が神にかかわり,祝にかかわっていることは,柳田國男が収録しているフナオロシ(進水式)の祝いとして贈るヒダリマキ([208] 313)ということなどにも示されている通りである。

そのような「左(手,足,肩)」の習俗を解釈する場合,世俗的な日常生活において,主として右手が使用され,その世俗的な日常生活において,「左手」は右手に劣り,弱く,右手の補助的な位置付けであり,同様なことは,「左肩」についても言いうることで,たとえば農作業において,肥料・農産物など,天秤棒で,一時的に「左肩」に担ぐことがあっても(右肩が疲れた場合など),右肩に担ぐのが普通であった。

今日では,農作業の機械化のために,右肩に担ぐ事実を見ることはまずないが,ムラの古老の話にそのことが強く示され,右肩―左肩を強―弱の観念で捉えていることが明確に認められる。

足については,筆者の調査地において,手・肩についてほど明確な話を聞くことがないが,しかし,前掲の前原の記述,また,筆者が有明海沿岸の漁村で聞いたことなどに示されているように,右足が利き足であり,右足―左足の

第3章 Victor W. Turner の所論

間にも，強―弱，優―劣の関係が明確に認識され，要するに，右手・右足・右肩に劣り，弱く，補助的な位置付けがなされている「左手」・「左足」・「左肩」に，積極的な呪術・宗教的意味とその機能が付与されていることが注目されるのである。つまり，世俗的な日常生活において劣るものが，呪術・宗教的に優っていることが留意される。その点，日常の農作業において，右手を先にし「左手」を後にして鍬を持つのに対し，地鎮祭に際して，「左手」を先にし右手を後にして鍬を持っていたということをいくつかの調査地で聞き，また，かつて，土葬に際して，同様に，「左手」を先にし右手を後にして鍬を持っていたということは，どこでも聞くことである。

足に関して，通常の足の進め方のサカサに，神の前に進み出る際の作法として，まず，「左」の足から進み出，神の前から退くときには，まず右足から退いて，少しでも永く，「左足」を神の前に残すという「進左退右」ということがあり，また，葬式に際しての作法として，「左右左右(サウサウ)」ということもよく聞くことである。そのほか，鹿児島県徳之島で，ケンムン（妖怪）に出会った際，「左足」でけとばせば勝つとか，また，沖縄本島南部の一農村で，病気ほどでなくて身体がだるいといったような場合に，豚とか鶏の「左足」を食べれば元気になるといったことを聞くが，このように「左足」に呪術性が付与されている。

肩に関しては，御神体・神輿など，「左肩」に担ぐことが顕著な事実として知られる。葬式に際しても，すでに記したように，葬列の先頭に立つサキダイマツ（先松明）を「左肩」に担いでいた事実を柳田國男が収録し（[209] 91），また，筆者の調査地で，棺を「左肩」に担いでいたという話を聞くこともあるのである。

このようにして，わが国において，日常の世俗的な生活において，主として使用される右手・右足・右肩に劣り，弱く，補助的な位置付けがなされている「左手」・「左足」・「左肩」に，呪術・宗教的な意味合いが付与されているという事実が明らかに見られることが注目されなければならない。つまり，「世俗的生活活動」―「呪術・宗教的生活活動」：「右」―「左」の二項対置が知られるのである。しかも，その右―左は優―劣の関係にあり，世俗的生活活動において劣る「左」が呪術・宗教的生活において優っている。そのような事実は，

Needhamのいう「相補的二元論」，Turnerのいう世俗的生活活動の分野と呪術・宗教的生活活動の分野における［構造的優位性―構造的劣位性］の逆転（サカサ）・「世俗的な弱さが聖なる力であること」として捉えうることである。

このように，右―左を優―劣，強―弱の視点から分析することが一つの重要な視点であることは言うまでもない。ところが，わが国において，そのような優―劣，強―弱というよりも，その両者間におけるサカサということそれ自体を強く意識し，そして，そのサカサということに，魔バライということなどを強く意識していることも留意されなければならない。たとえば，神に飾るシメ縄の「左ナイ」のことを「使い縄の反対（サカサ）」と述べ，それが，世俗的な農業活動において使用する縄の右ナイのサカサの綯い方であることを強く意識している。事実，世俗的な農作業に使用する縄が，左手を下に右手を上にして，その間に藁をはさみ，上にした右手を前に押して綯うのに対して，シメ縄・棺縄の綯い方は，そのサカサに，右手を下に左手を上にし，その両手の間に藁をはさみ，上にした左手を前に押して綯う。まさに，世俗的生活活動と宗教的生活活動との間でのサカサということである。シメ縄の「左ナイ」ということは，言うまでもなく，右手―左手の間を優―劣の関係において説明されうることであるが，しかし，その両者の間に，優―劣，強―弱というよりも，サカサにするということを強く意識していることを思うとき，必ずしもそのような優―劣の関係において捉えることができないようにも思われるのである。そのことは，右マワリ―左マワリということにもうかがい知ることである。

たとえば，南九州に顕著な田の神信仰（田ノ神サァー）において，神像のまわりを「左マワリ」にまわり，聖なる空間を設定するのを，かつて田植えの準備の最終段階として牛に馬鍬を引かせて水田をならすのが右マワリであったこと（このことは，今日農業の機械化のために，直接確認することができない）のサカサとして語るかなり多くの古老がいる。このような右マワリ―左マワリということに，彼らの意識において，優―劣の関係をうかがうことはできない。優―劣の関係というよりも，サカサにすることそれ自体が，強く意識されている。しかし，たしかに，農業生産活動をはじめとして，世俗的な生活活動の分野においては，言うまでもなく，右手・右肩など力の強い右が優越し

ている。したがって，上述のように，右―左を，優―劣の関係（世俗的生活活動における右＝優，左＝劣，一方，呪術・宗教的生活活動においては，そのサカサに，右＝劣，左＝優）において分析し解釈することは，わが国の文化においても十分に可能であり，また，重要なことである。

一方，その両者を，優―劣の関係においてでなく，サカサそれ自体の意識でもって語る人々の意識も，また，重視されなければならない。

このように，右―左を，優―劣の関係において分析しようが，そのような関係においてでなく捉えようが，その両者がサカサの状態にあり，日常の世俗的生活活動と呪術・宗教的生活活動とが対置して意識されていることは言うまでもないことである。要するに，わが国の文化に見る「左」の習俗を，右との優―劣の関係において分析し解釈することが必要な場合もあり，また，そのような優―劣の関係でない，サカサの事実として解釈することが必要である場合もあるように思われるのであるが，その両者が，ともに，相互に対置したサカサの状態にあることは言うまでもないことである。

前述したように，調査地の人々の意識に，世俗的生活活動における右マワリ―呪術・宗教的生活活動における左マワリのように，優―劣の関係でない，サカサの事実として意識されていることも，たしかに，留意される。解釈上，優―劣の関係において捉えうるシメ縄・棺縄に関しても，そのような優―劣というより，その綯い方に示されているように，サカサの意識が強いこともすでに述べた通りである。第1章に述べたわが国の文化に見る「左（手，足，肩）」の習俗の殆どが，筆者の調査の経験からいえば，「左」の事実が，右との優―劣の関係でなく，右のサカサの「左」として認識されていることが強く意識されてならない。そのために，「左」の習俗の諸事実について第1章に述べたこととその多くが重複することにはなるが，それらが右のサカサとして意識されているということを，次章に，改めて見ておきたい。

〈注〉

1) くわしくは，Turner の著書（[194] 107-112）を見ていただきたいが，たとえば，「……アシャンティにおいては，母系が支配的な統合の原理であり，男から男へという出自の連環は，ほとんど全面的に吉祥とみなされ，豊饒，健康，力，万人に共

有される人生の価値のすべてを司る大空の神や偉大な川の神々と関係づけられている」（［194］112，訳書171）などと述べている。

第4章

［聖（呪術・宗教的世界）］と［俗（世俗的世界）］の間のサカサの強調・両者の対置
—— 非日常性の強調 ——

　前章までは，世俗的生活活動における劣・弱が，呪術・宗教的に優・強と認識され，積極的に呪術・宗教的な機能を果たしている事実について見てきた。
　それに対し，本章においては，聖―俗間のサカサの強調により大きな重点がおかれている側面について述べておきたい。

第1節　わが国における事例

1．農作業上の縄の右ナイとシメ縄・棺縄の「左ナイ」

　前述したように，神に飾るシメ縄が「左ナイ」であり，かつて土葬であった頃の棺縄がまた同様に「左ナイ」であったのであるが，その両者はともに世俗的な経済活動としての農作業で使用する縄の右ナイであることとの対比において意識されている。そのことは，すでに述べた農民の「使い縄の反対（サカサ）」という言葉に明らかに示され，また，その縄の綯い方に示されている通りである。ここに，「聖」―「俗」：「左」―「右」の二項対置を見る。

2．農作業に際して履くワラジの緒の右ナイと神輿を担ぐ人の履くワラジの緒および葬式ワラジの緒の「左ナイ」

　その一事例を，大分県豊後高田市近郊の一農村に見る。当農村で，毎年10月中旬，稲を刈り取る直前に，稲の豊作を氏神に見てもらうために神に神輿に乗り移ってもらい，その神輿をムラ中担ぎまわるが，その神輿の担ぎ手の履くワ

ラジの緒が「左ナイ」である。今日，藁の不足のため必ずしもそうではない場合もあるが，理念として「左ナイ」であることが強く意識されている。また，野辺送りに際して，棺を担ぐ人が履いていた葬式ワラジの緒が同様に「左ナイ」であった。一方，常日頃の農作業に際して履いていたワラジの緒は右ナイであった。この点にも，「聖」―「俗」：「左」―「右」の二項対置を見る。

3．右トジと左トジ

すでに述べたように，「左トジ」の事実を，宮崎県の一山村における神楽繰出帳と香典帳の「左トジ」にその典型的な一事例を見た。そして，そのことは，世俗的な生活活動の分野で使用される右トジとの対比において明確に意識されている。たとえば，かつて地主が小作人から小作米を受け取った月日とその量を記録しておく記録簿が右トジであったように，世俗的な生活活動におけるそれが右トジであるのに対して，神事・葬式にかかわる記録簿（神楽繰出帳，香典帳）は「左トジ」であり，「聖（呪術・宗教的生活活動）」―「俗（世俗的生活活動）」：「左」―「右」の象徴的対比ないし二項対置が指摘され，その両者の間をサカサにするという明確な意識が見られるのである。

4．右巻きと左巻き

わが国の文化において，「左巻き」の習俗もまた注目される。それには，柳田國男も報告していることで，たとえば，新妻が無事懐妊し，元気な赤ん坊を出産することを願ってその腰を打つハラメン棒の縄の巻き方が「左巻き」であるということがあった。筆者自身，鹿児島県で，その事実を知り，また，福岡市南郊春日市のかつての農村部で，嫁の尻タタキと称する同様な習俗がおこなわれていることも知られる。なお，「嫁の尻叩き」に関して，『徳之島民俗誌』に次のように記されている（[[186] 46）。

> 「この棒（祝い棒――筆者注――）で，生殖の呪術として嫁女の尻を叩く風は，諸所に行われ，鹿児島県・新潟県では『嫁の尻叩き』，長崎県では『子はらめ』と称えている。」

「左巻き」の事実は、さらに、畑を荒らすモグラを追い払うモグラ打チ（モグラタタキ）の藁の棒の縄の巻き方が「左巻き」であったということを福岡県南部の一農村で聞いたことがある。ムラの古老は、水田に水を溜めるために、ミナクチ（水口。水田に水を取り入れ、次の水田に水を落とすところ）にはめる藁を縄で巻くのが右巻きであるのに対して、モグラ打チの藁の棒は「左巻き」にして、その「左巻き」の「左」ということに呪術性を認識していることを語るのである。

つまり、常日頃の世俗的な農業活動における縄の巻き方が右巻きであることとの対比において、ハラメン棒とかモグラ打チの棒などの「左巻き」が認識され、そして、その間のサカサということに、呪術性を認識しているのである。このようにして、このことに関しても、「聖」—「俗」：「左」—「右」の二項対置が知られる。正月に際して見られる祝棒などの「左巻き」ということもあった。

このように、優—劣、強—弱の意識でなく、サカサにすることそれ自体の認識の場合には、いうまでもなく、[構造的優位性—構造的劣位性]・[世俗的な弱さが聖なる力であること]というTurnerの指摘で解釈することはできない。「聖」—「俗」：「左」—「右」の二項対置の間のサカサということが強く意識されていることが注目されなければならない。そのことは、神に飾るシメ縄が「左ナイ」であること、そして、かつて土葬であった頃の棺縄がまた同様に「左ナイ」であったことが、世俗的な農作業で使用する縄の右ナイであることとの対比において、そのサカサとして明確に意識されていることについても同様である。

なお、柳田國男が報告する縄掛地蔵の「左ナイ」（[208] 451）、さらに、「ヒダリマキ」（「船おろしの祝のおりに贈られるもの」で、「船霊様のムロすなわち神棚の前に垂れた鈴の緒」[208] 313）も同様と考えられる。これらの事実は、強—弱、優—劣の視点から解釈されるとともに、そのような強—弱、優—劣ということでなく、以上に述べたように、サカサそれ自体という視点からも解釈されうることである。

5．右臼と左臼

「聖（呪術・宗教的生活活動）」―「俗（世俗的生活活動）」：「左」―「右」の象徴的対比ないし二項対置ということの一事例が，葬式前夜の通夜に際して，参会者に出すウドンの粉を，常日頃食べるウドンの粉を臼を右マワシにまわして挽いていたのに対して，そのサカサに，「左マワシ」にまわして挽いていたと述べるところが多いことにも示されている。今日では，そのように，通夜に際して参会者にウドンを出す習慣自体が見られなくなってきているが，出しているところでも，すでに製品化され店で販売されているウドンを使用していて，臼で挽くのを見ることはない。ただし，以前はウドンの粉を挽くことが普通であったのであり，その際，臼を「左マワシ」にまわしていたのである。ただし，挽くのは，挽くのに力が要るために右手であったと述べる。このように，明らかに「聖（呪術・宗教的生活活動）」―「俗（世俗的生活活動）」：「左」―「右」の対置を見る。

なお，大分県の一山村において，まず最初に，氏神にそなえ，そして，それをいただいて村人が食べる餅にまぶす黄粉とする材料の大豆を，臼を「左マワシ」にまわしてつくっていたはずだと述べる幾人かの古老がいるが，そのことは，今日の時点では全く確かめえないことで，神事にかかわっては，今日までのところ，「左臼」の確実な事実を知ることがなく，その点，問題を残している。

6．右膳と左膳

「左膳」の事実は，葬式とその後の法事に際して顕著に見られる。その事実は，神祭りにかかわっては知られず，その点も問題を残している。「左膳」と

```
○ ○ ○ ○           ○ ○ ○ ○
ご ミ ナ ナ           ナ オ ナ ミ ご
は ソ カ オ マ        マ ヒ カ ソ は
ん ッ ッ ヒ ス        ス ラ ッ ッ ん
  ユ キ ラ             キ ユ
```
（通常のならべ方）　（葬式・法事の際のならべ方）

図16

は，御飯その他を，常日頃の膳の並べ方のサカサに並べた膳のことである。

その一事例として，福岡県八女市近郊の一農村における事例を，前項に示している（図16）。

その八女市近郊の一農村では，「『ウッタチの膳（旅立ちの膳）』は『左膳』」と述べる。

調査地によっては，箸の置き方で，箸の先を常日頃の箸の置き方とはサカサにして置くことまで含めて，「左膳」と述べるところもある。

7．右襟と左襟

常日頃の着物の着方が，右手が襟の中に入るように，着る本人からいって右襟を下にし，「左襟」を右襟に重ねるようにして着るのに対して，死者にはそのサカサに，「左襟」を下にし，右襟をその上に重ねて着せる。そのことを「左ムネ」，あるいは，ところによっては「左マエ」，また「左合ワセ」，と称している。「左衽（袵）」のことである。

このように，「左衽」が，死者に着せる着物の着せ方について顕著に見られるが，しかし，その「左衽」の事実は，さらに，たとえば，沖縄・久高島の最高位の神女が着物の同じ着方をしていることなどにも示されているように（［38］，［71］），神にかかわっても見られることに注意を向けなければならない。そして，その両者は，ともに，今日，常日頃の世俗的な生活における着物の着方の襟の重ね方のサカサとして認識されている。筆者の面接調査では，神祭りをおこなう久高島の神女も，常日頃は右襟にしているという。ところが，斎藤ミチ子が述べるように，「祭りの時はヒダリカキ（左前）に着て」（［150］37）いるのである。この場合にも，言うまでもなく，以上に述べた諸事実と同じように，「聖」―「俗」：「左」―「右」の象徴的対比ないし二項対置を見る。

しかし，この「左衽」に関しては，過去にさかのぼった場合，このように，「聖」―「俗」：「左」―「右」の象徴的対比ということが必ずしも言えないことに注意が向く。というのも，『続日本紀』に「初令天下百姓右襟」とあり，過去におけるその事実を考慮に入れるとき，当時は世俗的な日常生活において「左衽」であったと思われ，そのために，「左衽」に関しては，必ずしも，今日のように，「聖」―「俗」：「左」―「右」の対比ということを述べることがで

きないことも想定されるからである。この右襟と左襟については，今後，さらに，十分な検討が加えられなければならない。

『続日本紀』によれば，養老3年1月10日に，前年に帰国した入唐使が，唐の朝服で拝謁した際，朝廷がそれが右襟であることに驚き，早速，2月3日に，百姓の衣服すべてを右襟にするようにとの命令を出している。この点に関する論述として，林陸朗校注訓訳『完訳注釈続日本紀』巻第一～巻第八の養老3年の記述に，「己亥。入唐使等拝見す。皆唐国授くる所の朝服を着す」（[36] 156），「二月壬戌。初めて天下の百姓をして襟を右にし，職事[1]の主典已上に笏を把らしむ」（[36] 157）と記され，さらに，その注釈に右襟の項を設け，その右襟に関して，次のように記されている（[36] 注釈61注13）。

「わが国古来の風習は左衽（サジン）即ち左前の襟であった。中国では右前であって左前は蛮風とされた。わが国の朝服はこれより以前恐らくは推古朝の冠任の制から右襟にしていたと思われる。本条は天下百姓の服もすべて唐風に倣って右襟に改めたもので前年帰朝の遣唐使によるものであろう。」

この点，関根真隆著『奈良朝服飾の研究』本文編には，「入唐使等拝見，皆着唐国所授朝服」に関して，次のように記されている。

「……養老元年に出航し，同二年に帰朝した多治比県守らの一行が参内の折に，唐国より授与された朝服を着用して参内したというものである。時あたかも唐は玄宗皇帝の開元の治といわれたころに当たり，盛唐文化の花開いた時であって，そのころの唐朝廷の服装がそのままわが廟堂に持ち込まれたのである。」（[157] 54）

「……当時の傾向からすれば先進国より新形式の服制が将来された場合は，必ずや本邦のそれにも早速取り入れられたことは疑いない。右の日（唐服を着用して参内した日のこと ── 筆者注 ──）から一か月もたたない二月壬戌紀に，
　　初令天下百姓右襟，職事主典已上把笏，其五位已上牙笏
　　散位亦聴把笏，六位已下木笏
と，著名な右衽と把笏の令がみられるが，これは先の新帰朝者によって語られたであ

ろう唐朝の風俗を敏感に反映した結果ではなかったろうか。」（[157] 54-5）

この点，小澤和子も記述しているので，参考までに，次に，その小澤の述べるところを引用しておこう（[141] 37）。

「養老元年（717）に第8回の遣唐使が派遣され，翌養老2年10月に帰国した。その時に唐から授けられた朝服を持ち帰り，養老3年正月10日に，この唐の朝服を着て参内したのである。これが正式に日本の朝廷に唐服が入ったものであろう。
　この時の朝廷内での驚きが目に見えるようである。何故なら，その年の2月早速にも衣服令が出され，襟は右袵にし，主典已上に笏を把らしむとある。これまでは笏も持たなかったのである。高松塚の男子像に笏はない。
……（中略）……
　このように，第6回の遣唐使から，33年間の空白の後再開された第7回・第8回の遣唐使以後，急速に唐文化が奔流のように入り込み，衣服も唐化され，天平文化へと華開いたと見たいのである。」

さらに，中田尚子も次のように記している（[113] 20）。

「『続紀』養老3年（719）正月已亥条に，
　　入唐使等拝見，皆着唐国所授朝服
とあるが，養老元年に出航し，同2年に帰朝した多治比県守らの一行が参内の折に，唐国より授与された朝服を着用して参内したというものである。そして1ヶ月もたたない2月壬戌紀に，
　　初令天下百姓右襟，職事主典已上把笏，其五位以上牙笏，
　　散位聴把笏，六位已下木笏
と著名な右袵と把の令がみられるが，これは唐朝の風俗を早速取り入れた結果であろう。」

このような史実を思うとき，それまでは世俗的な日常生活で「左袵」であったことが想定され，当時の「左袵」に関しては，今日のように，「聖」―「俗」：「左」―「右」の二項対置ということが考えられない。今後に残された重要な一研究課題である。

なお，筆者の調査地の各地で，神祭りのすべてにわたる「左手」の事実の優越の中で，ただひとこと，笏を持つことだけが右手であるということが見られるが，そのことは，この『続日本紀』の記述に見るように，笏を持つ習俗が，右重視の右衽の習俗とともに，唐からわが国にもたらされたということから理解されうることである（[36] 注釈61-2注14参照）。

「左衽」の習俗についてさらにひとこと述べておけば，「中国から学んだ葬送の儀礼では，まず死者の魂を呼びもどすのに，その礼服や裳を左の肩に荷ない左手でえりを持って少し左を向いて招く。また左衽にして祭服を死者に着せる。これらの左に不吉の観念はもとは含まれていなかった」（[192] 302）との記述も見られる。従来，「左衽」は，死者に関してのみ問題とされ，そして，死は不浄であり，そのために，「左」の文化的意味が不浄としてのみ捉えられてきているように思われる。しかし，前述したように，たとえば沖縄・久高島で，最高位の神女が「左衽」に着物を着ていることなどが注目されなければならないし，また，上の引用文（[192]）で「左に不吉の観念はもとは含まれていなかった」ということを，十分，留意しておかなければならないと思われる。

なお，上に引用した魂呼びの習俗に関してひとこと述べておけば，朝鮮半島で死者の魂を呼び寄せるために，わが国における魂呼びの習俗と同じように，屋根の上に上り，死者の魂を呼び寄せるというが，その際，「左手」で呼び寄せるということである。この点，赤田光男が，朝鮮半島における習俗に関し，次のように記している（[3] 84）。

「……ホンブルギという魂呼びの慣習が伝承されてきている。一人の男が家の東の軒から屋根に登り，北の方角を向いて死者生前の上着の襟を左手にもって打振りながら，死者が男であれば名を，女であれば字を三度呼び，その後その衣類を巻いて下にいる人に投げ落し，うけとった人は遺骸の上にそれを置き，魂呼びをした人は西北の軒から降りるという。」

このように，魂呼びにかかわって「左」の習俗が見られることが注目される。

「左」の習俗は，決して死が穢れということでなく，この赤田の指摘に見るように，蘇生（赤田は，「呪術的招魂蘇生儀礼」と述べている。[3] 83）にかかわり，

死（仮死）を生にもどしたいという願いにかかわっているのである。つまり，「左」は，事態の好転ということにかかわっているのである。

わが国の文化においては，たとえばくりかえし述べる柳田國男の報告する縄掛地蔵など，また，他文化における「左」の習俗に関しても，魔バライ・招福・病気の治癒などといった事態の好転ということに「左」の習俗の機能が見られることを，十分に留意しておく必要があると思われる。

8．右鎌と左鎌

右鎌に対する「左鎌」の典型的な事例を，柳田國男が神に奉納なされた「左鎌」に見る。それは，現在，國學院大学神道資料展示室に展示されているが，柳田は，そのほか，その著において，いくつかの事例を述べている。その一例を，第1章第1節9に述べておいた。

そのように，神にかかわって見られる「左鎌」の習俗は，常日頃の世俗的な生活活動としての農作業において使用する右鎌との対比において意識されている。なお，柳田の論述における「左鎌」は，男女の別とのかかわりでは述べられていないが，筆者の調査によれば，福岡県南部の一農村においては，昭和初期頃まで，男の子が生まれた場合に小型の「左鎌」を，女の子が生まれた場合には小型の右鎌をムラの鍛冶屋につくってもらって，子供の健康とすこやかな成長，無事な生活を願って，氏神に奉納していたことがあると述べる。このように，鎌にも，男女との対比が見られることもあるのである。

なお，「左鎌」に関して，波平恵美子が，大分県一山村において，妊婦が出産前死亡した際，「左鎌」で腹を裂き胎児を取り出し，別にして埋葬する習俗があったことを記し，その際の「左」に，異常な死，つまり正常に対する異常性の認識が示されていることを指摘している（[121] 128）。このいわゆる二つ腹の習俗について，筆者も，同じ大分県国東半島の一山村で聞いたことがあるが，筆者の知る当山村では，異常性の認識というにとどまらず，少しでも正常な分娩の姿に近づけるため，との意識であったと語る。つまり，胎児が母親の死亡によってすでに死亡していても，せめてもの母親の腹から取り出し，正常な誕生の思いをさせてやり，母親にも正常な出産の思いをさせてやって，母親とともに葬ってやっていたということだ，と語るのである。そのように言い伝

えられてきていると述べる。

このような認識に見られる「左手」の習俗には，せめてもの正常な姿にという願いが込められていることがうかがわれ，「左手」の習俗についてのそのようなムラの古老の語りも，また，注目されなければならないと思われる。というのも，たとえば，すでにたびたび述べた柳田國男の報告する縄掛地蔵をはじめとして，「左」の習俗には，事態の好転を願う民俗心意が込められてもいるからである。そのために，「左」の習俗を，正常 ― 異常の二項対置における異常という意味において捉えるにとどまることなく，以上に見たような民俗心意をも十分考慮に入れなくてはならないのではなかろうかとも思われるのである。

以上の点に関連し，古野清人が台湾・高砂族において，正常な死者に右手で供物をそなえるのに対して，妊婦の死者には，自殺者・変死者に対すると同様に，「左手」で供物をそなえることを記述している（[31] 19）。この場合，正常 ― 異常：右 ― 左の対置を見る。たしかにそのような死は異常であり，そのために，古野・波平の指摘に見る異常性の指摘も重要である。しかしそのことに加えて，大分県国東半島の一山村における古老の語りも，また留意される。このような国東半島の一山村における古老の語りも，たとえば上述の柳田國男の報告する縄掛地蔵と同様に，常日頃主として使用する右手のサカサとしての「左手」，つまり，サカサにするということに，事態の好転への願いが込められていると思われることであり，そのために，「左」の習俗に関して，従来指摘されてきている正常 ― 異常：右 ― 左といった二項対置の指摘にとどまることなく，その「左」の習俗に，事態の好転を願う民俗心意を見ることも，また重要ではなかろうかと思われる。その「左鎌」の事実は，『古語大辞典』（小学館刊）に，「鎌を左手に持って腹を裂くこと。身重の女が死んだとき子を取り出してから葬るのを習いとし，その際逆手を用いた」（[111] 1392）と記されている。

以上のように，神にかかわるのみならず死にかかわって「左鎌」の習俗が見られることもあることが留意されなければならない。

9．右鍬と左鍬

かつて土葬であったころ，墓穴に棺を納めた後，土をかける際，常日頃の農

作業上の鍬の持ち方が右手を先にし「左手」を後にして持つ持ち方であることとはサカサに,「左手」を先にし右手を後にして鍬を持っていた。そのような鍬の持ち方を「左鍬」と称している(ところによっては,ウラ鍬とも述べる。ウラとは,オモテのサカサであることはいうまでもない。また,サカ(サ)グワと述べるところもある)。

　ところが,その「左鍬」の習俗は,ところによっては,地鎮祭など,神事に際してもおこなわれていたことが知られる。そして,その地鎮祭などに際しての「左鍬」,土葬に際しての「左鍬」は,ともに世俗的な経済活動としての農作業における右鍬との対比において意識されている。このように,常日頃の農作業では,通常右手を先にし「左手」を後にして鍬を持つのに対し,地鎮祭・土葬に際しては,そのサカサに,「左手」を先にし右手を後にして鍬を持つということにも,「聖」―「俗」:「左」―「右」の二項対置を知る。

　このように,わが国の文化について,世俗的生活活動と呪術・宗教的生活活動にかかわって,右とそのサカサとしての「左」の事実が知られるが,他文化においても,その世俗的生活活動と呪術・宗教的生活活動に右と左がかかわり,そして,その世俗的生活と呪術・宗教的生活および右と左がサカサとして対照的に見られることを示す意味において,次に,参考までに,アンデス社会における世俗的生活と宗教的生活の間に見られる右―左のサカサの事実を見ておこう。それは,右―左が,優―劣の関係というよりも,明らかにサカサの事実として見られることの一事例と思われることである。

第2節　アンデスの先住民社会に見る左・サカサの事実

　その一例を,稲村哲也の報告するアンデスの先住民社会におけるチュンカイという死霊送りの儀礼に見る([46] 174-94)。以下に,その儀礼において,左・サカサの事実が見られる部分を引用しておこう。

　「……司祭者の指揮のもとに,死者の『魂を集める』ための一連の儀礼が行なわれる。彼らは,石積みの家畜囲いや,水が湧く場所や,死者が生前家畜を追ってよく歩いた

場所を巡り,『糸切り』,『石投げ』,『土掘り』,『鞭打ち』の一連の儀礼を行なう。『ヨケ (yoq'e)』と呼ばれる糸の玉があらかじめ用意されている。『ヨケ』とはケチュア語で『左』を意味するが, この糸は日常とは逆巻きに紡がれているという。チュンカイ儀礼に使われる糸はすべて『ヨケ』である。」([46] 179-80)

「『石投げ』はケチュア語で『ハンワユ・ウルフイ(霊魂を放り出すこと)』と呼ばれる。つまり, 石は死者の霊魂を象徴し, それは必ず霊が向かうべき方角 ― 太陽の沈む西方 ― に投げられる。左巻きの糸の東側はこの世, 西側は他界を表象し, 死霊のこの世からあの世への移行が, 繰り返し念入りに表現される……。」([46] 184)

「……, 聖なる糸『ヨケ』は, 日常とは逆の左巻きに紡がれなければならない。境界の状態は日常と反対の聖なる状態であり, そこでは物事が日常と逆でなければならない……」([46] 187)

稲村は, このような事実をアンデスの先住民社会において指摘し, さらに, 日本における葬式の事例に言及して,

「日本の葬儀では, 死者に供えるマクラメシは高盛りで一本箸を立てる。遺体には浴衣を逆さにかけ, 遺体の脇にサカサビョウブを立てるなどの習慣があった。死者に供えるマクラダンゴの粉をするのに, 石臼を最初逆回しにしたことなども知られている。」([46] 188)

と述べ,

「境界の時間における日常からの転倒は人類共通の現象である」([46] 188)

ことを指摘している。

このような日常の世俗的な生活活動における右に対する「左」の呪術・宗教性の対置的認識は第 1 節に見たように, わが国においても顕著に見られ, たとえば, すでに述べたように, 神に飾るシメ縄とかつて土葬であった頃の棺縄の「左ナイ」が, 調査地の人々の「(通常の)使い縄の反対 (サカサ)」という言

葉にも示されているように，日常の世俗的な経済活動としての農作業で使用する縄の右ナイのサカサという認識にもうかがわれることである。

　そのために，わが国の宗教文化に見る「左」の諸事実は，第1章に述べたように世俗的生活活動において右に劣る「左」と見る「『左』の『劣位性』」，そして，その宗教生活におけるサカサの認識（「『左』の『優位性』」）ということでもって捉えることができる一方，本章に見るように，そのような右─左：優─劣ということでなく，両者の対置を，両者の間のサカサということにより重点をおいた捉え方もできるのである。そのことは，上述のシメ縄・棺縄の「左ナイ」ということのみならず，右トジに対する「左トジ」，右鎌に対する「左鎌」，農作業に際して履くワラジの緒の右ナイに対する神輿を担ぐ人の履くワラジの緒および葬式ワラジの緒の「左ナイ」などについても同様である。

　そのような右─左を優─劣の関係でなく，サカサとして認識している事実は，農作業における右マワリ（シロカキなど）と神祭り・葬制にかかわって見られる「左マワリ」にも，その一事例を見る。そのことは，章を改めて第5章に見ることにし，次に，さらに，世俗的生活と呪術・宗教的生活とがサカサとして対照をなし，その両者がいわゆる二項対置をなしていることを示すために，参考までに，2，3の論述を見ておこう。

第3節　B.G. Myerhoff の報告するウィチョル・インディアンの事例

　このように，人々が日常的に送る世俗的生活活動と宗教的生活活動とが極めて対照的であることは，たとえば，Myerhoff のウィチョル・インディアンに関する報告論文（[105]）にもうかがわれる。そのために，その論文の中から，最小限，筆者の論述にかかわって必要と思われる箇所を引用し，その要旨を見ておこう。

　当論文は，ウィチョル・インディアンが彼らの始源の国であり彼らの先祖達がかつて住んでいた聖地に旅することによって日常生活を活性化するといったことを分析した論文であるが，筆者にとっては，その宗教的世界と日常の世俗的世界とが極めて対照をなしているという点で，関心の持たれる論文である。

さて、毎年シャーマンに先導されたウィチョルの集団が、ペヨーテを採集するために、「神話上も、おそらくは歴史上も、始源の国であり、最初の民である半ば神聖化された先祖たちがかつて住んでいた場所」（［105］225, 訳書222）としてのウィリクタに帰る（始源の国と認識されているところであるために、帰るという語を使う）。ウィリクタとは彼らの聖地であり、ペヨーテとは「北アメリカ産のサボテン」（［53］690）で「メキシコでは前コルテス期に、幻覚を起こしたり、薬としても使われ」（［53］690）、また、「儀礼時に食べられ、神や精霊との交流が可能になると信じられている」（［53］690）ものである。

その聖地は、「世俗的な人間世界の特徴である相違もないいわば広大な全体」（［105］226, 訳書222）で、「そこでは区別は消滅させられる。男と女、指導者と部下、若者と老人、動物と人間、植物と動物、人間と神というような区別はなくなってしまう」（［105］226, 訳書222）、「すべてが統一し、一つとなっている」（［105］226, 訳書223）全体である。

次に、その世俗的世界と宗教的世界が極めて対照的であることが端的に現れている事実を引用し述べておこう。

「ウィリクタにおいてはまたウィチョル族の世界観の三つの主要な象徴が融合している。その一つは鹿で、遊動的狩猟者であったウィチョル族の過去の生活を表わし、もう一つはとうもろこしで、定住農耕者である現在の生活を表わし、最後の一つはペヨーテで、各個人の私的で精神的な理想像を表わしている。ウィリクタに再び入るには、ペヨーテ狩り巡礼者が最初の民に変えられなければならない。彼らは特定の神々と同一化して、ウィリクタに生えているペヨーテを文字通り狩る。鹿の足跡をたどってそれを探し出し、忍び寄って弓と矢でそれを射ち、全体のクライマックスとなる宗教儀式でそれを使い尽す。ペヨーテが狩られ、消費され、来たる年の儀式に充分使えるだけの量が集められると、巡礼者は急いでそこを離れ、彼らの故郷に、そして世俗的な人間の状態に戻ってゆく。」（［105］226, 訳書223）

「ウィリクタでは、……あらゆるものが逆さまになる。」（［105］226, 訳書224）

「逆転は異なる四つのレベルで起こる。すなわち、名付け、個人間行動、儀礼行動、感情がそれである。」（［105］227, 訳書224）

第4章　[聖(呪術・宗教的世界)]と[俗(世俗的世界)]の間のサカサの強調・両者の対置　119

「名付けにおける逆転は，……あらゆるものがその正反対になる……」([105] 227, 訳書224)

「しかし実際には，多くのものにはっきりとした反対の名は付けられず，いつも明快とは限らぬ理由で選ばれた代わりの名が付けられる。代わりの名はしばしば単純な視覚連想から付けられるようである — たとえば，頭はつぼ，鼻はペニス，髪はサボテンのひげ根というように。……にもかかわらず，それらはこの関係のなかでは正反対のものとされ」([105] 227, 訳書224) ている。

「個人間行動のレベルでは正反対がもっとはっきり現われる。男女を問わず『いいえ』と言いたい場合『はい』と言う。人は手の代わりに足を差し出す。会話は話し手同士が背中合わせに立って行われる，……。行動はまた参加者の儀礼的な位置に対応するように変えられる。……最年長の男は巡礼中……小さな子供に変えられ……」([105] 227, 訳書224-5) る。

「神は生理的欲求をもたぬという点で人間と正反対のものとして描かれる。そこで巡礼者は，……，できる限り人間の生理的行為を隠し，少なくし，控える。性の禁欲が実行される。……。食べること，眠ること，飲むことが最小限にとどめられる。大便と小便はしてはいけないのだと言われ，隠れてすることになる。社会的な区別と組織のあらゆる形態が最小限にとどめられ，マラアカメ(祭司 —— 筆者注 ——)のリーダーシップと命令でさえ極端に婉曲的になる。通常の分業は停止され，いろいろな方法に変えられる。あらゆる形の不和が厳しく禁じられ，人間の条件の一つとして通常は寛大に扱われている嫉妬や裏切りといった分裂を導く感情は，巡礼者には完全に禁止される。子供には何ら特別な扱いは許されない。男女間にも行動上の区別は許されない。マラアカメと彼の集団との区別でさえ最小限にとどめられ……」([105] 227-8, 訳書225) る。

「儀礼行動のレベルでは逆転は実に明快である。神聖な水と食物を捧げる行動においては，基本方位と上下は転換される。火は一般の儀式の際は時計の針の回る方向に回されるが，ここでは逆方向に回される。またマラアカメの助手は，普通は彼の右に座るのに，ウィリクタでは左に座る。」([105] 228, 訳書225-6)

「感情も，行動と同様に，巡礼者が神に変わることを基礎として変わる。おそらく人間は創造前の神話的母国に帰る喜びに浸り，そこから離れる悲しみに泣くだろうが，逆に巡礼者はウィリクタに帰る時泣き，そこから離れる時に喜ぶのである。これは彼らが楽園を去る神であって，そこから帰る人間ではないことを示している。」（[105] 228, 訳書226）

以上の引用は一部の事実にしかすぎないが，このように，宗教的世界における諸事実は，世俗的世界における諸事実とは全く対照的で，サカサをなしている。Myerhoff は，「対立の強調を通して持続性を促す逆転の力」（[105] 232, 訳書231）「極性は連続性を再確認させる」（[105] 233, 訳書232）などと述べ，その機能を日常生活の活性化といったことに求め，そのことの論証に重きをおいた論述をおこなっているのであるが，筆者は，そのような機能の重要性を認識しつつ，かつ，世俗的世界と宗教的世界とが，サカサとして極めて対照的であるということの一事例として見た次第である。

このように，世俗的世界と宗教的世界でサカサの事実が見られ，その両者は，対照的で，基本的に対立するものなのである。Myerhoff は，神は「人間の裏返し」（[105] 231, 訳書229）と述べ，また，「逆転は神聖なものが根本的にもつ姿勢」（[105] 230, 訳書228）とも述べ，そのような事実を，世俗的世界を「際立たせる」（[105] 230, 訳書228）ものと捉えている。そのような事実は，世俗的世界における日常の生活とは全く対立する宗教的世界における経験を通して，その世俗的生活を活性化しているのである。そのような論点も重要であるが，ここでは前に述べたように，世俗的世界と宗教的世界とが，サカサとして対照的であることの一事例として取り上げた次第である。

第4節　E. R. Leach の振り子論

以上に見てきたように，世俗的世界と宗教的世界とが，サカサとして対照をなしているということは，Leach の所論にもうかがうことができる。E. R. Leach は，その著『人類学再考（Rethinking Anthropology）』において，振

第 4 章　［聖(呪術・宗教的世界)］と［俗(世俗的世界)］の間のサカサの強調・両者の対置　121

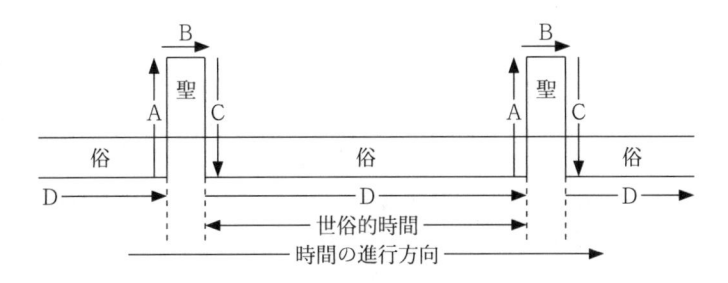

出典：[78] 訳書『人類学再考』227ページ

図17

り子（pendulum）と称して，興味深い論を展開している。その点，Leach は，

> 「……，年の進展は祭儀の継起によって示される。……，各祭儀とは，存在の正常な世俗的秩序から異常な聖なる秩序への時間的な転換であり，またその逆戻りを表象するものである。そこで，時間全体の流れは，上のようなダイアグラムによって示すことができるであろう。」（[78] 134，訳書227）

と述べ，図（図17）を示している（[78] 134，訳書227）。そして，局面Ａと局面Ｃにおける儀礼が「互いに転倒関係」にあり，また，局面Ｂは局面Ｄ（通常の世俗的生活）の「論理的な対立物」であり，その「局面Ｂに……論理的に適合する儀礼行動が，正常な生活をあべこべに演ずる……」（[78] 135，訳書229）ことに注目し，次のように述べている（[78] 135-6，訳書229-30）。

「さて，われわれが実際に儀礼の場面で出くわす行動の一般的な型をみてみるならば，われわれはすぐ三つの矛盾しあうようにみえる形式を区別することができるであろう。すなわち一方には，公の形式が増えてゆくような行動がある。人々は公式用の制服を着用し，地位の差違は服装と礼儀ではっきりと示され，倫理規律は厳格にまた誇示されて守られる。英国の日曜日，英国の結婚式における教会での儀式，戴冠式の行列，学位叙位式などが，ここで私が考えているような行動に属する例である。
　これと直接的に対照的なものは，仮装舞踏会型の祝祭であって，仮面舞踏会や乱痴気騒ぎである。この種の祝祭では，人々は社会人としての性格とか公の地位とかを示

す替りに，それを隠す方途を求める。世界は仮面の下で動き，日常生活での公の規律は忘れられる。

　さて，最後に，二，三のあまりみかけない例だが，乱痴気騒ぎの極端な形が存在する。それは，その騒ぎに参加するものが，実際の自分とは反対の役割を演ずることである。男は女を演じ，女は男を演ずる。王は乞食になり，召使は主人になり，侍者は僧正になる。このような真の乱痴気祭儀においては，正常な社会生活は逆倒して演じられ，そこでは近親相姦，姦通，王位篡奪，冒瀆，大逆罪などすべての悪業が，その祭日における自然秩序として取りあつかわれる。

　これら三つの形の儀礼行動を，(1)形式性，(2)乱痴気騒ぎ，(3)役割転倒とよぶことにしよう。行動の形式としては，それらは各々概念的に異なるものだが，実際上は密接に関連しあうものである。形式性（例，結婚）から始まった儀礼は，たいがい乱痴気騒ぎで終る。乱痴気騒ぎ（例，大晦日，カーニバル）で始まる儀礼は，公式的な厳粛さをもって終る。いまのような清教徒的時代では，顕在化された役割転倒は，われわれの社会では普通みられないが，民族誌的文献やヨーロッパ中世の記述においては一般的なことである。

　……（中略）……

　そこで私の議論は，この形式性と乱痴気騒ぎが一緒になって一組の対照しあう対立物を形づくり，私の示したダイアグラムでは，それは局面Aと局面Cの対照に相応するということである。他方，役割転倒は，局面Bに対応する。それは俗から聖への完全な移行の象徴であり，正常の時間が休止し，聖なる時間が転倒して演じられ……るときなのである。」

　このように，Leach は，儀礼において「形式性と乱痴気騒ぎが一緒になって一組の対照しあう対立物を形づくる」ことを指摘している。つまり，局面Aと局面Cなど，儀礼において全くサカサの事実が，いわばセットとして見られることを指摘しているのである。

　なお，局面Bと局面Dとの関係について，長倉養輔は，「リーチは，論理学的（思弁的と言ってもいい）に，日常生活から最も離れた状態，つまり日常とは完全に逆転した状態こそが最も聖なる状態であるはずだと考えていた……」（［107］432）と記している。このようなサカサの事実も，また，注目される。

第4章　[聖(呪術・宗教的世界)]と[俗(世俗的世界)]の間のサカサの強調・両者の対置　123

第5節　カーニバルの事例

　なお，以上の例に類することとして，Leach も述べるように（[78] 135, 訳書229），カーニバルにその典型的な一事例を見ることができよう。カーニバルのその点にかかわって，P. Burke が，その著 "Popular Culture in Early Modern Europe"（訳書『ヨーロッパの民衆文化』第7章「カーニバルの世界」の中の「さかさまの世界」[18]）において述べていることが参考になるので，以下にその Burke の述べるところを簡潔に紹介しておきたい。
　さて，Burke は，「カーニバルには，現実的で象徴的な3つの主要なテーマがあった。食物とセックス，暴力である」（[18] 186, 訳書248），「豚肉，牛肉，その他の食肉の大量消費が実際に行われ，そのうえ象徴的に表現され」（[18] 186, 訳書248），「肉屋が儀礼で重要な役割を演じ」，「ケーニヒスベルクでは1583年に，90人の肉屋が行列して440リーブルの重さのソーセージを担いだ」（[18] 186, 訳書249）ことを述べ，カーニバルに際して，通常とは異なって肉が特徴的に消費されたことを指摘している。
　次に，セックスに関して，「カーニバルは性活動のとくにはげしい時期であった」（[18] 186, 訳書249）と述べている。さらに，「この期間には裏の意味のある歌をうたうことは許されていただけでなく，事実上義務であった」（[18] 186, 訳書250）と述べ，通常は許されることのない歌を積極的に歌っていた事実を指摘している。加えて，「カーニバルはセックスの祭りであっただけでなく，攻撃，破壊，冒瀆の祭りであった」（[18] 187, 訳書250）ことも述べている。
　以上，要するに，カーニバルにおいては，通常では否定ないし許されざることが許容されるのみならず，「裏の意味のある歌」を積極的に歌うなど，通常とは全くサカサの事実が見られ，「カーニバルは……日常と……正反対の関係にあった」（[18] 188, 訳書252）ことを指摘していることが注目される。
　問題は，そのような「制度化された混乱の時，一連の逆転の儀礼の時」（[18] 190, 訳書255）としてのカーニバルをいかに解釈するかということであるが，その点，Burke が，C. Lévi-Strauss に言及し，「クロード・レヴィ＝ストロー

スは, 神話, 儀礼, その他の文化形式を解釈するときには, 正反対のものを探すように, われわれに教示したことがある」([18] 188, 訳書251) ことを述べながら, 「カーニバルの場合には, その祭りを解釈するための文脈を提供してくれる二つの基本的な正反対の関係[2]がある」([18] 188, 訳書251) ことを指摘していることが留意される。

さらに, 注目されることに, Burke が「社会的統御か, それとも社会的抗議か」の項を設け, カーニバルの機能を問題とし, その儀礼に見られる「儀礼における許容 (license in ritual)」について, それが「人びとを平常の自己から解放する助け」([18] 201, 訳書269)「従属者が彼らの恨みを発散し欲求不満の埋合わせをする手段」([18] 201, 訳書269) としての「安全弁」([18] 201, 訳書269) であるのみならず, さらに, M. Gluckman, V. W. Turner が, 「ふだんのタブーと束縛を取り除くことは, 明らかにそれらを強調するのに役立つ」, 「社会秩序に対する明白な抗議であるこれらの行動は, 事実においては『既成の秩序を保ち, さらには強化しようとするためのもの』」(M. Gluckman), 「正常な社会組織への『厳粛な回帰』」「階層社会の原則を再肯定する」(V. W. Turner) などと述べることを引用している ([18] 201, 訳書268) ことが注目される。それらは, Gluckman の言うように, 「反逆であって, 革命 (的なもの) ではない (rebels and never revolutionaries. rebels, not revolutionaries)」([32] 127, 129)。このような Gluckman, Turner の指摘は, サカサの意味を解釈する上で注目されることである。

本研究では, くりかえし述べるように, 二項対置の認識の重要性ということの指摘に重点をおいているのであるが, そのような二項対置の認識ということに関連して, サカサの意味を問う場合の重要な指摘として留意しておく必要のあることであろう。なお, カーニバルのような祭りに際して, 通常は許されることのない歌を歌うなど, 儀礼に際して, 日常とは全く異なるサカサの行動が見られることに関する Evans-Pritchard の報告 ([25]) も注目される。

Evans-Pritchard は, アフリカ各地において, 日常生活では禁じられている卑猥な歌を歌ったり, しぐさをすることが, イニシエーション儀礼, 葬式, 雨乞いの儀礼, 豊作儀礼, 穀物を病虫害から守る儀礼, 結婚式, さらに, 病気治療の際などに許され, さらに奨励されてさえしている事実を報告している。同

第4章 [聖(呪術・宗教的世界)]と[俗(世俗的世界)]の間のサカサの強調・両者の対置 125

様な事実は，T. O. Beidelman の報告する Kaguru 族においても見られる事実である（[16]）。その Beidelman の論述について，吉田禎吾が言及し解説しているので（[217] 77，改訂版78），次に，その吉田の述べるところを引用しておこう。

「バイデルマンによれば，アフリカのタンザニアのカグル族でも，日常的な秩序の転倒は常に強力な力をそなえている。たとえば，少年のペニスの包皮を切りとる割礼を受けたばかりの少年の親たちは，少年が割礼後隔離され，傷をいやしている期間に行なう踊りの中で，卑猥な言葉を吐き，みだらな動作をする。日常生活では禁じられている，こういう卑猥な言動は，この場合少年たちの傷を治すのに役立つ呪力を持っていると考えられている。」

以上，これらの事例に関して言いうることは，Evans-Pritchard が述べるように，要するに，「通常は禁じられている（taboo in ordinary life [25] 81, not ordinarily permitted [25] 83, normally forbidden [25] 88, usually prohibited [25] 101) 卑猥な言動」が，呪術・宗教的儀礼（magico-religious ceremonies）において，許されるのみならず，奨励されてさえいる（permitted and even recommended [25] 79)」ということである。このように，通常の世俗的生活において禁じられている言動が，呪術・宗教的生活においてはそのサカサに認められているのみならず，奨励されてさえいるというサカサの事実は，Gluckman も，「常日頃は禁じられている（normally prohibited [33] 109)」「通常の抑制（normal restraints [33] 118)」が儀礼においては許されていることを述べ，さらには奨励されてさえいると指摘し，その解釈を問うている。このような場合，世俗的生活 ― 呪術・宗教的生活：卑猥な言動の禁止 ― そのような言動の認可，さらには奨励，という二項対置の認識が見られることが注目される。そして，日常生活では禁じられていることをあえてサカサにおこなうことによって，病気の治癒など事態の好転を願い，そこにサカサの呪力ということが推察されるのである。この点，前掲の吉田は，「反秩序の呪力」と述べている（[217] 77，改訂版79）。わが国の漁村に見られるたとえばきびしい不漁の際に，常日頃は乗せない女性をあえてサカサに船に乗せ，にぎやかに騒が

せるといったことなど，その一事例と考えうることなのかもしれない。

〈注〉

1) 職事に関して，たとえば，國史大辭典（国史大辞典編集委員会編，吉川弘文館刊）第6巻（698ページ）に，「律令官人の主体を構成する現職の官人。『大宝令』『養老令』公式令では，内外諸司の執掌のあるものを職事官とし，執掌のないものを散官（散位）とする。……，衣服令では笏を有するものを職事としている」などと記され，また，「主典」に関して，同第7巻（391ページ）に，「平安時代以降，太上天皇もしくは女院に奉事し，院中の諸事をつかさどった院司の一つ。主として院中の記録・文書をつかさどるとともに，公文の作成にもあたった。……，五位または六位の文筆に長じた者を任じた」などと記されている。

2) この点，くわしくは，Burke の当著188ページ（訳書252ページ）を参照していただきたいが，簡単に例をあげておけば，第一の正反対の関係は，カーニバルと四旬節との関係，フランス人が「太った日々」（ジュール・グラ）と「やせた日々」（ジュール・メーグル）と呼ぶ――（四旬節で欠けたものはすべてカーニバルで強調される。四旬節 Lent という語は断食と禁欲の期間としてのやせた lean 時の意味で，一方，カーニバルとは太った大食漢の大酒飲みの人物として表現される）――ことなど，第二の基本的な正反対の関係は，漁夫を食べる魚といったことなどの人と動物との関係の逆転，父を打つ息子などの年齢の逆転，妻が煙草を吸い鉄砲を持つのに赤ん坊を抱き糸を紡ぐ夫などの性の逆転，主人に命令する召使などの地位の逆転といったような人と人との関係の逆転などが見られることを述べている。

第 5 章

魔バライ・招福のための「左マワリ」の習俗

　わが国の文化に見る「左マワリ」の習俗に関して本書の冒頭に述べたように，従来は，その「左マワリ」を葬制にかかってのみ認識し，「浄（具体的には，氏神祭祀）」―「不浄（葬制）」：「右マワリ」―「左マワリ」の象徴的二元論が主張され，その象徴的二元論において，「左マワリ」は，悪，不浄・不祝儀などの意味において捉えられてきている。ところが，「左マワリ」は，伊勢神宮の御田祭に際して見られ，また民俗宗教のレベルで神にかかわり，魔バライ・招福の意味でおこなわれている。そして，その「左マワリ」の習俗が，農作業上の右マワリとの対比において認識されていることが留意される。本章においては，筆者が，調査の結果，これまで知りえている民俗宗教のレベルにおける事実を記しておこう。

第1節　農村・漁村における「左マワリ」の習俗

1．南九州の田の神信仰（田ノ神サァー）の事例

　世俗的な経済活動としての農作業上の右マワリに対して，神にかかわって，魔バライ・聖なる空間の設定のための「左マワリ」ということが強く意識されている一事例を，南九州に顕著な田の神信仰（田ノ神サァー）に見る。南九州の各地に見る田の神信仰の一事例として，鹿児島県祁答院における田の神信仰を見ておきたい。それは，毎年，4月10日におこなわれ，2つの集落の間を，1年ごとに，田の神の神像を移し，祭っている。そのことを，田の神の引っ越

し，と称している。また，1年ごとに田の神の神像を2つの集落の間を移すために，田ノ神モドシ，とも言っている。

　引っ越し先の家を選ぶ基準は，まず第1に新婚の家庭ということ，引っ越し先の集落に新婚の家庭がない場合には，子供が生まれた家ということが第2の基準とされている。田の神の神像を2つの集落間を移す際，2集落間にあるレンゲ草の花が美しく咲いている田の中央にその神像を安置し，その周囲を踊りまわるが（後述するように，「左マワリ」），その際，独特の衣装に身を包んだ踊り手が手にしている独特の祭具が男性と女性の性器をシンボライズしている。そのような点に，男性と女性の結合・出産ということと稲の結実・豊作ということとが融合した形で認識されていることがうかがわれる。

　なお，できるだけ集落のすべての家に田の神が招かれることも心掛けられており，年によっては，田の神を移す他の集落に新婚の家庭がない場合とか，子供の誕生が見られない場合には，同じ集落の中で新婚の家庭に，あるいは子供が誕生した家に，引っ越しがおこなわれることもある。田の神を受け入れた家では1年間，その神像を床の間に安置し，折にふれ食物や花などをそなえ，祭っている。このような田ノ神サァーの祭りにおいて，「左マワリ」が見られるのは，その田の神の引っ越しに際してである。

　次に，筆者が参加させてもらった年の事例を記しておこう。

　まず，過去1年間祭っていた家に，当日朝8時に，集落の各家から世帯主（男性）と主婦が集まり，準備にとりかかる。男性は，竹を割き，田の神の神像を担いで運ぶ籠をつくる。神像に化粧をする。また，神像および運ぶ籠に飾るシメ縄を綯う。シメ縄は「左ナイ」である。主婦は，料理を作り，食事の準備をする。過去1年間祭っていた家では，床の間に安置した田の神の神像に，過去1年の豊作を感謝し，かつ翌年の豊作を祈願し，また子供のすこやかな成長と家族員の無事・健康を祈る。その後，少々早い昼食をとり，その家を出発する。

　出発に際して，庭にゴザあるいはムシロを敷き，その上に田の神の神像を安置し，そのまわりを独特の衣装に身をまとった担ぎ手が「左マワリ」に踊りまわる。担ぎ手は，前述のような独特の祭具を持ち，それを振り上げながら踊りまわる。担ぎ手の額には，黒墨（本来は，煮炊きする際のヘグロであったが，

現在は，薪で煮炊きをしないので，靴墨などで代用している）が塗られる。黒墨は，魔バライのためと述べる。担ぎ手が踊りまわっている間に，参拝者の皆にも塗られた。

　その後，田の神の神像は担ぎ手に担がれて，その家を出発する。担ぐのは左肩とともに，右肩ででもあった。田の神の神像は，約40kgの重さがあるので，担ぐのは右肩・左肩の交互で担ぎ，左肩あるいは右肩のどちらかということにこだわってはいなかった。

　田の神の神像は他の集落の家に直接運んでいくのではなく，2つの集落間に広々と広がる水田で美しく咲いているレンゲ草の中に，その神像を安置し（田ノ神サァーの祭りがおこなわれるのは4月10日で，まだ田に水を張っていない），そのまわりを「左マワリ」に幾度となく踊りまわる。それが，田ノ神サァー祭りの一番のハイライトである。

　その後に，送りとどける集落に到着した際には，その年1年間祭る家に運び込む前に，まず，その集落の公民館にいく。公民館でも，当集落の住民が担ぎ手とともに踊りまわる。筆者が参加させてもらった年の例で言えば，集落の役職者，世帯主を中心として，それに，老人クラブ，婦人会の人々が集まり，酒宴を催していた。誰でも参加でき，また子供も含めて1人でも多くの人々が参加して，できるだけ賑やかに迎えるのをよしとしていた。その公民館でも，踊りまわるのは「左マワリ」であった。

　その後，田の神の神像は再び担ぎ手に担がれ，目指す家に到着する。その家では，世帯主（新婚の夫，あるいは，誕生した子供の父親）がまず参拝し，その後，担ぎ手および参拝者全員に挨拶をし，酒宴に入る。担ぎ手は，田の神の神像を無事にとどけた安堵感から，またその神像を招いた家の者はいうまでもなく，当集落の人々の心からの喜びから，その酒宴は相当な賑わいであった。

　以上が，筆者が参与観察をおこなった年の田ノ神サァー祭りの概略である。問題は，その「左マワリ」ということであるが，筆者が面接をおこなった古老の多くが，かつて田植えの準備の最終段階として牛に引かせた馬鍬で水田をならすシロカキが右マワリであった（「マングワマワシの右マワシ」と表現する人もいる）こととの対比において，その右マワリのサカサとして，田ノ神サァー祭りに際しての「左マワリ」を説明するのであった。今日，田植えのそのよう

な準備は機械でなされ,馬鍬で水田をならすのを直接見ることはない。また,田植えの準備の最初の仕事として,牛馬に犂を引かせて土をおこすのが,犂の構造上,左マワリであったのと同様に,田植えの準備の最終段階の仕事として馬鍬で水田をならすのも左マワリであったと述べる人もいて,その点,問題を残している。しかし,たとえば,大分県中津江村の村誌に「……,アラシロカキ（荒代掻き）といってマガ（馬鍬）で田の面を細かく掻き混ぜる。犂耕と同様に縦横交互に掻いた。中川内では豊後式といって,ぐるぐると回って掻いていたという」（[116] 497）とあり,その「ぐるぐると回って掻いていた」のがどちらまわりであったかを問うたとき,当地方のかなり多くの古老が,それは右マワリであったと述べるのである。そのために,以上の調査地のとくに古老のかなり多くの人々がそのように話し,そのように認識していることを重視したいのである。

　つまり,このような点においても,世俗的な経済活動としての農作業上の右マワリ（この場合,シロカキ）との対比において,神祭りにかかわる「左マワリ」を認識し,「聖（呪術・宗教的生活活動）」―「俗（世俗的生活活動）」：「左マワリ」―「右マワリ」の間のサカサということが強く意識されていることに注意が向くのである。そして,「左マワリ」にまわるのは,世俗的な生活活動にかかわる右マワリのサカサにまわることによって魔をはらい,神を祭る聖なる空間を設定するためとの認識を示すことが留意されてならないのである。ここに,サカサの呪力ということを強く意識していることがうかがわれる。

　以上の点にかかわって,石上堅著『日本民俗語大辞典』には,「マワル動作（この場合,「左マワリ」――筆者注――）は,何によらず,そのものの中心を作り出し,その中のものに,霊力・呪力を宿りこもらせる呪法であり,そのものを,清浄なものにする呪法でもある」（[52] 1248）と記され,また,舟玉様のムロや神棚の前に鈴を吊す紅白の緒や正月七日の祝棒の「左巻き」などを例にあげながら,「左は,神秘な呪力が生じる」（[52] 1114）と記されている。右のサカサとしての「左」の呪力ということは,神に飾るシメ縄の「左ナイ」を「使い縄の反対（サカサ）」と述べ,サカサにすることを強く意識し,サカサにすること自体に,魔バライのための呪力が明確に意識されていることもある。そのことは,柳田國男が,「左甚五郎飛驒の工などの……一本の柱を逆さにし

第5章 魔バライ・招福のための「左マワリ」の習俗　　　　131

て，魔除けにしたといふ話……」（[206] 140）などをとりあげ，逆柱を魔バライのためとしていることと同じである。

　なお，前記大分県中津江村誌に，「安産の呪」として，「夫が杵を担いで家の周囲を三度回る」ということが記されている（[116] 595）。それがどちらまわりであったかは，今日，明らかでない。しかし，それは「左マワリ」であったはずだと述べる人が，古老の中に幾人かがいることが留意される。そして，そのような「左マワリ」も，世俗的生活活動における右マワリのサカサであることはいうまでもなく，そのために，そのような「聖（呪術・宗教的生活活動）」―「俗（世俗的生活活動）」：「左」―「右」の象徴的対比ないし二項対置ということは，前に見たように，幾多の場面において知ることができるのである。

　ところが，以上のような農村における事例とは異なって，漁村においては，左―右の二項対置のあり方が独特であるように思われる。つまり農村においては左―右の認識にかかわって，「聖（呪術・宗教的生活活動）」―「俗（世俗的生活活動）」の間の二項対置の認識の仕方が顕著に見られ，たとえば神に飾るシメ縄とかつて土葬であった頃の棺縄とがともに「左ナイ」であり，また，神祭りと葬式に際して，ともに「左マワリ」にまわり，そのような「左ナイ」・「左マワリ」が，世俗的な生活活動における右ナイ・右マワリとの対比において意識されているのに対して，漁村においては，そのような「聖」―「俗」：「左」―「右」の二項対置の認識の仕方に加えて，あるいはそれ以上に，漁業にかかわる神祭りと死との間の対比がいちじるしく明確に意識されているように思われる。

　筆者の知る漁村において，世俗的生活活動における右との対比において，呪術・宗教的生活活動上の「左」の認識が見られるとともに，それに加えて，あるいはそれ以上に顕著な事実として，神にかかわる「左マワリ」と死（葬式）にかかわる右マワリとの対置の意識が認められることが留意されてならない。その点に，農村における左―右の認識の仕方と漁村における左―右の認識の仕方との間の顕著な相違が感じられる。

　いずれにしても，漁村における左―右の認識のあり方は，農村における事実に比べて，より複雑な様相を示していることが留意される。以下，これまでに筆者の知る漁村の事例を見ておきたい。

2. 漁村における事例

以上に見たように、わが国の農村において、「左マワリ」が豊作を願ってなされていることを知るが、漁村においても、出港の際、船・乗組員の無事と豊漁を願って、「左マワリ」にまわっている。ところが漁村において、その「左マワリ」にかかわる意識を探るとき、「左マワリ」が農村における世俗的な経済活動としての農作業上の右マワリとの対比でなく、葬式に際しての右マワリとの対比において明確に意識されていることが注目される。農村の葬式に際しては、通常「左マワリ」の事例が数多く見いだされるが、筆者の知る以下の漁村においては、葬式に際して右マワリにまわり、そして出港の際の「左マワリ」が、その葬式に際しての右マワリとの対比において明確に意識されているのである。

つまり、漁村において、出港に際しての「左マワリ」と葬式の際の右マワリとの明確な対比の意識が留意されてならない。

(1) 高知県高岡郡中土佐町久礼における事例

その一例を伝統的に鰹の一本釣り漁港として有名な高知県中土佐町に見る。

中土佐町は、昭和32年、隣接する2つの町が合併して誕生し、現在3漁港を有している。その一つはマダイなどの赤物漁、他の一つはイセエビ漁などを主としているのに対して、調査地の久礼は、伝統的に鰹の一本釣りで有名で、「鰹乃國」と称されている（[115]）。港には、鰹供養の碑も建てられている。

中土佐町の人口は、現在（平成7年度）7,516人（世帯数2,670）、そのうち漁業を主とする戸数が約半数を占める（他は、主に、農業で、施設園芸として、ミョウガ、小ナス、イチゴ、ニラ、インゲンマメなどを栽培している）。中土佐町の一本釣鰹船は、平成9年現在、59～117tの4隻（中型船と称している）と5～19t（小型船）の33隻とがある。そのうち、小型船が日常的に出港し帰港する沿岸漁業用であるのに対して、中型船は、3月に、上り鰹を追って出港する。

中型船はまず3月に南下して、台湾沖で漁獲し、漸次北上しながら、11月の三陸沖の漁獲まで操業を続ける。活動範囲は、北緯10度から同40度に及ぶ。3

第5章　魔バライ・招福のための「左マワリ」の習俗　　　133

月から11月の間、以前は、船に付着した牡蠣の殻を取り除くことを兼ね（現在は、牡蠣の付着を防ぐ塗料を塗るため、その必要はあまりなく、主に休暇のために）、盆の間、あるいは9月14日・15日の氏神社最大の祭りに参加するために休暇をとることもあるが、基本的には3月に出港した後、長期間海上での生活を送る。その3月の出港に際して、湾内を「左マワリ」に3回まわる。

　次に、その模様を、筆者が調査をおこなった平成10年の事例で記しておこう。
　まず2月28日に、氏神社で祈願祭がとりおこなわれた。祈願祭がとりおこなわれるのは例年その頃で、なるべくよい日を選んでおこなうというが、平成10年度のその日は先負の日であった。町長の都合で、その日におこなうということであった。
　祈願祭は、町長、漁協組合長、船主（船長）、漁労長、それに船主の妻など家族の者の計16名の出席で、午前10時に開始された。まず神官がお祓いをおこなった後、祝詞を奏上し、次いで、町長、漁協組合長、船主が玉串を献上し、二礼二拍手一礼し、約40分の後、式は終了した。そのような祈願祭で、ミケ（神饌、米）・ミキ（神酒）・魚・野菜・果物などをそなえた祭壇の最下段に中型船の4隻の大漁旗が置かれ、神官が祭壇に飾られている金幣（金属製の御幣）をその大漁旗にかざして、神霊を移し、豊漁を願っていた。その後、3月8日の大安の日に1隻が出港し、次いで、11日の友引の日に2隻が出港した。他の1隻は、修理のためにドック入りしている港から出港の予定ということであった。そのように出港の日が異なるのは、船の整備の都合と乗組員の都合によるということであった。
　出港の日は、最良の日が大安の日で、次いで友引の日ということである。なお、出港は、満ち潮になりかけた時刻で、満ち潮つまり上げ潮で、操業が上向きになるようにとの願いから、満ち潮になりかけた時刻に出港する、とのことであった。彼らの生活はすべてといってよいほど、潮と直接かかわっていることは言うまでもない。平成10年3月8日の満ち潮は午後2時44分で、出港は2時であった。その前に、当日午前10時に、満ち潮にさしかかる時刻に神官が来て、お祓いをし、船霊様に、船・乗組員の無事と豊漁を祈願し、そして、船のきよめがおこなわれた。その際、まず「左舷」をきよめる。「左舷」をきよめた後、右舷をきよめるのであるが、そのように「左舷」をきよめた後、右舷に

まわるとき，右マワリにまわっている。しかし，その右マワリということは，何ら意識されていない。まずもって「左舷」をきよめるということが強く意識されており，右舷をきよめるために，「左舷」からたまたま右マワリにまわる，というにすぎない。なお，鰹を一本釣りするのは「左舷」であり，その「左舷」には，鰹をおびき寄せるための散水のホースが取り付けられている。右舷には，釣り上げた鰹を釣り上げたはずみに海に落さないように，ネットが張られている。ネットは，予備の釣竿をつるし保管しておくところでもある。

　このように，船上の位置として「左舷」が重視されており，彼らと話をして，彼らが，「左舷」にはお祓いをした後招いた神がいて，その神がいる「左舷」で，神に守られながら安全に鰹を釣ると述べる人がかなりいる。

　このように，「左」が神と結びつけられて意識されていることが注目される。なお，遠洋漁業の海上で，船の右側から風を受け，船の「左側」に鰹を取り囲む形で鰹漁業をおこなうのが一番よい漁法と述べる人もいる。このように，「左舷」は，実際上の漁業活動上でも重視されている。その「左舷」が，神にかかわって強く意識されているのである。

　そのような「左舷」重視の事実に関して，

「漁船の船底や外側にこけやさいがついて船あしが重くなったり，潮虫（しおむし）が船底に穴をあけたりすると，漁撈の間を見て船を引き上げて船体を乾かし，船たでということをする。これにはたでくさと呼んで茅・羊歯（しだ）などを刈り集めて枯らしたものに，松葉などを混ぜて船底に敷きつめ，これに火をつける。土佐清水市貝ノ川では，船たでの火が消えると，水竿で左舷（みぎかじ）二回，右舷（とりかじ）を一回たたき，オブイレオブイレと唱えるという。漁師たちはこれを船霊さまのオブがぬけたための処置といい，神酒，白米などを船霊さまに祭るという。

……（中略）……

　宿毛市沖ノ島の弘瀬でも漁船の調子の悪い時，船を巻き上げて船体を乾かし，船たでを行なう。その火のつけ方にもきまりがあって，脇の間の船霊さまの下からたで始め，左舷，立木（たてぎ），右舷（おもかじ），艫（とも），脇の間の順に船体を一周するように火をつける。　これが終わると左舷二回，右舷一回の順で水竿でたたき，オブイレを行なう。……」（[68] 143-4）

第5章　魔バライ・招福のための「左マワリ」の習俗　　　135

という記述も見られる。そのオブイレとは,「船霊さまの性根入れのことば」([68] 143) ということである。

　このような「左」重視の典型として,中土佐町久礼において,出港に際して,3ヵ所で,それぞれ1回ずつ,合計3回,「左マワリ」にまわる,ということがある。3ヵ所で,それぞれ1回ずつ,合計3回というのは,湾の入り口に観音と弁天を祭る2つの島（双名島という）があり,その2つの島によって,湾内部が形成されているが,近時,比較的広い湾内に波消しブロックで防波堤を築き,湾内は,2つの部分に分けられている。以前は,比較的広い湾内を3回「左マワリ」にまわっていたというが,今日では,その波消しブロックで区切られた2ヵ所で,それぞれ1回ずつ,そして観音と弁天を祭る2つの島の前で1回の,合計3回「左マワリ」にまわる。そのことに関し,それぞれ1回ずつということでなく,「左マワリ」に3回まわるという意識がうかがわれる。

　「左マワリ」にまわる前には,それぞれまず停船し,汽笛をならしている。

　このように,「左マワリ」に3回まわることによって,氏神の八幡社,その八幡社に隣接して祭られている稲荷と天満宮に,漁船・乗組員の安全と豊漁を祈願し,そして湾内と外洋との境にある2つの島のそれぞれに祭られている観音と弁天にも,同様な祈願をおこない出港している。その「左マワリ」ということに関して,「左マワリ」はトリカジマワリで,そのトリカジのトリという言葉に,鰹をトリ（取り）込む,との意味合いを述べる人もいる。

　ところが,そのような意味合いに加えて,「左マワリ」の「左」を,神に飾るシメ縄の「左ナイ」と同様に,神にかかわって「左」が重要と述べ,そして,そのような「左」を,世俗的な日常生活において主に使用される右との対比において捉え,前項に述べたように,農村に顕著に見られる「聖」―「俗」：「左」―「右」の二項対置の意識を語り,そして,さらに,その上に,出港の際の「左マワリ」ということを,葬式に際しての右マワリということとの明確な対比において述べることが注目される。なお,当地において,フナオロシ（進水式）に際しても,「トリカジ廻り（左廻り）に港内を三回」([114] 990) まわる。

　前項に見たように,農村部においては,「左ナイ」・「左マワリ」が,農作業の世俗的な生活活動における右ナイ・右マワリとの対比において意識されて

いたが，漁村でも，「左」が，神にかかわって，まずもって重要と述べる。以前，沿岸漁業の小型船で使用していた錨を吊すロープを，藁を右ナイになってつくっていたと話す人もいる。その限り，農村におけると同様に，「聖」—「俗」：「左」—「右」の二項対置の意識が知られる。ところが，その上に，農村とは異なって，出港に際しての「左マワリ」が，葬式に際しての右マワリとの対比において明確に意識されていることが注目されるのである。現在の乗組員，またかつて船に乗り込んでいた古老と話をして強く感じることは，事故・遭難など，板子一枚下は地獄といったように，彼らが死の危険ということをたえず強く意識し，死を遠ざけることを強く願い，神の力によって死の危険から遠ざかるために「左マワリ」にまわるという，明確な意識を示す人もいるのである。その点に，出港に際しての「左マワリ」—葬式に際しての右マワリという明確な対置の認識の仕方が知られる。

　ただし，当漁村においても，かつて土葬であった頃の棺縄は，神に飾るシメ縄と同様に，「左ナイ」であった。また，死者には，死装束を「左ムネ」に着せている。つまり，呪術・宗教的生活活動にかかわって，基本的に「左」の習俗である中に，葬式に際してまわることのみが右マワリであったということが留意されてならない。そのように，たえず死の危険を強く感じていることは，農村においてはうかがい知ることがない。そのためであろうか，農村においては神祭りに関しても，また葬式に際しても，ともに「左マワリ」であるのに対して，漁村においては葬式に際して右マワリであったのである。ただし，そのような漁村においても，棺縄は「左ナイ」であったのであり，また，今日，「左ムネ」の習俗が見られることは，前述した通りである。

　祈願祭において，神官が船と乗組員の無事・安全を祈願し，そして金幣を神の前におかれた大漁旗にかざして，豊漁を願うことを前に述べたが，船の乗組員が，その心性において，彼らの無事・安全と豊漁など，漁業のいわばすべてを神に依存しているということができるであろう。そして，当漁村においても，神にかかわって，シメ縄など，「左」が重視されている。そのために，豊漁ということとともに，死の危険を防ぎ，乗組員の無事・安全であることの願いを，神にかかわって「左マワリ」にまわるということに込めているのである。前項に見た農村の事例にも明らかなように，農村において，「左マワリ」に豊作の

第5章 魔バライ・招福のための「左マワリ」の習俗

願いを込めていた。そして，漁村においても，「左マワリ」に豊漁の願いが込められている。ところが，漁村においては，「左マワリ」ということに豊漁ということに加えて，乗組員が，事故・遭難など死の危険から遠ざかり，無事であることの願いをも強く込めている。そのために，葬式に際しては右マワリにまわるのであろうと考えられる。

　農村における「左マワリ」ということには，漁村において強くうかがわれるそのような死から遠ざかる願いとしての「左マワリ」という意識を知ることがない。「左マワリ」ということには，上述のように，豊漁を願う願いも込められていることは言うまでもない。しかし，「左マワリ」が，葬式に際しての右マワリとの明確な対比において意識されている中に，その「左マワリ」ということに，死から遠ざかる願いがまた強く込められているということが留意されてならないのである。その点に，同じ「左マワリ」の習俗であっても，農村と漁村における違いが知られる。とにかく，漁村においては，出港に際しての「左マワリ」を，葬式に際しての右マワリと対極的に強く意識していることが留意されてならない。

　くりかえし述べておけば，漁村においても，神にかかわって，まず基本的に，「左」が重要である。そのために，出港に際して「左マワリ」にまわる。ところが，死から極力遠ざかりたいとの願いから，葬式に際して，「左」とはサカサで対極的な右の右マワリにまわる，という説明なのである。彼らの意識の中心はむしろその点にあるということが言いうるようにも思われる。そのことは，農村における右―左の認識の仕方とは異なるものと言わなければならない。そのような認識の仕方は，長期間海上で生活するということから当然なことであろう。つまり，農村においては，呪術・宗教的生活活動における「左」の習俗が，世俗的な農作業などに際して，右手を中心として鍬を持ち，右肩に農具・農産物を担ぎ，また右マワリにまわるなど，右との対比において，「聖」―「俗」：「左」―「右」の二項対置が意識されているのに対して，漁村においてはそうでなく，常に死の危険を避けるという強い意識から，以上に見たように，出港に際して「左マワリ」にまわることを，葬式に際しての右マワリと対極的に捉え，意識していることは当然のことと受けとめられる。

　当漁村において，3月に出港し，途中，盆か，9月14日・15日の氏神の大祭

の時に一時的に帰るとはいえ，9ヵ月の長きにわたって，乗込員は勿論のこと，家族の者も，死の危険ということを常に強く意識しており，そのために，出港に際して，乗組員の家族の者が防波堤の上にたたずんで船影が見えなくなるまで見送っていた姿が印象的であった。農村において，そのような光景を見ることは勿論ない。その点に，同じ「左」の習俗であっても，農村におけるそれと漁村におけるそれとの認識の違い，換言すれば，同じ右―左の二項対置であっても，農村と漁村とでは，基本的に，異なる認識の仕方が，強く感じられる。そのことは，死の危険ということの認識の強弱，あるいは存否ということにかかわっていることであるのかもしれない。

　たしかに，そのような漁村においても前に述べたように，農村に顕著に見られる「聖」―「俗」：「左」―「右」の二項対置がうかがわれることもある。小学校卒業後，直ちに船に乗ったという，現在85歳の古老の話によれば，彼が船に乗り始めたころ，沿岸漁業の小型船の錨を吊す綱をよく藁でなっていたというが，その場合の綱は右ナイになっていたという。そして，その右ナイの綱を3本より合わせると，結果的に「左ナイ」の形になっていたというが，しかし，その場合，「左ナイ」ということは何ら意識されず，右ナイということが明確に意識されていたと述べる。一方，神に飾るシメ縄は「左ナイ」である。このような場合，たしかに農村におけると同様に，「聖」―「俗」：「左」―「右」の二項対置を見るが，しかし，彼らに「左」の習俗を問うとき，上述のように，出港の際の「左マワリ」が葬式に際しての右マワリとの対比において強く意識され，そのことが彼らの「左」の習俗に関しての意識の中心をなしているということができるようにも思われるのである。この点に，前述したように，農村における「左」の習俗に関する二項対置の認識の仕方との違いが感じられてならない。

　なお，上述したように，葬式に際して右マワリにまわりながら，かつて土葬であった頃，棺をしばる縄は「左ナイ」であった。さらに，死者に着せる着物の着せ方は「左ムネ」である。このように，同じ葬式にかかわって，右と左の習俗が見られるのである。このような事実をいかに理解するか重要なことであろう。

　その点，長崎県壱岐勝本浦においては，神祭りにかかわって，船が日マワリ

第5章　魔バライ・招福のための「左マワリ」の習俗　　139

つまり右マワリにまわり，一方，葬式に際しては，そのサカサつまり「左マワリ」にまわる（[218] 242)。長崎県壱岐勝本浦においては，高知県中土佐町久礼における事実とは逆で，神に乗り移ってもらっている神輿を乗せた船が右マワリにまわる。ところが，そのように，右マワリにまわっている船に乗せられた神輿に飾られているシメ縄は「左ナイ」なのである。このように，高知県中土佐町久礼と長崎県壱岐勝本浦において，神にかかわって，右マワリと左マワリという，全く異なる事実が見られること，そして，同一の神祭りに，右の事実と「左」の事実とがともに見られることをいかに理解するかが重要である。

　そのような神祭りに際しての船の「左マワリ」，一方，葬式に際しての右マワリということは，鰹・鮪漁業の基地として有名な宮崎県南郷町においても知られることである。次に，その宮崎県南郷町における事例を記しておこう。

(2)　宮崎県南那珂郡南郷町における事例

　南郷町は宮崎県の南端に位置し，日向灘に面して漁港があり，後背地には農村部が展開している。漁業と農業とが，主要産業をなしている（他は，商業，製造業，など）。平成8年4月1日現在，人口12,546人，15歳以上の第一次産業従事者数1,818人（農業844人，漁業969人，林業5人），世帯数3,991中漁業528，農業593である（[99]）。

　漁業は，鰹漁（一本釣り漁業）と鮪漁（延縄漁業）を主としている。その両者の間は，ほぼ均等（船数は，鮪漁約40隻に対し，鰹漁約20隻であるが，漁獲量をみると，平成8年度の漁獲量鰹一本釣り漁業13,162t，鮪延縄漁業11,600t [99]）で，そのために，町の魚をどちらにするかを決める場合，決着がつかず，鰹・鮪ともに町の魚と定めている（[99]）。そのことは町のメイン・ストリートに飾られ，町をシンボライズしている塔に明らかに示され，一つの同じ塔に，鰹・鮪の彫刻がともに飾られている。

　後述するように，当南郷町においても，出港する際に「左マワリ」に3回まわり，神に乗組員と船の無事を祈願し，かつ豊漁を願うが，その神社で，鰹漁業組合名と鮪漁業組合名をそれぞれ書いた別々の鳥居が同じところに建てられていることにも，そのことがうかがわれる。なお，『南郷町がわかる本』（南郷町役場企画課刊）には，鰹一本釣り漁業と鮪延縄漁業の漁法がそれぞれ図示さ

れ，説明されている。このように，鰹漁と鮪漁とが，当町の漁業上等しく重要である。

その両者のうち，鰹漁は，前項に見た高知県中土佐町久礼におけると同様に，まず南下し，次第に気仙沼沖近くまで北上しながら漁獲を続けるが，鮪漁は南はフィリピン沖，さらにグアム，ハワイなどに漁業基地を設け，広範囲に漁獲活動をおこなっている。鰹漁と鮪漁に出港するに際して，1月10日に恵比寿神楽を神に奉納し，その後11月まで，活動を続ける。そして，秋には，11月9日・10日に，感謝祭（秋祭り）をおこなう。恵比寿神楽は，通常，午前中におこなわれる。

その恵比寿神楽に際して，「左」重視の事実が知られる。

まず最初に，必ず「左マワリ」にまわり，次いで右マワリにまわり（この右マワリのことをマワリモドシと称している），そして必ずもう一度，「左マワリ」にまわる。つまり，「左」2回，右に1回，である。そのように，「左」に2回，右に1回ということは，御幣の振り方と同じで，神官が御幣を振るとき，まず，「左」側に振り，右に振り，そして，必ずもう一度，「左」側に振るのがルールとされている。なお，御幣の持ち方は，「左手」で「左」側を高く持っている。さらに，神官が御幣でお祓いをおこなった後，船主，その他が玉串を捧げるが，その玉串の持ち方も「左」側を高く持つ。

恵比寿神楽終了後，当日出港する船もいるが，出港に最良の日は大安で，次いで友引の日であることは高知県中土佐町久礼におけると同様である。潮の都合その他の理由で，他の日に出港する場合には，そのような大安とか友引の日に一度，近くの沖合まで出港して引き返し，そして，後に本格的に出港している。

出港に際しては，「左マワリ」に3回まわって，港近くの小高い丘の上に祭られている神に，乗組員の無事と船の安全を祈願し，かつ豊漁を願っている。なお，出港に際しての「左マワリ」に3回ということは，同じ宮崎県所在の結婚の良縁と安産の神として信仰を集めている鵜戸神宮にかかわっても見られる。鵜戸神宮の近くに小規模の漁港があるが，その港を基地とする沿岸漁業の小型船が漁に出る場合も，鵜戸神宮の前で「左マワリ」に3回まわって，乗組員の無事と船の安全と豊漁とを願っている。

第5章　魔バライ・招福のための「左マワリ」の習俗　　　　141

　なお，南郷町の漁港で，出港する前に，神官が船に乗り込み，まず船霊様を祭るが，その際，必ず「左舷」から，船霊様を祭る操舵室に入っている。また，その際，まず「左舷」をきよめ，そして，その後，右舷をきよめる。鰹漁船の場合，「左舷」が一本釣りをおこなう場所ででもあるのであるが，船尾から縄を流す延縄漁船の場合も，「左舷」が右舷よりも重要とみなされ，やはり船室に入る場合，「左舷」から入り，また神官が，まず「左舷」からきよめる。このように，鰹漁船・鮪漁船の区別なく，ともに「左舷」が重要と認識されている。
　鰹漁船の場合，「左舷」に招いた神に守られながら，その「左舷」で鰹の一本釣りをおこなうと述べる人がいることが留意される。船上で料理をおこなった場合，料理の滓を右舷から捨てる，と述べる人がいることも興味深い。この点，「……壱岐の……漁村では，左舷は船霊のお通りになる（船下しのときに船霊をいれる）側だから，小便は必ず右舷からしなければならない」（[221] 233）ということもある。
　なお，「左舷」と「左マワリ」が呪術的に重視されている事例として，次のような事実が見られることも興味深い。
　それは，「六月十五日の祇園御霊会に行われる横浜本牧神社の『お馬流し』」（[152] 63）の行事で「茅で作った馬の形代に町内の人々の厄災をつけ，最後に船で沖合まで運んで放流する」（[152] 63）際，「お馬は左舷に安置され，放流も左舷の船べりからおこない，船は放流と同時に左回りで反転し帰港する。すべて左上位である」（[152] 67）ということである。
　このように，呪術的に「左舷」・「左マワリ」が重視されていることが留意される。
　ところで，その宮崎県南郷町においても，高知県中土佐町久礼におけると同様に，船の「左マワリ」が，葬式に際しての右マワリとの対比において意識されている。出棺に際して，棺（タマヤと称している）を右マワリにまわすのみならず，かつて土葬であったころ，埋葬する前に，タマヤを置き，最後の別れをするために，墓域の中に設けられている場所を，やはり右マワリに3回まわっていたという。ところが，かつて土葬であった頃，棺縄は「左ナイ」であった。また，当村においても，死者に着せる着物の着せ方は，「左ムネ」（「左合ワセ」

と称している）である。神に飾るシメ縄が「左ナイ」であることは，他のところと同様である。

　なお，その農村部でも，祭りにかかわって，「左」の習俗が見られる。たとえば，すでに述べたことであるが（第1章第4節4），農村部の一集落の神社で，2月11日の建国記念日に，神楽（「作神楽」と称している）が舞われ，かつ「牛祭り」がおこなわれるが，その「牛祭り」に際して，神社に伝統的に伝えられている小型の木製の牛を，神社の境内に縦約2ｍ横約1ｍの土を盛って作った水田の模型の周囲を引きまわし，水田稲作の準備を始めるに際して，その年の豊作を願って，その牛を「左マワリ」に引きまわしている。さらに，牛の右角が固定されているのに対して，「左」の角は「ぬけ角」と称して抜けるようになっており，その「ぬけ角」の「左」の角で魔を払い，ムラ人の健康を願い，秋の豊作を願っている。また，農村部の他の集落で，以前，旧暦7月15日に，十五夜の綱引きがおこなわれていたというが，その十五夜綱が「左ナイ」であるとともに，綱引きをおこなう前に，その綱をへびがとぐろを巻いたような形で置いておくのが「左巻き」の形であったという。

　綱引きの綱を「左巻き」にまいておくのは，鹿児島県でも見られることである。鹿児島県田代町の一集落におけるオツッサァーノツナ（お月様の綱）で，綱を「左ナイ」に綯い，そして，それをへびがとぐろを巻いたような形にしてそなえるが，その巻き方も「左巻き」であることをすでに述べておいた。このように，神祭りにかかわって，「左」の習俗が見られる。ところが，棺縄が「左ナイ」であったことなど，葬式に際しても，基本的に「左」の習俗が見られる中に，まわるのだけが右マワリなのである。

　漁業上かつて使用していた縄が，高知県中土佐町久礼におけると同様に，3本より合わせると，結果として，「左ナイ」の形になっていたというが，しかし，基本的には，元となる1本の縄が右ナイであったことが明確に意識され，また，海にながす縄を船上に巻いておいておく場合，右巻きにしておくということとの対比において，呪術・宗教的に「左」の習俗が意識されている面もたしかに見られる。しかし，前項に見た高知県中土佐町久礼におけると同じように，出港の際の「左マワリ」が，葬式に際しての右マワリとの対比において強く意識されていることが留意されてならないのである。

第5章　魔バライ・招福のための「左マワリ」の習俗

　つまり，基本的には，神祭りとともに，葬制にかかわっても「左」の習俗が見られる中に，葬式に際して，まわることだけが右マワリであったということに大きな関心が持たれる。そのことは，農村部においては知ることのない漁村における注目すべき事実と思われ，その点に，農村の人々と漁村の人々の間における意識の焦点ないし認識の仕方の基本的な違いが感じられる。

　このような農村と漁村における事実の違いは，前項の高知県中土佐町久礼における習俗と同様で，農業とは異なって，漁業においては死の危険がたえず強く意識されているからであろうと思われる。つまり農村においては世俗的生活の分野と呪術・宗教的生活の分野との対比が明確であるのに対して，漁村においては，まずもって生と死との対比が強く意識されていると言いうるように思われる。

　漁業上，「左マワリ」にまわる事実は，海女の発祥地として有名な福岡県宗像郡鐘崎におけるフナオロシ（進水式）に際して，「鐘崎の前面の海をトリカジで三回廻る」（[28] 440）ということにも知られる。さらにその「左マワリ」の事実は海上のみならず，たとえば宮崎県北部五ヶ瀬川流域（当流域は鮎釣りで有名）の延岡市近郊の一集落で，新造船をはじめて川に浮かべたとき，船の無事と豊漁を願って，「左マワリ」に3回まわることにも示されている。その延岡市近郊の一集落で，川で新造船を「左マワリ」にまわす前には，船を制作していた作業所から新造船をいよいよ運び出す際，まず最初に船を作っていた台からおろすときに船大工が，「左舷」から船に御神酒をまき，船の完成を神に感謝し，また船を浮かべる川では，浮かべる前に川岸で，やはり「左舷」側に祭壇を設け，御神酒その他の供物をそなえ，その「左舷」で，船大工独自の祝詞を唱え（神官は来ない），船の無事と豊漁とを願っている。聞けば「左舷」ということと「左マワリ」ということがなによりも大切なことと述べる。

　なお，トリカジとは「左マワリ」ということであることはいうまでもなく，また，このような場合に際しての「左」重視の事実は，福岡県鐘崎で，フナオロシに際して，「……新造船に船頭・近親者・加勢人・棟梁・職人が船のトリカジ（左）から乗り込み……下船をする時はオモカジ（右）から降りる」（[28] 440）ということにも示されている。新造船を「左マワリ」に3回まわすことは，トカラ列島に関する報告にも知られ（[188] 293），また島根県美保関近く

の漁村においても知られることである。

　なお，前述したように，長崎県壱岐勝本浦では，神祭りに際して，船が日マワリつまり右マワリにまわり，一方，葬式に際しては，そのサカ（逆）マワリつまり「左マワリ」にまわる。この勝本浦では，以上の(1)・(2)に述べた事例とは逆に，神祭りに際して右マワリにまわり，葬式に際して「左マワリ」にまわっている。この両地域における違いをいかに理解するか，今後，十分，究められなければならない。ただ，本項を終えるに際して，再度ここで指摘しておきたいことは，漁村において，基本的に「左」が重視されている中に，右マワリが見られること，そして，農村において，神祭りと葬式に際して，ともに「左マワリ」が見られ，その事実が世俗的な経済活動としての農作業上の右マワリとの対比において意識されているのに対して，漁村においては，神にかかわる船のまわし方（「左マワリ」）と葬式に際して棺をまわしていたまわし方（右マワリ）とが対極的に明白に意識されているという事実である。この点に，農村における事実と漁村における事実との間の大きな相違が注目されてならない。

　わが国の文化に見るこのような右―左の象徴的対比ないし二項対置の考察において，農村と漁村におけるこのような違いも，また，十分，留意されなければならないであろう。

第2節　新築儀礼に際しての「左マワリ」の浄化儀礼

　「左マワリ」の習俗は，家の新築儀礼に際しても見られる。鹿児島県徳之島でその事実が知られ，また，渡邊欣雄は，沖縄本島一農村において，その事実を報告している（［199］136,「左廻り」の「屋敷浄化の儀礼」）。そしてその際の「左マワリ」は，やがて住む新築の家から魔を払い，家族員が無事で安泰に過ごせることを願って，おこなっているのである。なお沖永良部島で，「自宅を新築，あるいは改造する場合，工程が進んで竣工の域に達した時，『ミヤゲバン』と称する悪魔祓いの神事が，落成祝の最中に行なわれる」（［67］244）。その際，「……，古くは東南隅の柱より始めて，左旋する慣例であった……」（［67］247）。また，沖縄県宮古島で，屋敷から厄を追い出す屋敷祓いの際，門

第5章　魔バライ・招福のための「左マワリ」の習俗　　　　　　145

より東の方位，北の方位，西の方位，そして南の方位へと，「左マワリ」にまわるということである（岡本恵昭氏の御教示による）。

　同様な習俗は，沖縄・伊平屋村においても知られ，「家屋築造すれば『チーヤーマー』と称して建築家屋にカユを炊きその汁を碗に入れ男一人は外に一人は内側の四隅を三回廻つて祝をするこれ悪魂を追ふと云う……」（［43］34），「屋根を葺き終ると，今度は，粥を炊いて，その上汁を碗二つに入れ，一人は家の内にその汁碗を持ち，他の一人は外にその汁碗を持ってでて，最初左隅から，内に居る人がチーヤーマー文句を唱えると，外に出ている人がその返答にプーと唱え，三回四隅を廻って同一文句を唱えて終る。これをチーヤーマーという。……」（［44］79）などと記されている。しかし，それがどちらまわりであるかは記されていないので，伊平屋村の役場職員のお方にお教えいただいたところ，それは「左マワリ」のはずとのことであった。なお，沖縄本島勝連町においてもその事実が見られ，新築祝いの歌を歌いながら，「中柱を逆時計回りに七回まわる」（［6］18）ということである。

　このような反（逆）時計回りの事実は葬式に際しても見られ，沖永良部島において「棺は真ん中の臺ノセの廻りを左廻りに七へん廻った」（［129］64）ということである。このように，新築祝いや葬式に際して，ともに「左マワリ」であることが注目される。また，その両者に，七という数が共通であることも注目される。

第3節　沖縄県宮古島における「左マワリ」の習俗

　このように，「左」の習俗が魔バライのためと認識されている事実として，たとえば沖縄県宮古島で，ヒジャーナーという「左縄」が悪魔除ケとされているのみならず，サン（マカヤあるいはチガヤ，アダンの葉）を3本，「左ナイ」に綯い，それを「左手」で「左マワシ」に頭上でまわし，悪霊を除く，ということもある（岡本恵昭氏の御教示による）。ヒジャーナーは，イザイホーの祭りで有名な久高島でも，同じ「左縄」として知られる。久高島ではピザイナーと呼ばれ，それはヤナガレ（祀ってくれる子孫のない死霊）を入れないためなど，

ムンヌキ（魔ヨケ）のための縄である，とされている（[75] 164)。また，宮古島で道をきよめる力，場所をきよめる力を持つ呪物とされている米あるいは塩を，神々の案内に際しての祓いに，「左手」でまく，ということもある（岡本恵昭氏の御教示による）。

さらにその宮古島で，反時計マワリ（「左マワリ」）に円を描きながらまわる神女が「左手」に杖を持つこと，また神が出現する姿が，すべて杖を「左手」に持つというが（岡本恵昭氏の御教示による），この点，Vogt が述べ（[197] 417)，吉田禎吾も引用し述べる（[220] 241) シナカンタンのイロル（祭司，呪医）が「聖山で病気治療の方法を年長のイロルから習い，その後低地に行き，竹を切って杖とし，これを左手に持って帰る。それ以後イロルはこの杖を常に左手に持ち，イロルのシンボルとする」ことが比較文化的に関心が持たれることも，すでに述べておいた。

宮古島で，墓の入口の石を開けるとき，後ろ向きになり，「左手」を後ろにまわして，少なくとも最初の1，2個の墓石をとりのぞく習俗，また，「左手」の人差指では里の方を指さない（岡本恵昭氏の御教示による）ということも注目される。

このような事実に，右が世俗的生活活動にかかわり，「左」が呪術・宗教的生活活動にかかわるということをうかがい知ることができるのである。なお，「左マワリ」ということに関してひとこと付言しておけば，通常，神からいって上座の「左側」に座している神官が，祝詞を奏上した後，座にもどり着座する際に，「左足」を軸にして，「左マワリ」にまわって着座する事例がよく見られる。ただし，滅多にないことであるが，都合によって，神官が神からいって右側に座を占め，その右側の座に着座する場合には，神に尻を見せないようにするために，右マワリにまわるということもある。

第4節　John Middleton の報告

ところで，すでに序章にごく簡単にふれたことであるが，「左マワリ」が，一種の厄払い，事態の好転のためにおこなわれる事例がアフリカにおいても見

第5章　魔バライ・招福のための「左マワリ」の習俗　　　　　　　　　147

られるので，そのことを，ここで，再度，少々くわしく記しておこう。

　それは，Middleton が報告するウガンダの Lugbara 族における習俗である。Lugbara 族において，リネージの権威を犯した罪の結果として病気になった場合，祖霊に動物（通常，山羊か雄牛，ときとして，羊）が生け贄としてささげられるが，その際，その動物をきよめるために，病人の家のまわりを「左マワリ（counterclockwise）」に引きまわすということである（[94]，[126] 382）。さらに興味が持たれることには，長老がただ一人霊所にいき，「左手」で，肉，酒（beer）などをそなえるという（[94]，[126] 382）。長老はさらに，その儀礼をおこなう前後に，祖霊とかかわりがあるとされている聖なる葉を「左手」に持ち，儀礼の時間を区切る，ともいう（[94]，[126] 382）。

　このように，Lugbara 族において，祖霊にささげる生け贄をきよめるために「左マワリ」にまわり，肉，酒などを「左手」でそなえ，かつ，聖なる儀式の時間を区切るために，聖なる葉を「左手」に持つということが注目される。

　このような事実は，呪術・宗教的に「左マワリ」・「左手」の習俗が見られるわが国との比較文化的意味で，関心の持たれるところである。

第5節　Victor W. Turner の報告

　「左マワリ（反時計マワリ）」が聖なる空間の設定にかかわることは，Turner も，中央アフリカにおいて見いだしている。Turner は，次のように述べている（[195] 訳書309-10）。

　「儀礼においては，枠組のなかに存在するのはしばしば『聖なるもの』とよばれるものであり，枠組の外には『卑俗なもの』『世俗的なもの』『現世的なもの』とよばれるものが存在する。枠組を設定することとは，境界を設けて囲いを作ることである。すなわち聖化された空間には境界線が存在する。……，私がかつて観たことのある中央アフリカの儀礼の場合には，聖なる空間は間にあわせの塀によって区切られたり，儀礼の司式者が木のぐるりとか切り開いた小さな土地のまわりを時計の針と反対方向にまわることによって画定される。」

第6節　台湾アミ族の事例

さらに，「左マワリ」が魔バライにかかわっていることは，古野清人の研究『高砂族の祭儀生活』に示されているように，善―悪：右―左の二項対置が顕著で，左が悪の観念でもって認識されている台湾高砂族の一部族・アミ族で，次のような事実にも示されている（[35] 58）。

「……シカワサイや儀礼依頼者が，カワスと接触したあとや，死者など『きたないもの』『悪いもの（バンリハイ vanlihay）』と接触した時，身体をきれいにする儀礼をした後，さらに完全に『きたない悪いもの』すなわち病因や悪因を身体から振り落とすために……左回りに3度回って，3度ジャンプしながら，オホオホと儀礼的に大声で咳をする。4度目のジャンプでその場を離れると，身体から『きたないもの』が落ち去ると考えられている。多数の人間が一度におこなうときは，円陣をつくって後ろ向きに1周ほど左回りに回ったあと，3回シャンプし，4回目に円陣から離れる。……」

そのシカワサイとは，「アミ族では主に病気治療をする呪医として知られ……，病気治療だけでなく，新築儀礼や，祖先供養などもおこなっている」（[35] 35）ものである。なお，カワスに関して，古野清人は，次のように述べている。

「アミ族の宗教観念としてはまずカワス（kawas）……のそれがあげられねばならない。……，何らかの超自然的なもの，霊的なもの，祖霊，死霊あるいはひろく神々の観念を含んでいる。」（[30] 70）

「アミ族にはひろく神霊，精霊，死霊などを現わす言葉にカワス（kawas）がある。……（中略）……
　アミ族のアニミズムの中核をなすカワス観念で，………どの部落でも共通している点は，人間には両肩にカワスが宿っていて，右肩のが善霊であり，左肩のが悪霊であるとの全般的信仰である。」（[30] 23）

第5章　魔バライ・招福のための「左マワリ」の習俗　　　　　　　　149

　古野清人は，上の引用文に示され，また，その著『高砂族の祭儀生活』についての吉田禎吾の解説に見るように，アミ族を含む高砂族の文化において，善―悪：右―左の象徴的二元論を述べている。

　しかし，原英子の指摘に見るように，アミ族の文化に見る「左マワリ」には，病因など悪因を除くことにかかわる事実もまた見られるのである。従来は指摘されていないそのような事実を見落としてはならない。

　なお，アミ族において，右の呪術性も指摘されていることがあり，「死の忌みなどを除去したり，病気を除去したりして，身体を浄化することができる力があると考えられている」（[35] 266）豚の右前足（ピコ）が儀礼で使用されている事実も記されている（[35] 266-7）。今後，さらに，アミ族における右と左の呪術性について，考察が加えられなければならない。

　以上，主としてわが国の文化に見る「左」の習俗を，そして比較文化的に，他文化に見る右―左の二項対置の事実について見てきた。それらは，優―劣，強―弱の対置として見られることもあり，また，そのような優―劣，強―弱ということでない二項対置としても知ることのできることであった。

　ところが，世界の諸文化を見るとき，悪，凶，不吉，不浄，不運などと認識されている「左」が，呪術・宗教的な力を付与されている事例もまた見られる。次章に，その事実を見ておきたい。

第6章

悪・凶・不吉・不浄・不運などと認識されている「左手」が呪術・宗教的な力を持つ事例

第1節　Jack Goody の報告する LoWiili 族の事例

　西アフリカ・ガーナの LoWiili 族において，「左利き」は嫌われ，「左手」は不吉と認識されている（[34] 111）。ところが，その LoWiili 族において，呪薬を「左手」で混ぜている（[34] 111）。そのような LoWiili 族の「左手」の習俗について，安元正也が要領よくまとめ記述しているので（[215] 95-6），その安元の記述を次に引用しておく。

　「アフリカ，象牙海岸のロウィィリ族では，左手は排泄その他の衛生上の目的のために用いられる。左利きは不吉である。食事には右手が用いられる。
　ところでクピルメという，敵を殺した，あるいは悪い動物を殺した男のために特別に作られる料理がある。黒い動物とは，ある種の家畜も含まれるが，野生動物では象，ライオン，野牛，豹，鰐，アンティロープ，ある種の鳥など，悪い，危険な動物である。呪薬を持っているかもしれないし，妖術を知っているかもしれない。狩人はその神秘的危険から守られなければならない。そのために彼は，薬を服さなければならない。水も飲まずに帰って来て，殺した動物の肝臓と，彼の父方クランの『狩の薬』を混ぜたスープを飲む……。
　この防禦の薬を混ぜた食物を，狩人は左手で食べなければならない。しかもその食物はお椀に入れられているのではない。女性が月経中，使用していたマットとか，人々や犬が普段，登ったり降りたりする梯子段とか，汚い場所に置かれる。だから，彼はこの胸のむかつくような行為の中で，吐くまいと相当の努力を続けることになる……。

さて，この場面での左手を，ジャック・グーディは，『日常的行為様式の転位』（a reversal of everyday ways of acting）』として記述する。では，その転位とは何か。『諸行為が，通常の状況においてはふさわしい方法とは異なった仕方で，またしばしば反対の仕方で行なわれる』ことを言う。……。では，グーディにとって，転位の持つ意味は何であろうか。彼は主に葬儀の場面での転位的行為を指摘する。
　湯灌のあと，死体に油を塗る女たちは，二度，自分の手を伸ばしたり引っ込めたりして，塗る真似をする。三度目に油を塗る。このような見せかけの儀礼は，普段の時とこの機会が異なるということを強調する。
　また遺体は白いスモック，長いズボン，赤いトルコ帽などの礼服によって盛装される。スモックは裏返しにされ，ポケットは破られている。重要な変化が，今，ここに生じていることを強調する。……
　遺体を特別に作られた出口から出すことも，同じように考えられている。……。
　家の外に設けられた葬儀台に遺体が置かれる。その台に会葬者の弓がさかさに吊され，あるいは台の前に束ねて置かれる。日常で武器をこのように取扱うことは禁じられている。日常性の逆転の表象……である。……不快な行為は予防上，治療上の効果を持つ……。左手の場合も同じ文脈で考えられている。……」

　つまり，「左」・「サカサ」は，「普段の時とこの機会が異なること」「重要な変化が生じていること」の強調にかかわり，また，本論の諸所で述べるように，「左」・「サカサ」は，事態の好転など変化への願望にかかわっているのである。そのGoodyの論述については，吉田禎吾も，次のように紹介している（[217] 40-1, 改訂版39-40)。(一部，すでに,引用している。)

　「アフリカのケニヤのメル族も，右を尊ぶにもかかわらず，ムグウェといわれる最高の祭司の左手が神聖視されている。この祭司は，現実の世界における権力者，司法者としての『長老』と対比される。長老が男，右，昼などによって表わされるのに対し，祭司は男性であるが，象徴的には，女性，左，暗などに結びついている。このために，左手が祭司の象徴とされ，神聖視されているのであろう。
　このように見てくると，アフリカのロウィイリ族で，左手で呪的な薬を混ぜるという習慣も理解できる。この部族でも，左利きは〈不吉〉とされており，左手は衛生上（排泄その他）の目的のために使う。ジャック・グーディは，左手を用いて呪薬を混ぜる状況は〈神聖〉なのだから，この習慣は，右を聖，左を俗とするエルツの主張に適合しないと述べている。グディは，これは日常生活における手の使用の転倒を表わす

ものだと述べており，社会現象を聖俗二元論に還元する試みに賛成していないが，現実の転倒ということ自体，日常と非日常という二元論に基づいていることではなかろうか。」

第2節　E. E. Evans-Pritchard の Nuer 族についての報告
——「同種療法」論 ——

　E. E. Evans-Pritchard は，Needham が象徴的二元論研究のターニング・ポイントとみなしている（[126] xiii）論文 "Nuer Spear Symbolism" で，スーダンの牛牧民（[53] 565）として有名な Nuer 族において，子牛を生んだ母牛が後産が降りなくて苦しんでいるとき，楽になるようにしてやるのに，右手に劣り，弱く，また悪の観念でもって認識されている「左手」で（「左利き」の人物に依頼して），草の輪を母牛の「左」の角にかける習俗を報告し，そのことを「同種療法（similia similibus curantur）」として説明している（[126] 107 note13）。

　Nuer 族において，「左」は「死や悪と同一視」（[24] 訳書上266）され，吉—凶の対置でいえば「凶の側」（[24] 訳書上271）であり，「左……は死と不幸を表わし，……右……は生命と繁栄を表わしている」（[24] 訳書上283）との観念から，儀礼において，供儀に用いられるキュウリが「左半分つまり悪い方の半分は投げ棄てられ，右半分つまり良い方の半分が搾られる」（[24] 訳書下54）ということである。また，牛の右側の角を上に向け，「左側」の角を下に向けて整形するということもある（[24]，訳書下113-4）。このように認識されている「左」が，子牛を生んだ母牛が後産が降りなくて苦しんでいるとき，楽になるようにするための呪術とされているのである。

　この場合，「善」—「悪」：「右」—「左」，「吉」—「凶（不吉）」：「右」—「左」といった二項対置の指摘にとどまることなく，そのことに加えて，「左」の積極的な呪術的機能の理論的説明が考察されなければならない。

　Nuer 族におけるこのような「左手」の習俗をいかに理解したらよいのであろうか。「左」が事態の好転への願望にかかわっていることが重視されなければならない。この Nuer 族の場合は，それは，後産が降り，いわば一種の病気

がなおるということであろうが,そのような「左」の呪術的能動性が十分に注目されなければならないのである。「左」の習俗を不吉,凶などと捉えるにとどまってはならない。第1章に述べた世俗的世界における「左」の劣位性あるいは弱さが,呪術・宗教的な優位性・強さに転位するという事例とともに,凶・不吉などと認識されている「左」に呪術的に積極的な機能が付与されている事実をいかに理解し理論的にいかに説明するかということに大きな関心が持たれる。

第3節 インドの事例

ところで,「左」が不浄と認識されているインドにおいても,「左」が魔バライなど呪術的に積極的な機能を持たせられていることに注意が向く。まず,「左」が不浄と認識されているとの説明の一例を,杉本卓洲の論述に見ておこう。

杉本は,次のように述べている([168] 308-9)。

「……,一般に『右繞(pradakṣiṇa)』は天体における太陽の運行に準ずるものとして,聖,清浄,吉祥なるもの等に対する,太陽崇拝と結びつくシンボリカルな儀礼的行為とされる。これに対して『左繞(prasavya)』は汚れ,忌み,邪悪,病,死,凶なるもの等と結びつく。仏典にも,麦を刈り積み重ねたところを右まわりして豊穣を求めるが,左まわりは不吉であると記されており,右繞と左繞とはインドにおける種々なる儀礼と関係を持っている。火葬堆や……墓場の左繞は明らかに死者に対する汚れ,忌みを表現している。」

このように,インドにおいて,「左」は,汚れ・凶・不吉などの文化的意味において認識されている。ところが,そのような「左」が,魔バライ・招福など呪術的に積極的な機能を果たしてもいるのである。たとえば,八木祐子は,北インド農村における通過儀礼を詳細に調査・分析し,火葬に際して,「死者の長男,夫あるいは親族の男性が喪主となり,薪の上にのせた遺体のまわりを

第6章 悪・凶・不吉・不浄・不運などと認識されている「左手」が呪術・宗教的な力を持つ事例　155

左周りにまわり，火をつける」（[200] 192）という葬制上の「左マワリ」の習俗の一方，結婚式に際して，花嫁の家での儀礼に出発する花婿行列の前に，「花婿は，母親につきそわれて井戸を左周りに5回まわり，水の神に結婚の成功をいのる」（[200] 189）習俗を見いだしている。また，「花婿は，沐浴後，左足で小さい土の器をわり，悪霊をはらう」（[200] 189）ということでもある。花嫁も同様で，「花嫁と母親が井戸の周囲を左周りに5回まわる」，「花嫁は左足で土の器をわる」（[200] 189, 202注18）ということである。

　八木が，インド研究者のV. Das と G. G. Raheja の所説を簡潔に紹介し，「Das は，吉は，生および身体の右側と関わり，凶は死および身体の左側とかかわることをあきらかにしているが，むしろ Raheja が指摘するように，左周りは凶の除去と関わっていると考えられる」（[200] 202注18）とし，また，Das の論述にふれながら，「遺体そのものは不浄なのではなく，むしろ，遺体は聖なるものであり，悪霊の攻撃から守らなければならない」（[200] 194）などと述べていることが注目される。

　このような論点に関連し，関根康正は，南インドの一農村における研究調査の結果，

　　「……葬地は……『聖なる場所』であるという。何故なら，葬地にも寺院にも同じように神がいるからというのである。そして葬地にいる神とはかの踊るシヴァ神であるというのだ。この彼らの説明が，まさにヒンドゥー教で語られる（Tāṇḍava）（墓場や火葬地でのシヴァの舞踊）を指していることは明らかである。彼らはこう続ける。葬地はシヴァ神のいる聖所であるから，けっして悪霊（pēy）が棲むことはない。また，神がいるのであるから，葬地は恐ろしい所ではない。だから自分たちは夜でも平気で葬地に行けるし，寝ることだってできると主張する……」（[159] 227）

と記している。インドにおいて，遺体や葬地がいかに認識されているのか，今後，さらに，究められなければならない[1]。

　インドの「左」の習俗に関して，渡辺照宏が，死者の火葬後，沐浴に際して，「左手の薬指で水をはねとばして，災厄よけの文句を唱える」（[198] 89）習俗を述べ，また，斎藤昭俊は，治病のための護符を「左の腕に縛る」習俗を記し

ている（[144] 241）。インドにおいて，このように，汚れ・不浄などと認識されている「左」が，魔バライなどの呪術的機能を果たしてもいることが注目される。

　問題は，このように汚れ・不浄などと認識されている「左」が，魔バライなどの呪術的機能をも果たしている事実をいかに理解するかである。そのようなインド文化における右・左のシンボリズムの問題は，カースト制度とのかかわりで見る必要があるのかもしれないということも予想される。というのも，たとえば，関根康正は，調査地・南インドの集落において，葬式に際して，「時計廻り」（[160] 232, 他)・「右廻り」（[160] 240, 260注10）を見いだしている（「時計廻り」と「右廻り」が同じであることはいうまでもない）。

　関根のその調査地について筆者にとって留意されることは，その調査地が「非ブラーマン文化的傾向」，すなわち関根の言う「庶民文化的傾向」（[160] 253）の集落であるということである。さらに当集落において，リネージの神の祭祀においても右の習俗が見られ，山羊の右足を切り，切られた右足を山羊の口にくわえさせて，そなえている（[160] 150, 275）。このように，関根の調査地においては，神祭りおよび葬式に際して，ともに，右の習俗が見られる。

　一方，前に述べた八木の北インドの調査地においては，その両者に際して，ともに，「左」の習俗が見られる。このように，同じインドでも，八木と関根の調査地では，神祭りと葬制にかかわって，右と左と全く異なっている。「通過儀礼などのさまざまな儀礼のさいにプージャー（*pūjā*, 神の礼拝）をおこなうブラーマン・カーストに属するパンディット（*Pandit*, 職業的司祭)」は，調査地の「村には居住しておらず，村の南西の村から儀礼のたびごとにやってくる」（[200] 184）という前に引用した八木の報告する北インドの一農村では，火葬の際，遺体のまわりを「左周り」にまわるとともに，結婚式に際しても，井戸の周囲を「左周り」にまわり，結婚の成功を水の神に祈り，また，花婿・花嫁が，「左足」で土器を蹴り割って，悪霊をはらうということであった。八木の調査地では，関根の調査地とは異なって，結婚式・葬式に際して，ともに「左」の習俗が見られるのである。

　以上のように，関根の報告する南インド農村においては，神祭りと葬式に際して，ともに右の習俗が見られ，八木の報告する北インド農村においては，結

婚式のときの水の神祭りと葬式に際して，ともに「左」の習俗が見られ，その両者の調査地における右・左のあり方は，前に引用した杉本卓洲の指摘に見る「浄」—「不浄」:「右」—「左」の二項対置とは異なっている。この点，祭りの過程を詳細に分析し，「『浄・不浄』の論理だけでは解けない現象が明らかに存在することを確認」([160] 166) し，インドの社会・文化を，基本的に，浄・不浄のイデオロギーないしその論理で解釈する「デュモン的階層的二項対立論理」([160] 176) を批判して，「デュモンはブラーマン文化的支配価値からの二項対立を内包する一体論的説明にあまり強くこだわるあまり，彼は地方の庶民文化を適切には取扱うことに失敗している」([160] 152-3) との関根の指摘は，具体的に，インド文化における右・左のシンボリズムに関する上述の杉本卓洲の論述についても，言いうることなのかもしれない。

つまり，インド文化に見る「浄」—「不浄」:「右」—「左」の二項対置論は，関根のいう「庶民文化」には適応して考えることができないのかもしれないのである。この点，いかに理解したらよいのであろうか。

八木も，その論文 ([200]) において，Dumont に言及し，「ブラーマン中心的イデオロギーを強調した浄・不浄の観点」([200] 182) と述べているが，もし「浄」—「不浄」:「右」—「左」の二項対立がブラーマン・カーストに顕著に見られる観念であるとすれば，インドにおける右・左のシンボリズムの問題は，カースト制度とのかかわりで検討して見ることが必要かとも思われる。ブラーマン文化的傾向と非ブラーマン文化的傾向（関根のいう「庶民文化的傾向」）とに，大きな違いがあることが予想されるからである。あるいは，成立宗教と民俗宗教ないし庶民文化とのかかわりで見ることが必要なのかもしれないということでもある。というのも，たとえば前に引用したように，杉本が「左繞（左マワリ）」が死の不浄の文化的意味において捉えられていることを述べ，一方，八木が，結婚式に際して，井戸の周囲を「左マワリ」にまわって，結婚の成功を水の神に祈る習俗を報告しているからである。また，関根は，「タミル社会のケガレ観念の諸相」に関して，「タミル文化的とサンスクリット文化的と称せるような2つの異なるイデオロギーの位相の重層」([159] 235) ということを問題としている。

このように，インド文化に見る右・左のシンボリズムの問題を，カースト制

度とのかかわりで，あるいは成立宗教と民俗宗教とのかかわりで見る必要があるのかどうかを含めて，今後十分に考察が加えられなければならない。筆者には，現在のところ，成立宗教のレベルにおいても，「左」の文化的意味を不浄の意味でのみ捉えることはできないのかもしれないと思われてならない。

その点にかかわって，たとえば，スリランカの仏歯寺に，「釈尊仏陀の左の犬歯」が納められているということがある。それは，「もともとは仏陀の遺骨崇拝の一環として人びとの信仰を集めていたのであるが，12世紀以後になると王権の正統性そのものの象徴としても崇拝されるようになり，宗教だけでなく国家にとっても最も重要な象徴物となった……」（［169］181）ものである。このような「左」の事実もあって，成立宗教のレベルにおいても，「左」を不浄の意味においてのみ捉えることはできないのではないかとも思われてならないのである。それは「釈尊仏陀の左の犬歯」である故に，「左」に特別の重要な意味が付与されているのであろうか。一般的にいって，「左」が不浄の意味でとらえられていることとのかかわりで，このような事実をいかに解釈したらよいのであろうか。今後，十分に究められなければならない。

なお，『マヌの法典』には，「バラモンの聖紐（ウパヴィータ）は木綿にて，右撚りの三條の絲（より成るもの）たるべし」（［178］47）と記され，また，「聖火を右に見て（これを）巡りたる……」（［178］47），「常に，右腕を露はし……」（［178］67）などとの記述が見られる。また，松尾剛次は，「仏陀は，摩耶夫人の右の脇腹から生まれ，生まれるとすぐに，七歩あるき，右手を挙げて『天上天下唯我独尊』といったといわれ……，インドの人びとは，右を尊び，赤ん坊を右脇腹に抱えて育てるという習俗」（［82］29）があることを記している。

このように，インドにおいて，右が重視されている一方，たとえば前に引用した八木の論述に見るように，結婚式に際して，結婚の成功を水の神に祈って，井戸の周囲を「左マワリ」にまわる習俗もまた見られることが注目されてならない。インドにおいて，前に引用した杉本の論述に見るように，「左」が不吉・不浄の意味で認識され，右優先の思想の中に，八木がその調査地において見いだしているように，「左」が魔バライなどの呪術的機能を果たしてもいることが注目されてならないのである。

わが国には，たとえば，東大寺と下野薬師寺とともに三戒壇の一つであった

九州・太宰府市の観世音寺に祭られている不空羂索観音立像が「左の垂下した手に持つ羂索（縄）で，迷える人々をすべて救うとされる観音である」（［76］6）との事例もある。一方，前に引用した杉本の説明に見るように，「左」が不浄・不吉の意味で捉えられていることも明白な事実であり，そのために「左」の事実の意味の総合的な把握が求められなければならない。

　一般的にいって，仏教では，「左」が不浄・不吉の意味であることは言うまでもない。たとえば，大藏經に，「以求豐壤若左旋者以為不吉」の字句が見える（［161］480）。つまり，「左旋」＝「不吉」なのである。「左は衆生の手にて右は佛の手を表し，衆生と佛，迷と悟と感應道交し一致する意味で兩手を合わす」（［140］74）との記述も見られる。この場合，右＝佛＝悟：左＝衆生＝迷，なのである。

　仏教の作法において，右優先の思想が見られることは言うまでもない。たとえば，道場に入るとき「右の足より内へ入る」（［140］74）。着座の作法に関しても，右優先の事実を知る。たとえば，次のように述べられている（［140］76）。

「着座登壇の場合は右の膝より先ずネジ上り，下るときは左膝よりネジ下る。もし一座の中に高貴の人が在ればその人の方へ背を向けず正面に向い右の足より摺り上る。坐法に結跏趺坐と半跏坐とあり。前者を如來坐ともいう。中院流には多く半跏坐を用い。菩薩坐ともいう。半跏坐は右の足を左膝の上に置き兩足の間を内衣にて隔てる。これは妄念を生ぜざらしめんがためであり汗をきらうによる。この半跏坐は右の正道をもって左の邪道をしずめるの意を表わす。」

つまり，右＝正道：左＝邪道，なのである。なお，「身の威儀をととのえ衣紋をつくろう」場合，「先右袖，次左袖」（［140］77）とされ，このような場合にも，右が優先されている。

　以上の点に関連し，前に述べたように，たとえば四国巡礼八十八ヵ所の霊場の一つ愛媛県越智郡玉川町別所の仙遊寺には，弘法大師の像を祭り，その周囲を霊場の八十八ヵ所を示す八十八個の敷石で囲み，その上を右マワリにめぐっている。さらにその際，必ず，右足から踏み出し，そのことを「右進」と言っている。敷石に上る際にも，勿論まず，右足からである。また，法隆寺などで，

仏を祭るところに入る場合など，まず最初に，必ず右足から入るとしていることなど，十分，留意されなければならないことである。ただし，法隆寺に関して注目されることに，法隆寺宝物の一つ摩耶夫人が釈迦を右腋から出産している像で，着ている着物の着方は「左衽」であり，また，そのように摩耶夫人の右腋から誕生した法隆寺像の誕生仏が「左手」で天を指しているということがある（[17]）。さらに，法隆寺の百済観音像の着物の着方は「左衽」であり（[148] 144），法隆寺五重塔塔本塑像に「左衽」の少女の像がある（[148] 145の写真）。このように，法隆寺の宝物の像に，右と左がともに見られることが，十分注目されなければならない（この点，後述）。

しかし，仏教においては，右が基本的に重視されていることは言うまでもない。一方，神道においては，「進左退右」，またところによっては，「左進右退」ということなどに示されているように，「左」が優先されている。

第4節　ヨーロッパの民俗文化に見る「左」の習俗

イギリスのみならず，ヨーロッパの文化において，「左」は，一般的に，悪・不運などの観念でもって認識されている。たとえば，筆者が参会者の一人として出席した国内の教会での結婚式の例でいえば，教会内で，父親と花嫁が進み出る際，まず右足から進み出るようにという注意が，特別に，その2人に，前もって，与えられていた。

また，筆者のイギリスの友人の話によれば，何かあまりよくないことがあった場合，その朝，「左」の足から先にベッドを降りたのではないかとか，あるいは「左」の足から先に靴下を履いたのではないか，「左」の足から先に靴を履いたのではないか，などと言い合うそうである。わが国においては，新しい履物をはじめて履くとき，まず『左足』から履くと縁起がよい，ウグイスの初鳴きを「左耳」（「左」の方）に聞けば縁起がよい，などといったことを聞いたことがある。一方，ヨーロッパでは，「左」は不運などといったマイナスのイメージで捉えられている。ところが，「どんな生傷でも，左手の薬指でさすれば必ず治ると信じられ，この指以外の九本指はすべて有害とされている。それ

第6章 悪・凶・不吉・不浄・不運などと認識されている「左手」が呪術・宗教的な力を持つ事例　161

だけではない。広くイングランド・アイルランドの農民たちの迷信に，生傷を治すこの指の神通力は，この指にはめる結婚指輪にも転移するといい，皮膚にできたいぼなどは，結婚指輪でさすりさえすれば，じきに治るとされている」([19] 訳書48）ということでもある。この例で，薬指ということに大きな意味があるのかもしれない。しかし，「左手」の薬指以外の9本の指，つまり右手の薬指を含めて「左手」の薬指以外のすべての指が有害とされているということに関心が持たれる。つまり，薬指でも，「左手」の薬指ということが重要なのである。なお，「左手」のみならず，「……，英米では……塩の力をもって悪霊を追い払うため，左肩ごしに塩をまく習慣がある」([7]）ということである。

　一般的にいって，キリスト教文化においては，人々に祝福を与える「神の御手(み
て)」が右手であるように（[110] 58-66），右が優越し，一方「左」がマイナスのイメージで捉えられている中に，同じ「左」のこのような習俗もまた見られることが注目されてならない。ヨーロッパの文化において，宗教上，右手が優越している中に，「左手」の呪術性もまた見られることが留意されてならないのである。

　この点に関連して，ドイツの民俗文化の中に，悪魔との契約を「左手」（の人差し指の血）を使って書く一方，魔女を捕らえるために「左手」を使用するという習俗があることを序章に引用し述べておいた。

第5節　Toradja族の事例

　Toradja族の事例についても，すでに序章において，その極く一部の事実を簡潔に述べているが，本節において他の事実をも加えて，再度述べておきたい。
　Kruytによれば，Toradja族において，出産後，母親は，母斑（あざ）がどこにあるか，新生児の身体を注意深く見るという（[77]，[126] 83）。そして，母斑が，もし体の右側にあれば，それは好運のしるしであり，もし「左側」にあれば，それは不運を予告しているという（[126] 83）。ところが，新生児に最初に乳を与えるのは「左」の胸から，ということであった（[126] 86）。結婚式当日，花婿が花嫁の家に入る際，花婿はエスコートとともに，階段を，生（あ

るいは，右），死（あるいは，左），生（右），死（左），……と唱えながら，まず最初に右足から昇り，階段を昇った後，家の内に入るのも，まず最初に右足から入らなければならないという（[126] 84)。そのために，階段の数は必ず奇数ということである。さらに，Toradja族の世俗的な経済活動としての稲作において，右が重要で，食物は，「左」とかかわることによって，そこなわれることがあってはならないとされている（[126] 84)。植える人に稲苗を配る場合，その稲苗が，植える人の右側に位置するようにしなければならない（[126] 84)。もし，「左側」におけば，植える人が背中に痛みを覚えるという（[126] 84)。収穫した新米をはじめて炊くとき，「左手」とかかわってはならないともいう（[126] 84)。また，収穫時の水浴びの際に，水に入り，石の上に足をおくのは右足ということである（[126] 84)。

　このように，世俗的な経済活動としての農作業にかかわって，右が重視されている。ところが，鳥越憲三郎によれば，Toradja 族で，家の新築に際して，魔バライのために，「左マワリ」にまわるということであり，またそのToradja族の祭儀において，その飾りに，椰子の葉の右側をおとし，「左側」の葉を使用するということである。鳥越は，次のように述べている（[189] 12)。

「……，儀礼に用いるしめ縄カレーテ karete は，いうまでもなく左綯いであるが，驚いたのは，彼らが祭場の飾り物をつくるための椰子の若葉を切ってきたときのことである。椰子の葉の根元を手に持ち，葉脈に沿って縦割りに切ったあと，右側の葉は捨て，左側の葉だけで物造りをはじめたからである。祭儀に用いる神聖な物は左側の葉しか使用しない。
　儀礼における歌舞や踊りも，時計まわりとは反対に左廻りする。
　その左廻りのことで，注目すべき……新築儀礼を聞いた。新築祝いのあと主婦は大工に費用を支払うが，決済がすむと大工は木桶に水を入れ，パップサケ pappsake [2]の葉を水に漬けて，家の周りを三回，左廻りに撒いて歩く。それは家に悪霊が侵入するのを防ぐためだという。」

　また，供物をのせる敷物も芭蕉の葉の「左」側だけを用いるということである（[190] 29)。Toradja族においても，このように呪術・宗教的に「左」の習俗が見られる。前に述べたNuer族の儀礼において，キュウリの「左」側半分

第6章 悪・凶・不吉・不浄・不運などと認識されている「左手」が呪術・宗教的な力を持つ事例　163

を棄てるのに対して，Toradja族の儀礼においては，椰子の葉の右側を棄てるということが，比較文化的に関心が持たれる。Toradja族のこのような事実は，「聖（呪術・宗教的生活活動）」―「俗（世俗的生活活動）」：「左」―「右」の二項対置の認識を想定させることであり，事実，日本におけると同様に，Toradja族において，「日常に用いる縄を右綯いにするのに対し，儀礼に用いる縄にかぎり左綯いにする……」（[190] 29）ということである。

　なお，Kruytは，Toradja族において，インセストを犯した場合，その罪を償う儀礼において，司祭者は，まず最初に，罪を犯した2人のまわりを，その罪を取り除くために，7回，水をかけながら，右から左へまわり（右マワリ），次に左から右へ（「左マワリ」）7回まわり，彼らが犯した悪に負けない力を与えるという（[126] 87-8）。このような場合には，「左マワリ」が悪に負けない力を与えるということにかかわっていることが知られる。

　Kruytは，また次のような事例も述べている（[126] 88）。家の新築に際して，建築資材をうっかり落とすようなことがあったら，家が不健康になるというが，そのような状態を解消するために，新築している家の中でめんどりを殺し，その頭を家の屋根越しに右から左へ投げるという。このようにして，悪を本来その悪の状態が属する「左」へ返すという。このように，「左」は，本来，悪なのである。

　ところが，そのような「左」が，悪ということにとどまることなく，悪を吸収し，悪が駆逐されるべき方からいえば，魔バライの呪術的機能をも保持しているということが注目される。そのことが看過されてはならない。そのような「左」の状況の中で，前に述べた新生児の成長を願って初乳を左胸から与える習俗をどのように理解したらよいのであろうか。

　以上，第1章，第2章に見たように，右に対して弱く，劣位に位置付けられている「左」が，呪術・宗教的に優位性を保持しているのみならず，本章に見たように，悪・凶・不吉・不浄・不運などと認識されている「左」に，呪術的な機能が付与されてもいる。このように，劣のみならず，凶などと認識され，マイナスのイメージで捉えられている「左」が，呪術・宗教的に，優・吉などプラスに転位していることもあるのである。「左」に呪術・宗教的に積極的な

機能が見られる以上，従来の右―左：善―悪，浄―不浄などといった象徴的二元論の指摘にとどまってはならないことは言うまでもないことであろう。

〈注〉

1) なお，関根は，ここに引用した文を記した理由として，「筆者のもう一つの調査地スリランカのジャフナ・タミル社会での経験にある。というのは，ジャフナの村では，葬地は *pēy* の棲み家であるから夕方以降は絶対に葬地に近づかないと一般に言われており，あまりに対照的であったためである」（［200］227）と述べ，さらに「ただし，こういう話も同じジャフナの村で聞いている。それは，以前（数十年前），ある老夫婦が葬地に向かって祈っている姿を見たことがあるというものである。ここでは指摘に留めておく」（［200］244-5，註13）と記している。
2) どのような樹木であるのか，鳥越先生に問い合わせたところ，日本には，それに類似した木がないので，ただ，常緑樹と言うしかないとの御返事であった。

第7章

死の認識の一側面
—— 魔バライということの側面 ——

第1節　はじめに

　わが国の文化に見る右・左のシンボリズムに関して，序章に述べたように，従来，「浄（具体的には，氏神祭祀）」―「不浄（葬制）」：「右」―「左」の二項対置が主張され，そしてその場合，死は不浄（穢）の認識で捉えられてきている。しかし，死の観念にかかわって，死を不浄としてのみ捉えるだけでよいのであろうか。本研究の主題とする「左」の習俗をくわしく見る場合，それは，死にかかわっても，魔バライという機能が強く見られることが留意されてならない。

　たしかに，わが国の文化において，今日，死が，一面，穢れと認識されていることは事実である。筆者の調査地の人々の行動を見ても，不幸にして死者が出た家の者は，死の穢れがかかっているために，通常1年間，ところによっては49日間，また30日間，氏神祭祀からはなれ，鳥居をくぐらず，境内に足を踏み入れず，また，家の内部では，神棚に白紙を張って神が死者を見ないように，死者の穢れが神にかからないようにしている。明らかに，死の穢れの観念が見られる。

　ところが，死にかかわる諸々の習俗を見る場合，死がはたして穢れとみなされているのかとさえ思われる事実もまた数多く見いだされ，従来の指摘のように，死を不浄としてのみ捉えることに終始してはならないのではないかということも強く感じられる。たとえば，葬式に際して，棺の上に守り刀と称する刀

をおいていることは，今日なお各地にその例を見るし，柳田國男は，そのような刀を「魔拂ひ」と称している例を報告している（[209] 20）。斎藤たまは，野辺送りの葬列に際して，先頭の者が刀をむき出しにして進むオサキバライという事例を収録している（[146] 165）。また，墓穴の側で火をたいていたことは，筆者の調査地でもよく聞くことである。さらに，今日では確認の仕様がなく，その意味で不確かなことではあるが，大分県国東半島の一山村で，ムラの古老の一人が，彼が若かったころ，以前，埋葬の前に，竹の先にとりつけた藁束に火をつけ，それを「左肩」に担いで，墓穴の周囲を3回「左マワリ」にまわっていたという話を当時の古老から聞いたことがあると語ってくれたことがあった。他のムラの古老は，「左肩」に担ぐといったことの記憶はないが，手に火を持って，たしかに「左マワリ」にまわっていたことがあるということを語ってくれた。前掲の斎藤は，「墓穴掘る時も焚物を家から運んだりして必ず火を焚く」（[146] 252）習俗，また埋葬後も，「周りから悪いものが来ないように」「七日まで毎夕埋めた脇で火を焚く」（[146] 253）習俗などを記している。

　鎌を墓の側に立てる習俗も，数多くその例が報告されており，それらの事実を考慮に入れるとき，死がはたして，本来，穢れと認識されていたのかということすら思われるのである。

　桂井和雄は，死者の「枕には死者の生前に使用した帯を巻いてあてがい，その下に浜や川原で拾ってきた小石を真塩で浄めて置き，それを石枕と呼んで納棺する」（[68] 62）習俗を記している。もし死が穢れであれば，何故に小石を真塩で浄めるのであろうか。今日一般的に見られる，葬式から帰ったとき塩で身体を浄めるという習俗とのかかわりで，そのことをどのように理解したらよいのであろうか。もし死が穢れであれば，穢れの状態にある死者の枕とする小石を真塩で浄めることはしないはずと思われるのに，実際は真塩で浄めることもあるのである。

　この点に関連し，筆者が注目している事実として，鹿児島県徳之島伊仙町で，葬列の先頭の者が，葬列の進む道に道バライ（あるいは，道ヲキヨメル）といって，「左手」で塩と米をまいて進んでいたということがある。さらに，葬列の出発に際しては，以前「左手」に持った盃に酒を受け，それを「左」の肩越しに後ろにまいていたという話があることを語ってくれた古老がいた。そして，

第7章 死の認識の一側面

それらはいずれも，魔バライのためと理解されていたということである。前掲の桂井の述べる死者の枕とする小石を塩で浄めるということも，あるいは魔バライのためと理解されうるのかもしれないのである。

すでに前に述べたように，桂井は，旧正月2日に田の神を迎えておこなう鍬初めの行事，あるいは籾の播き初めの行事をおこなうに際して使用し，稲苗の生長を妨げる邪悪なものを退けるための呪力を持つものと認識されている「左巻き」のノブドウ（また，エビズル，オノービ）の輪が新墓にも使用され，それを魔オドシとしていることを記している（[68] 186，193）。

このような死にかかわる諸々の習俗を見るとき，死者はまずもって，いわば弱者とみなされ，そして，死者を魔から防ぐためと見る方が，理解しやすいようにも思われる。そのことは，後述するケガレの概念をケ枯レとする説を想起させることでもある。以上に述べた諸々の習俗は，死者が弱者であるからこそ，そのような死者にとりつこうとする魔を払う魔バライのためとして解釈することもできると思われるからである。換言すれば，斎藤の言うように，「死者も赤ん坊と等しく何者かから守られる必要」（[146] 187）のあることが意識されていたと思われるのであり，その場合，「何者」とは，他ならぬ，モノ（魔），なのである。

いずれにせよ，筆者には，死が，今日，穢れと強く意識されていながら，他方，このような魔バライの習俗もまた色濃く見られることに注意が向いてならない。この点，新谷尚紀は，葬送儀礼において，死の穢れ（ブク）をさけるブクヨケということとともに，同時にまた，掘った墓穴に魔除けのために鎌を吊り下げている事例を写真入りで紹介している（[163] 165，169）。このようにして，死の穢れということとともに，その一方に見られる魔除けということに注意が向いてならないのである。

今日，葬制にかかわる諸習俗も急速に消滅し，筆者の調査地で，それを体系的に知ることは殆ど不可能に近い。そのために，永年の調査結果をまとめた著作で，葬制の一連の流れに沿ってそのことをうかがい知ることのできるものとして，以下に，武田明の報告「死の習俗」（武田明『日本人の死霊観 —— 四国民俗誌 ——』第1章）を軸としてその要約を見，それに筆者が調査地で知りえた事実，さらに他の若干の文献をも合わせて見ることにしたい。筆者が調査地で知

り得ている事実の多くは，その武田の報告に見ることができるからである。

　本章の目的は，従来の「浄」—「不浄」：「右」—「左」の象徴的二元論の指摘に欠けていると思われる死の認識の一側面として，不浄ということのほかに，魔バライということが強く見られることを描き出し，そして，その魔バライということに，本研究の主題としている「左」の習俗が深くかかわっていることを指摘することにある。

第2節　死の習俗

　武田の報告は，まず「山上の霊地」の項を設け，わが国において，古来，死者の魂が山上にいくという観念があったことを述べ，そして，「死の予兆」から説きはじめ，「死の前後」の習俗，「ユカンと納棺」，「野辺の送りと墓葬礼」，「死霊の来訪」などについて，葬制上の一連の習俗を系統的に述べることによって，「四国に住む人々の死霊観乃至は日本人の死霊観がうかがえる」（[173] 1）ものとして書かれたものである。

　まず「山上の霊地」の項では，四国の弥谷山（イヤダニヤマ）など死者の霊のゆく山と考えられている霊地があり，そのイヤダニマイリの信仰，一例をあげると，「亡者の髪を納棺の折に取って紙に包んでおく。死後三日目又はヒトヒチヤにその髪と死者の着物と野位牌を持ってイヤダニマイリをする」（[173] 12）などの事例を述べている。この信仰の習俗上，各地の例に，基本的に異なる点が見られ，一例では，死者の霊が再びもどってこないようにする事例が見られる一方，イヤダニマイリにいった人を家の者が途中まで出迎えて一緒に墓までいき死者の霊を負うて連れもどす例も見られ，その習俗は各地によって多様であるが，総じて「かつて我々の祖先が死者の霊は村里近くの山に登り命日であるとか盆にだけわが家に帰ってくるという古くから持ちつづけてきた信仰」（[173] 16），「死霊は村里近くの秀麗な山に登るという，日本の古くからの信仰」（[173] 18）があったことを述べ，そのような日本の古くからの信仰に結びついてイヤダニマイリの風習が形成されたことを指摘している。わが国の宗教文化において，死がいかに認識されていたのかという点にかかわって，十分，留意

第7章 死の認識の一側面

しておかなければならないことである。

なお，そのイヤという言葉について，武田が「礼のことをイヤと言い沖縄のある地方では男の親のことをイヤと言う。オヤ（親），ウヤマフ（敬う），ウヤウヤシイなどと同じ種類のことばで畏敬の意味がある。古代の葬地をイヤとよぶのはそうしたところから来ている」（[173] 17）と述べていることにも注意が向く。

次に，「死の予兆」に関しては，長年病床にある場合，人々は自然界の現象，日常生活のほんの僅かな普段と異なる点を見つけてやがて訪れてくる死期を知ろうとした心情を述べている。その具体例として，鳥の啼声が普段と違って哀れに啼くとか葬地や寺の境内ではげしく啼く，犬が尾を引いて鳴く，夜中に何時までも鳴くといったような犬の異様な鳴き声，ふくろうが夜普通と違った啼き方をした場合，また，味噌・醬油・漬物などの味がかわったときなどに不幸がおこると考えられ，怖れられていた事例を数多く収録している。

そのような記述の中で，「火葬の折の煙が流れてくると，その流れた方向の家の人が亡くなると言うことも一般に言われているが，そんな折には箒を逆さまにして家の入口に立てておくとよい」（[173] 20）とされているということにも関心が持たれる。というのも，葬式に際して箒を逆さまに立てていたことは，筆者の調査地でもよく聞き，また前掲の斎藤の報告にも見られることであるからである（[146] 35）。つまり，そのような場合，箒ということとともに，それがサカサであることが注目される。

ところで，本章の主題である死の認識の一側面に魔バライの意識が見られることに強い関心が持たれるのであるが，次項の「死の前後」以後の習俗にそのことを明確に知ることができる。死の前後には，病気回復を祈願して，お百度まいりなど，個人的に祈願するのみならず，集落の者が総出で共同祈願をおこなうこともあったが，いよいよ病人が息を引き取ろうとする際には，遊離しようとしている魂を呼びもどすタマヨビ（魂呼び）の呪法がおこなわれていた。青竹の筒に米を入れて振ったり，また食器をたたいたり，箕をサカサに振って招くといったことなどがタマヨビの呪法とされていた。本来，「霊をよびもどす力がある」（[173] 23）と考えられていた箕を，さらにサカサに振ることが注目される。つまり，サカサが生きかえるという願いにかかわっていることも考

えられるからである。そのように箕をサカサに持って振っていたことは，筆者自身，福岡県有明海沿岸の一集落で聞くことでもある。

　そのような呪法にもかかわらず，死亡してしまったら，死の直後には，まず，マクラガエといって，死者をいわゆる北枕に寝かす。武田の報告では，このように死者の頭が北になるように寝かすと述べているが（[173] 24），その点，斎藤は，その習俗に，北枕のみならず各種あることを全国各地に見，そのマクラガエについて，「北枕に格別のいわくがあったのではなさそうである。……，私が見るに，死人の頭の向きはどちらだっていいのだった。北でも，西でも，また南でも東でもかまわない。ただ，それまであった体の向きを逆にすればそれでいいのだった。空家同然となった死骸には，これに入りこもうとして，……モノ等が群がり寄る。……，彼等は，魂の出入口となる口やら鼻やら穴を有するところの頭の部分を目指す。枕かえは，その頭を彼等に見失わせるための策だったのだろう」（[146] 78）と述べ，死に際して枕をかえること自体に意味があるとし，そして，そのマクラガエが「害なすものへの目くらませ」（[146] 81）と捉えられていると述べていることに関心が持たれる。つまり，魔バライのためと認識されていることを指摘しているのである。

　この魔バライのためということにかかわって，和歌森太郎が，通夜について，「茨城県多賀郡では，とくに通夜つまりホトケマブリに，死体に邪霊が入らぬように警護するのだと伝えている」（[223] 146）と述べていることも注目される。通夜について，佐野大和が，「……危篤の病人の恢復祈願の夜詣を……通夜と呼んで居るから，通夜も……本来は生死の境にあって，魂が肉体から離れようとしてゐるのを呼び返し繋ぎ留めんとする呪法を行ふことであつたと考えてよい」（[155] 83）としていることも留意される。

　武田の報告によれば，北枕にした後，雨だれ落ちの小石を拾ってきて石を枕の下においていたそうであるが，その後，神棚に白紙を貼り屏風を死者の枕元に立てる。その屏風は，筆者の調査地におけると同様に，サカビョウブで，逆さまに立てるものとされている。そして，魔ヨケのために刃物（刀をおく家もあったが，農家では，鎌をおくことが多かった）を枕元においたり布団の上におくが，また箒をおくところも多く，それらは，いずれも魔ヨケのためと認識されているということである。

第7章 死の認識の一側面

　葬制上, 箒が用いられていたことは, 筆者の調査地でも聞き, 調査地の一つで, 箒を死者の側においていたほか, 他の調査地では, 葬列の中に, 火をつけた松明とともに箒も担いで持っていっていたというムラの古老の若かったころの経験話を聞いたことがある。そのムラでは, 松明と箒その他が記されている葬列の記録も残されていた。そして, ムラの古老の話では, 彼が若かったころ, その意味を, 要するに, 魔バライのためと聞かされていたというのである。

　葬制上の箒について, 和歌森は,「ハハキモチは箒をもつ人ということに違いないが, 喪屋を清掃するための箒だと解されて来ている。しかし, 民俗的には, 箒はむしろ, 外から悪いものが入って来ぬようおさえるものである」([223] 146) と述べている。斎藤も, 日本各地における事例をくわしく報告し, その意味を魔ヨケと捉えている ([146] 33-8, 148-56)。この点, 武田は, 死者の布団の上におく箒について,「これは魔よけのためだと説明されているが, 本来は一つの依代として死者の霊が他の土地へとんで行かないためのものである」([173] 25) と述べている。今後, 十分検討されなければならない問題であろう。その点, 筆者は, 調査の経験から, 魔ヨケとして, その意味を捉えておきたい。

　そのほか, イッポンシキミといって, 死者の枕元に樒の小枝を一本机の上におき, また, マクラメシあるいはマクラダンゴをそなえる。家の入口には忌の字を書いて貼ったりする。マクラメシ, マクラダンゴその他の準備は, 講中, 同行などとよばれる葬式組の人々によってなされる。そのマクラメシに関して, 武田が次のように述べていることも注目される。

　「マクラメシのことを香川県の観音寺市あたりではロンジとよんでいて, それを持つ人をロンジモチとよぶ。香川県の三豊郡仁尾町の賀茂神社の祭りでは, ロンジというのは祭の当日に神主の夫人がつくりこんだ甘酒を神社まで持って行く事をロンジとよんでいるところから見ると, 或いはロンジというのは葬送に限らないで携帯してゆく食糧のことではないかと思われる。糧次などの字を宛てているところから見ると, 戦乱の時代に兵士が持って行く食糧から出た言葉かも知れない。」([173] 28)

　このように, ロンジという言葉が, 神社祭祀と葬制の両方に使用されているのであるが, そのような場合, いわゆる死の穢れということをどのように理解

したらよいのであろうか。というのも，死の穢れの意識は，神社祭祀からはなれる行為として示されているからである。

　その点，武田は，具体的に述べていないが，筆者の調査地においては，死者が出た家の者は，通常1年間鳥居をくぐらず，境内に足を踏み入れないようにし，家の中では，神棚に白紙を貼って，神が死者を見ないように，死者の穢れが神にかからないようにしている。そのために，言葉の上でも，当然区別があってしかるべきだとも思われるからである。

　武田は，以上に述べたマクラメシ，マクラダンゴについて，「ふだんとは違った別がまで炊く，血縁の者は炊かない」（[173] 29）と述べ，そして，「血縁の者が炊かぬというのは葬家の火は汚れているという処から来ているのであろうし，別かまどで炊くというのも同じことであろうかと思われる」（[173] 29）としている。このように死の穢れの観念が見られる一方，言葉は，神社祭祀と葬制の両方に共通に使われているのである。

　そのような事例は柳田國男の著作にも見られ，柳田は，モリニンという言葉が，神社祭祀とともに葬制上にも使われている事例を収録し，「大隅肝屬郡百引村で棺かつぎのこと。但し祭の神輿昇ぎをも此名で呼んで居る」（[209] 114）事例を収録している。

　今日，死が穢れと認識され，死者が出た際，神社祭祀から離れるという行為がなされていることを思うとき，このような事例をいかに理解したらよいのであろうか。問題は死がいかに認識されているのかということであるが，その死の認識にかかわって，酒井卯作が，沖縄の事例として，出産を意味するシラ，産屋がシラヤーと呼ばれるとともに，葬制にかかわって一定期間供物をする墓前の小屋掛けもシラヤと称していること，また，死水のことをタネユと呼んでいる事実に留意し，「死が生に還元されていく考え」，「死が生誕に繋がる考え」，「死水が生の根源に位置するという考え」，「墓所が生の根源であるという考え」，「死の世界を起点として生の世界が開始されていくという考え」を指摘していることが注目される（くわしくは，[147] 405-6）。

　このような認識においては，死は決して生と対極的に捉えられているのでなく，また，沖縄では，死者は死後直ちに神になるという考えもうかがわれ，この点，酒井は，死について，トーンナリニャ（亡くなった）という言葉が使わ

第7章 死の認識の一側面

れるほか,「八重山地方では死ぬことをカンナリオーリ,つまり『神になられた』……,宮古島では,『死んだらすぐに神になる』といって死者には白い神衣(かんぎぬ)を着せる……」ことを記し([147] 198),また,沖縄・久高島で,「墓では特別なことはしないが,『神様になりなさい』という意味の言葉を贈る」([75] 55)という報告もある。さらに,鹿児島県徳之島伊仙町では,かつて土葬であったころ,死者を墓場まで運んでいたタマヤの四面に小型の鳥居が飾られている。その上に,野辺送りに際しては,「左ナイ」のシメ縄を張りめぐらしていたと述べる。このような場合,死がいかに認識されていたのかということが重要であることは言うまでもない。換言すれば,死がはたして穢れと意識されてきているのかということが問題とされなければならない。

伊仙町では,死直後から,神との認識を示す人がいるが(伊仙町,天城町,徳之島町三町からなる徳之島には,仏教が定着していない),そのような論点に関連して,筆者はかつて大分県日田地方および豊後高田市近郊で神葬祭の調査を試みたとき,子供の誕生をワケミタマという考えがあることをムラの神官および古老に聞いたことがある。

つまり,死者は,死亡によって特定の個性を持った「神」(「……之命」)となり,その後(33年ということが多かった),一般的な先祖神と一体化し,そして,子供が生まれることは,その一般的な先祖の神のミタマの分身つまりワケミタマとして生まれてくるというのである。そのことは,伊仙町においても聞くことである。このような場合の死と生と神の三者の関係は,今後,本格的に究められなければならないが,これまでの調査から,今日,筆者が抱いている予想をあえて述べておけば,死者は死して神となって神(先祖神)の世界に入り,そして,その神の世界から生つまり子供がワケミタマとして生まれ出,そして,その生はまたやがて死して神になるという一種の循環[1]がうかがわれ,そのような神葬祭においては,いわゆる死の穢れの観念は,まず知ることができそうにないようにも思われるのである。というのも,今日大多数の人々の仏式の葬式においては,死者を出した家の者は,通常1年間,神からはなれるという行為が見られるのに対し,神葬祭においては,ところによっては神葬祭をおこなう前に,神葬祭をとりおこなうムラの神官が一人,ところによっては喪主をともないムラの氏神社におもむいて,神葬祭をとりおこなうことを氏神に

報告し，また他のところでは，神葬祭を終えた後に報告しているところもある。この点に関連して，『祝詞全集』に，次のような記述が見られる（[62] 27）。

「まづ，遺体を棺に納め柩前を装飾する入棺祭がおこなわれる。一方，産土神社においては氏子が帰幽したことを産土大神に奉告する帰幽奉告祭が斎行される。」

神葬祭の前夜半には，ミタマウツシと称して，霊璽（理想的には，榊の木）に死者のミタマを移し，それを神葬祭の後に神棚に並置して祭っているところもある。ミタマウツシに際して，神依板と称しているものの両端を死者の頭と死者のミタマを移す霊璽に当てている。そして，そのようにして霊璽に移したミタマは，各家の祖霊舎に祭り，また，神道の家の者が共同で祖霊社を祭っているところもある。

夜半におこなうミタマウツシでは，大人の男性の場合，刀を鞘から半分程抜いて刃を外側に向けて死者の枕元におき，女性と子供の場合には，短刀を同様に鞘から半分程抜いて刃を外側に向けておく。その意味を問えば，新しく誕生しつつある神に魔がかからないようにと述べる。つまり，人の新生児と同じように，誕生直後のまだ弱々しい神に魔がかからないようにといった意識を述べるのである。

翌日の神葬祭では，シメ縄を張りめぐらした中で，また，床の間に飾ったシメ縄の下で，その霊璽を祭壇に安置し，酒，鯛，季節の農産物，その他の供物をそなえ，神葬祭をとりおこなう。そして，神葬祭の祭詞に，一例をあげれば，「……カクリヨノオオカミマタウブスナノオオカミニコイイノリタテマツリテ……」と述べるところもある。ここにいうカクリヨノオオカミとはあの世（幽世）の大神のことであり，ウブスナノオオカミとは，言うまでもなく，ムラの氏神のことであり，そのカクリヨノオオカミ・ウブスナノオオカミに死者のミタマが神となってカクリヨにいくのを導き，その道中が無事であることを乞い願っている。

このように，神葬祭では，死に際して，神から離れるということではないのである。換言すれば，神葬祭においては，死は神と必ずしも対立するものではないように思われる。たとえば，仏式の葬式では，家で死者が出た場合，まず

第7章　死の認識の一側面

最初に，神棚に白紙を張って神が死者を見ないように，死者の穢れが神にかからないようにしている。ところが，神葬祭では，そのような習俗が見られないところがある。

　この点，穢れの観念を，松平齊光の述べるように，「神の嫌ふ所を總括したもの」[2]（[83] 13）とすれば，神葬祭においてはその穢れの観念をいかに理解したらよいのであろうか。そのような死霊の祭祀に関して，坪井洋文が，「仏教が渡来し，庶民の間に普及する以前は，神棚がその役割をになっていた」（[184] 223）と述べていることに注意が向くが，そのような中に，死の穢れということをいかに考えたらよいのであろうか。前に述べたように，今日，死者を出した家の者は，死の穢れの観念の故に，家の中では神棚に白紙を張り，また氏神祭祀から離れる行為が見られる一方，上述のような事実もまた見られることが問題とされなければならない。この点，言葉の上のみならず，筆者の各地の調査地において，その神社祭祀と葬制とに共通した諸習俗が見られることに関心が持たれる。本研究の主題とする「左」の習俗も，その一つであることは言うまでもない。つまり，それが，従来の「浄（氏神祭祀）」―「不浄（葬制）」：「右」―「左」の二項対置としてでは決してないからである。

　このように氏神祭祀と死にかかわって共通した言葉・習俗が見られることとの関連で死の穢れの観念をいかに理解するかが問題とされなければならないのであるが，ここで，その習俗を整理し，要約しておこう。

　まず第1に，神社に飾るシメ縄が「左ナイ」であるとともに，同じムラで，かつて土葬であったころ，棺をしばる縄（棺縄）が，また，「左ナイ」であった。

　第2に，筆者の調査地の一つで，神輿を担ぐ人の履くワラジの緒が「左ナイ」であるとともに，その同じムラで，かつて葬式に際して棺を担ぐ人の履いていた葬式ワラジの緒がまた「左ナイ」であった。

　第3に，沖縄・久高島で，神に仕える神女の着る神衣装と死者に着せる死装束が，ともに，「左衽（左前）」である（[75] 52, 59。神衣装に関しては，[71] 27, 34注6。[38] 20, 他。また，斎藤ミチ子は，神祭りに関して，「祭りの時はヒダリカキ（左前）に着て，……」と述べている。[150] 37）。死者に着せる着物が「左衽」で

あることは，今日なお，広く見られる事実である。

第4に，神事としての地鎮祭に際して，忌鍬を「左手」を先にし右手を後にして持つことが筆者の調査地のいくつかで知られるが，このように「左手」を先にし右手を後にして鍬を持つ鍬の持ち方は，同じムラで，かつて土葬であったころ，「左クワ」あるいは「サカ（サ）グワ」と称して，墓穴に棺を納めた後，土をかける際にも見られたことである。

第5に，伊勢神宮の式年遷宮で「心御柱を左の忌肩に荷う」（[56] 209）ということがあり，福岡県太宰府市所在の太宰府天満宮で，秋の御神幸祭に際して，神輿を「左肩」に担ぎ，また宮崎県の一山村において，その御神幸祭に際して，御神体，御幣，ノボリ，供物など，すべて「左肩」に担いでいる。ところが一方，筆者の調査地のムラで，かつて葬式に際して，棺を「左肩」に担いでいたという話があることを語ってくれた古老がいる。この点，資料が必ずしも十分ではないが，しかし，たとえば，柳田國男が，葬列の先頭に立つサキダイマツ（先松明）にふれ，「左肩に藁束で縛つた薪を擔」（[209] 91）ぐ習俗を述べていることが注目される。サキダイマツを「左肩」に担いでいたのであれば，棺そのものを「左肩」に担ぐことは，当然あったであろう。

第6に，氏神祭祀など神事に際して，神の前に進み出るとき，「進左退右」といって，まず「左足」から進み出るのがルールとされているが，葬式に際しても，「左足」から進み出る「左右左右」を正式としているところがある。なお，葬式に際しての「左足」の重視ということにかかわって，柳田が，「……,葬列の先頭に先松明といふのが立つ。……，左足には桟俵よりも大きな草履をはき，右足には豆草履をはいて居る。……」（[209] 91）と述べ，そのような際に，「左足」に大きな草履をはく習俗にふれていることに関心が持たれる。

第7として，わが国の宗教文化において，「左マワリ」・「右マワリ」の習俗が顕著に見られるが，氏神祭祀と葬制にかかわって「右マワリ」と「逆マワリ」つまり「左マワリ」が見られる一方，その両者にともに「左マワリ」が見られることも，筆者の調査地においても，数多く，その事例が知られる。鹿児島県徳之島では，稲の豊作を神に感謝する夏正月の儀礼において「左マワリ」にまわるとともに，葬制上でも棺を「左マワリ」にまわしている。また，宮崎県北部の一集落で，川舟のフナオロシ（進水式）で，舟を「左マワリ」にまわして

第7章 死の認識の一側面　　　　　　　　　　177

魔を払い，神を招き，神の加護を願い，豊漁を祈っている。とともに，葬式に際しても「左マワリ」である。同じことは，福岡県玄海町鐘崎においても知られることである。

　第8として，筆者の調査地で，氏神祭祀に際して神に奉納した神楽を記録しておく神楽繰出帳が「左トジ」であるとともに，葬式に際しての香典帳（いただいた香典の金額と名前を記録しておくもの）が同様に「左トジ」であった。

　このように，氏神祭祀と葬制とに，ともに「左尊」の事実が見られるほか，次のような事実も留意される。その一つは，米をまき散らして悪霊をはらう呪法としての散米（うちまき）（[109] 152）がわが国の神事に見られることがあるが，鹿児島県徳之島伊仙町では，葬列の先頭の者が，道バライ（あるいは，道ヲキヨメル）といって，「左手」で，米を葬列の進む道にまいていた。そのことは，加計呂麻島においても知られることである。チリマイといって，葬列の通る道に「米をまきながら行く人がいる」（[66] 36）。また，大分県国東半島で，かつて墓穴を掘った際，墓穴の底に米粒を2，3粒投げ入れていたという話があることを筆者に語ってくれた古老がいた。なお，中村義雄は，魔よけの呪法としての散米が出産時にも盛んにおこなわれていたことを記し，「米を屋（産屋）中に散らす」事例を『延喜式』から引用し述べ，また，「夜中におびえて泣きだした若君」から「物怪をはらうために散米をする」ことを『源氏物語絵巻』から引用し述べている（[109] 153, 155）。

　次の事実として，数に関して，七・五・三が神事上重視されているが，一方，たとえば鹿児島県徳之島では，死者を埋葬後，3年，5年，あるいは7年後に掘り上げ，改葬をおこなっていた（[89] 394）。フナオロシに際して舟を「左マワリ」に3回まわして魔をはらい神を招く一方，葬制上でも，棺を3回「左マワリ」にまわすということもよく知られる事実である。また，死者の枕飯のための米をサンニンヅキと称して3人でつく習俗とともに，吉事にも常の日にも，3人でつくことを柳田國男が報告している（[209] 52，[207] 546）。一方，柳田は，「埋葬の日死者に供する飯米」を4人でつくヨニンギネということも記録にとどめており（[207] 546），この点，さらに，検討が加えられなければならない。7という数も，誕生後のお七夜ということとともに，初七日など，葬制

上にも，顕著に知られる事実である。そのほか小豆が祝事に使用される一方，筆者の調査地においても，小豆を入れたダンゴ汁，小豆粥などが，葬式に際して祭壇にそなえられていた。赤色が祝事のみならず，葬式に際しても見られることも顕著な事実である。

　以上のほか，いろいろな点で，氏神祭祀と葬制とにともに共通した事実が知られ，それらが浄―不浄に対応せず，その意味で従来の指摘に見るような二項対置をなさず，それらの間に象徴的対立がうかがえないことに関心が持たれる。本研究の主旨に直接かかわる問題は，いうまでもなく，氏神祭祀と葬制とにともに「左（手，足，肩）」の習俗が見られることであり，問題はその事実をいかに理解するかである。
　その点，死の忌み（穢れ）の観念に関して，高取正男が，「庶民のほうは死者を家のそばに埋葬してもべつだんなんとも思わないというのが本来の姿であったらしい」（[172] 187）と述べ，死の忌みの観念の社会階層の違いによる存否について論じていることが注目される（この点，くわしくは，後述する）。
　高取が述べるように，もし庶民層に本来死の忌みの観念が見られなかったとすれば，そしてまた死者が死後直ちに神になるという観念がもしあったとすれば，以上に見たように，神社祭祀と葬制とに，ともに共通した事実が見られることは，むしろ，当然と言わなければならないことになる。そのことは，死の忌みの観念をいかに捉えいかに理解するかにかかわり，また，そのことの理解のためには，今日のように生と死とを対極的に捉えるのでなく，前掲の酒井の述べるように，「死が生に還元されていく考え」，「死が生誕に繋がる考え」，「死水が生の根源に位置するという考え」，「墓所が生の根源であるという考え」，「死の世界を起点として生の世界が開始されていくという考え」などとの関連で，今日にいう死の忌みの観念をいかに理解するのか，また，死の忌み（穢）の観念がわが国の宗教文化に本来的なものであるのかどうかということをもう一度検討しなおしてみることの必要も感じられるのである。このことは極めて大きな問題で，現時点の筆者には，明確な解答を与えることは不可能である。しかし，それに答えることは，わが国の宗教文化に見る「左（手，足，肩）」の習俗を解釈する上で，避けて通れない極めて重要な問題であり，今後十分に

第 7 章 死の認識の一側面　　　　　　　　　　179

考察されなければならない。
　死に関する筆者の現時点における最大の関心は，死の認識の仕方に，不浄ということのほかに，一面，魔バライということが強く見られ，そして，その魔バライということに「左」の習俗が強くかかわっているという事実にある。
　次に，「ユカンと納棺」についてであるが，まずユカンに関して注目されるのは，ユカンの湯が水に湯をそそいだもので，その湯のつくり方が常日頃の湯のつくり方とはサカサにすることである（いわゆるサカサ水）。そのことは，筆者の調査地でもよく聞く事実であり，そのサカサということに注意が向く。
　また，ユカンのときにたえず鉦を打ち鳴らすが，その打ち鳴らす鉦について，武田は，「これは死者の霊魂がどこかへ遊離してはいけないから言うのであろう」（[173] 32）としている。そのような葬制上の音に関して，葬送の途中，橋にさしかかった際，僧が必ずドラを鳴らすが，それは「悪鬼が死者を襲うのを駆逐するため」（[173] 53-4）と述べるということも武田が記している。さらに，ある村では，葬列が四つ辻にさしかかった際，導師が鉦を鳴らす事例も報告している（[173] 54）。このように武田は，葬制上に見られる音に関して，霊魂の遊離を防ぐ意味合いと魔バライの意味合いとを述べている。その点，斎藤たまは，墓地における習俗であるが，「千葉の北西部，沼南町片山では，埋めた土盛りの上，死骸の頭の部分に，シンダケといって太い七・八尺もの青竹を立て，その竹の際で火を燃す。それだからシンダケは炙られて爆発する。そうなるのがいいのであって，『竹はねるまで燃せ』というと。これは明らかに音にも魔はらいの意味をこめているのだ。鳥取に寄る岡山の加茂町物見でも同じことがあった。葬列に使った旗を吊ったりした竹，こちらは旗は一の旗から四の旗まで四本，それに竜頭二つ，灯籠二つ，花籠二つの計十一本の竹がある，その竹を幾つかに切って墓そばで燃す。『竹はしらかす』と人々は語る。ぽんぽんはねる」（[146] 249）と記述し，また，「島根の南端部山口県寄りの柿木村菅原では，同年の者が死んだと聞くと『茶碗叩くもん』という。茶碗を何で叩くのか，話し手の……（人名）は，『箸などで』といつた」（[146] 304）などの例もあげ，要するに，「音もまた魔よけの一種」（[146] 303）とみなしている。
　この点，同じ意味合いにおいて，斎藤は，さらに，葬式に際して鉄砲を撃つ事例も収録している（[146] 166）。なお，鉄砲の習俗にかかわって，柳田國男

が神社の「祭の日に参詣する者が鐵砲を打放しつゝ登山する」（[204] 252）例を記していることも注目される。このように，武田と斎藤との間には，葬制上の音の解釈にかかわって，幾分異なる見解が見られる。しかし，音にかかわる共通の一つの認識として，魔バライという見解が見られることに注目しておきたい。

以上に見たように，武田は葬制上に見られる音を必ずしも魔バライの意味としてのみ捉えてはいない。

ところで，その武田が火と刀について興味深い事実を語っていることが注目される。すなわち，「ユカンの折りには昼間であっても火をともして行なっている。中土佐町大野ではイッポンタイマツをつけてその光りで体のすみずみまで洗うと言い，松ノ川でも昼間であってもろうそくと線香をつけて洗うと言っている。同じく大坂では二人の者が一本ずつの松明を持っていてその灯りで体のすみずみまで洗ってやるのだと言っている」（[173] 33）と述べ，また，「土佐の本山町山崎ではユカンは部屋の戸をしめきって五人の者が行なうが，その中の一人は刀を持って立っているという。これは，死者の霊が遊離しないかというおそれよりは魔物に取られはすまいかという怖れの観念の方がうかがわれる」（[173] 33）としている。

このような葬制にかかわって見られる音，火，刀などの意味として，魔バライということが強く意識されてきていることに注意が向く。というのも，前述のように，筆者の調査地で，墓の側で火をたいたり，葬列が松明に先導されて進んでいたことが知られ，また，墓穴を掘った際，鎌などの刃物を，掘った墓穴にしばらく吊していたことなどの事例がかつてあったことが知られ，そして，それらが，やはり魔バライのためと認識されていたことを知るからである。さらに，刀を棺の上にのせることは，今日なおどこででも見られることであって，それらは，いずれも魔バライのためと解釈できると思われるからである。事実，すでに述べたように，柳田國男が，そのような刀を「魔拂ひ」と呼んでいる事例を報告していた（[209] 20）。そのような鎌の習俗に関して，埋葬後墓の側に立てる鎌は死者の穢れを墓穴に封じ込めるためとみなすこともあるいは可能であるかもしれない。しかし，死者を埋葬する前に，墓穴の側で火をたいたり墓穴に鎌を吊したり，また墓底に米粒を2，3粒投げ入れたりしていたことなど

第7章 死の認識の一側面

を思うとき，それらの習俗は，やはり死者を埋葬する墓穴を外部からとりつこうとする魔から防ぐ魔バライの意味であるように思われてならない。たとえば，大分県国東半島の山村で，火を持って墓穴の周囲を「左マワリ」にまわっていたということがあった。また，刀も，たとえば，神葬祭におけるミタマウツシに際して，刀の刃を外側に向けておき，魔を防ぐためと述べることなどを思うとき，生者が死者の穢れから身を守るというより，やはり死者にとりつこうとする外部の魔を防ぐという魔バライの意味でとらえる方が妥当であるように思われてならないのである。

ユカンがすむと，いよいよ納棺であるが，その際まず死者に死衣装を着せる。その死衣装は白装束で，節をつくらない縫い方で，複数の女性が一針ずつひっぱりあって縫う。頭にはヒタイアテ，手にはテホイ，足にはキャハンをつけさせ，また，底を抜いた足袋をはかせる。それに，胸にはサンヤブクロをかけるが，その中には三途の川の渡し賃といって六文銭を入れたり，また，草履を入れたりするほか，筆者にとって注目されるのは，樒の葉を入れるところもあるということである。

この樒について，武田は特別説明していないが，筆者の調査地では魔バライの意味として理解される。というのも，たとえば，大分県国東半島で，修正鬼会の行事の後，その行事に使用した樒の小枝を虫ヨケのまじないとして，水田の一隅にさすことが以前あったということでもあるからである。

葬制に見る樒の使用について，斎藤は，棺に樒を入れることを解釈して五来重が死人のにおいを消すためとしていることを批判し，その意味を魔バライのためと解釈されるとしている（[146] 132-4）。斎藤は，その樒の使用にかかわって，「正月はめでたいもの，人の死はその反対の極にあるものとして，吉・凶，厳然たる区別がなされるものといって，……，棺に詰めるシキミを正月に使うといったら仰天ものであろう。……，一年のはじめにあたって行われる正月行事も，人の死にひたむきになされる儀式も，災いなすものを払いのけようとするところ共通なのである。それだから，……，門松にもシキミを立てるところもある」（[146] 133-4）と述べていることが興味深い。

武田は，そのような樒のほかに，棺の中に穀物の種子を入れるところが各地に見られることも記している。そのことについて，武田は「……穀物が再び芽

生えてくるようにと死者の再生を祈るための古くからの習俗であろう……」
（[173] 35）としている。このことは，筆者も鹿児島県徳之島で聞くことである。
徳之島で，病人が死期に近づくと，種籾などを急いで別の建物に移し，種籾などが死者とともに死んでしまうことを避けるというところと，同じ徳之島で，そのこととは全く逆に，死者の再生を願って，上に見た武田の報告に見るように，穀物の種子を入れるというところとがあって，死をいかに見ているかということを一概に述べることは不可能である。

　そのように，ところによっては，死者が再び現れないようにという願いから，出棺に際して「小豆を炒り箕に入れておく。それを後手に取って軒下に埋めてから棺を出すことにしている。炒った小豆を埋めるというのは芽が出るまでは戻って来るなというところから出ているのであろう」（[173] 44），「煎り豆に花が咲くまでもどってくるな」（[173] 66）とする習俗も武田が収録している。死をめぐる習俗に，このように対照的な事実が見られることの理解も重要である。

　なお，納棺に際して近親者に食べさせる小豆粥のことを柳田國男が記述しているが（[203] 263），筆者が調査をおこなった大分県国東半島の山村では，20年前頃まで，葬式の祭壇に，小豆を入れて炊いた赤飯，また，少しはなれたところでは，小豆を入れたダンゴ汁，また，その隣村では小豆粥をそなえていたところがある。このような場合の小豆の意味についても，多分に魔バライとして考えることもできると思われる。というのも，昔，近くでハヤリ病がはやったとき，その予防に小豆を二・三粒飲み，また，ムラ境にまいていたという話があるからである。そして，その小豆の意味を魔バライのためであったとの認識を示すのである。このような小豆の使用に関して，吉田禎吾は，「小豆は，正月などの季節の移り変ったとき，出産，旅立ち，屋移り，死などある状態から他の状態への推移にさいして用いられるといえる」（[221] 202）と述べている。幾多の事例から考えるとき，そのように推移の視点からの解釈も重要である。また，基本的には，魔バライの意味として解釈する方がより適切であるかもしれないと思われることもある。今後，さらに資料を収集することによって，十分，検討されなければならない。

　武田明によれば，納棺の後に，棺に，念仏紙という埋葬のときなどの目じるしとして，朱色の紙を死者の頭の正面のところに貼りつける例も見られたとい

第7章 死の認識の一側面

うが（[173] 38-9），その朱色ということにも注意が向く。というのも，筆者自身，大分県国東半島の山村で，同じことを聞き，そして，それが，葬式の祭壇において，間違いなく死者の顔を真正面に向けるためであるとともに（棺は，しゃがんだ格好で納棺する座棺であったため，死者の顔が真正面を向くことが重要であった），その朱色の紙が魔バライとしても理解されていたことを知り，また，前掲の斎藤が，棺に巻く赤布，松明に火をつける代わりに赤紙を巻く地のあったこと，夏などの赤唐辛子のない折には真赤な紙を巻き葬列のいちばん先を行く者が立てて歩き，列の最後の者が抜き集めて墓まで持っていく習俗を解釈し，それが唐辛子の辛さとともに，その赤色に魔バライの意味が付与されていることを述べているからである（[146] 183-7）。小豆の赤色ということとともに，そのような場合の赤布の意味が問われなければならない。

納棺が終わると，死者が生前着ていた一張羅の着物を棺の上にサカサにしてかけ，仏壇の前あるいは床の間の前に安置する。そして，魔ヨケの刀をその上におく。

以上のような家の中での準備のほか，墓地では，穴掘り（ツボアナ掘り）がおこなわれる。一例を述べると，穴掘りにいく前に，死者の家の息子と主だった親類の者が一枚の半紙に六文銭の絵を書いて山から取ってきた竹（ヤシキドリの竹）の先にはさみ，それを死者を埋葬しようとするところに立てる。六文銭の絵を書くのは，六文でその土地を土地の神さまから買うということだそうである。

穴を掘ったら，穴の上に鍬をおいて，萱とか草をかけ，穴の中に日がささぬようにするところもあり，墓穴の周囲に糸を張り金物をおくところもあれば，穴の上に鍬などを渡して苫でおおうところもあり，穴を掘ると葉のついたままの青竹を穴の上に交叉して渡しその上に鍬をおいて帰ってくるところもある。掘った穴の側に鎌を立てておくところもある。また，掘り終るとその穴をむしろでおおい，小さい弘法大師の絵像を割竹の尖にはさんで傍に立てるところもあるというが，それは魔ものが近寄らないように守っていただくためだそうである（[173] 42）。このようにして，「穴掘りの各地の習俗を見ると共通していることは，これが葬式組の重要な役目となっていることと穴掘りの前に地神さま或いは六地蔵から土地を買うということと，穴を掘った穴に魔ものが入りは

しないかと穴の上に鍬を立てかけるとか，掘ったらすぐに葬列が出る準備にとりかかることなどである」（[173] 42）と述べ，筆者にとって，穴の上に鍬を立てかけることなどに魔バライの意味があることを武田が指摘していることに注意が喚起されるのである。

さらに，以上の点にかかわって，井之口章次が，「おもしろいことは，掘った墓穴に棺をおさめるまでのあいだ，墓穴を厳重に警戒することである。鹿児島県中甑島では，埋葬の前に墓穴を掘ると，その夜は穴のところで見張りをしていなければならない。魔物が穴に入って，死体をかついでゆくのを恐れるためだという。それほどに言わぬ土地でも，穴に何かをかぶせておくのがふつうである」（[50] 111）と記していることも注目される。なお，武田は「穴掘りがおわってから，茶碗酒を飲む地方も多いがこれは単なる慰労のためではなかろうかと思う」（[173] 43）と述べている。そのような葬制上の酒の解釈もまた重要である。

出棺直前にはデダチノメシと称して，近親者のみ，あるいはところによっては，葬列の主なヤクビトが棺の側で食膳につくが，酒はデダチノ酒といって，会葬者すべてに碗のふたで冷酒を飲ますところもあることを武田が報告している（[173] 44）。このように葬制上に見られる酒の一つとしての墓掘酒について，前に引用した井之口は，「死体のとりおきは，元はすべて死者の血族の仕事であった。したがって穴掘り役がいかに割の悪い仕事であったとしても，とくにこの役だけに謝礼を出すいわれはなかったはずである。それが外部の人の手に委ねるようになってから，謝礼に相当する酒食の饗応をともなってきたのである」（[49] 94）と述べている。

ところが，一方，前掲の斎藤は，墓穴を掘る前であるが，ツボ（墓穴）掘りにいく者は，立ち飲みといって酒を飲んで出るという事例，また墓穴を掘るところに，銭と酒とごさんご（あるいは，さご，米のこと）と塩とをまいて掘るという事例などについて，葬制にかかわる酒もまた魔バライのためと解釈している（[146] 213，218，220）。墓穴を掘る前と後での酒の意味にあるいは違いがあるのかもしれない。

しかし，斎藤は，墓穴を掘り終って豆腐で酒を飲む事例について，酒のほか豆腐もまた，魔よけに用いられる大豆の縁からか，厄除けの食べ物（[146] 221）

としている。このようにして，斎藤は，どんなに暑い日であっても，穴を掘る傍には決まって火がたかれ，また，棺を納め終るまで火を燃やしておく習俗が魔バライのためであるのと同じように，葬制にかかわって見られる酒なども，また，魔バライのためと解釈している。このことも，今後多くのデータを収集して，さらに，十分，検討されなければならない課題の一つであろう。

次に，出棺に際しての習俗の一つとして，庭マワリということが報告されている。庭先に棺を出し，敷いてあるむしろの上に安置し，身内の者，親類の者がそのまわりを「左マワリ」に3回まわる。その「左マワリ」に3回ということは，墓地で埋葬の前に輿を「左マワリ」に3回まわすことにも示されており，3回ということとともに，その「左マワリ」ということが注目される。この点に関連して，新谷尚紀が「土をかぶせ終わると，その上に四本幡で持ってきた青竹四本を円錐形になるようにさし立て，まわりを縄でぐるぐる巻きにしばる。縄は時計と逆回りに巻く」と述べ，縄を時計の針と逆回りに巻くつまり「左マワリ」に巻く習俗を写真入りで紹介している（[163] 171）ことを前に述べておいた。

このように，葬送儀礼に「左マワリ」の習俗が見られることは，筆者の調査地においても同様である。

また，葬列の主なヤクビト（一例をあげれば，後述のホテ持ち2人，幔持ち2人，輿担ぎ2人，天蓋持ち1人，位牌持ち1人，計8人）が出棺前のオクリノゼンに座るが，そのオクリノゼンが「左膳」であることにも「左」の習俗が示されている。この葬制にかかわる「左膳」も，筆者の各地の調査地でも顕著に見られる事実であり，その「左」の意味が問われなければならない。というのも，「左マワリ」など，「左」の習俗は葬制にかかわってのみ見られるのでなく，神事にかかわり，また，民俗行事上，神招きなどに際して見られることでもあるからである。

葬列の順序にかかわって注目を引くのに，葬列の先頭にホテという小さい藁松明を紙に包んだものを遠縁の者2人が一つずつ持って立つということがある。ところによっては，ホテ火といって，実際に藁束に火をつけた松明を持って立つという。この点，柳田國男の述べるサキダイマツ（先松明）が想起され，火（松明）が葬列の先頭に立つことに注意が向く。なお，その火をつけた松明

（ホテ火）を，棺を埋める前に，棺の上で，死者の遠縁にあたる2人の女性が互いに「左手」で後向きに渡し合うところもあるという（[173] 63）。その2人の女性は，ホテ火を持って葬列の先頭に立つ者でもある。この場合，葬送儀礼に女性がかかわることをいかに解釈するかも重要な研究課題であるが，本研究の主旨に関する問題は，葬列の先頭に火が持たれること，埋葬する前にその火を後向きに「左手」で渡し合うこと，つまり火と後向きのサカサということ，そして「左」の意味をいかに解釈するかである。というのも，それらが死の穢れのためでなく，魔バライのためとして解釈されうることも考えられることであるからである。

以上のほか，火焚きと称して，講中の者が葬列より一足先に出発して，墓の入口で火を焚いて待っていた習俗のいわば名残りが火葬となっている今日でも見られ，火葬場で火を焚いて待つところもあるということであり（[173] 50-1），これほどまでに葬制に火がかかわっていることが注目される。その点，斎藤たまもその事実を収録し，「葬列が到着するまで，穴掘りたちは穴の傍で火を焚いて待つ。これはどんな暑い日であっても必ず火を焚く」（[146] 221）と述べている。

墓穴を掘る際にも火を焚くところがあり，また，掘った後に墓穴の側でしばらく火を焚いていたことは各地でよく聞くことであり，さらに，棺を納める際に，その周囲を火を持って「左マワリ」に3回まわっていたという話も聞くのである。そして，それらの火が，葬列で刀や刃物を持った者を悪魔バライと称していたのと同じように，魔バライのためと述べることに関心が持たれる。

とにかく，葬制にかかわって魔バライということが強く意識され，前述の諸事例のほか，武田明は，葬列が橋を通りかかった際，縫い針を投げ込んでいた事例も記している（[173] 54）。このように，葬送儀礼において，魔バライの意味での習俗が注目されるのである。この点，柳田國男も「……葬送の際にガン桶にはマハラヒと称して鎌などの刃物をつけてゆき……」（[209] 137）と述べている。また，墓地における墓葬礼において，葬列で持ってきたハタをサカサに立てるということも注目される（[173] 57）。すでに見たように，葬制上，サカサの事実が各地で見られるが，その一例として考えられる。

そのようなサカサの一事例として，新調の喪服のオロシハジメに際して，そ

第7章 死の認識の一側面

れを家の大黒柱にサカサにかけて帯をしめてからおろし，はじめて着初めをする習俗も武田が記している（[173] 62）。埋葬後，葬列の先頭に立って持ってきたハタをサカサに立てたりすることを前に述べたが，その中に，ところによっては箒が見られることも興味深い（[173] 57）。

箒について，斎藤たまも，墓地における事例ではないが，死者の枕元における「さか箒」の習俗を記録に取り，そして，調査地の人々が「魔のかけて来っけ，箒で叩かなならん」と述べることに基づき，その意味を魔バライととらえている（[146] 35）。その点，武田明は，「さかさ箒はその形状から考えても依代であろうし，鎌は魔除けのため」（[173] 150）と述べ，サカサ箒を依代とみなしていることが注目される。というのも，柳田國男・橋浦泰雄が，安産のため箒を枕許にサカサに立てウブガミサマを招くという同じサカサ箒の産育習俗上の事例を収録しているからである（[212] 37, 38）。サカサ箒の意味を問う場合，それが，葬制にのみかかわって見られるのでなく，産育習俗上にも見られることが留意されなければならない。このように，依代と認識される一方，その意味を魔バライのためとして捉えうるであろうということも十分考えられることであるからである。というのも，筆者の調査地の一つで，葬列に箒が持たれ，その意味が魔バライのためであったという理解の仕方が見られるからである。また，サカサについて，サカサビョウブなど，サカサの事実は魔バライのためとして認識されてきているからである。

その魔バライということに関して，武田明は，埋葬時，棺の上に弓をおいていた事例を記し（[173] 69），さらに，魔が死体を取っていくのを防ぐために，墓の周囲にシホウガタメといって竹を立て，その竹に魔ヨケの紙を巻きつけ，ところによっては，魔ヨケの糸を張りわたしたりしていた事例も収録している（[173] 139）。このように，葬制にかかわって魔バライということが明確に示されており，墓に魔バライのための鎌を立てていたことは，一般的に知られる事実である。

武田は，さらに，葬送儀礼に関する習俗の一つとして，「埋葬にあたっては墓穴の底土と棺をしばったわら縄の左なわ頭のふさを切って保存しておき，病気になったとき土を水にとかし，わら切れを浮かして飲む」（[173] 90）習俗も記している。そのような墓穴の底土と左なわ頭のふさの習俗をいかに解釈する

か問題であるが，本研究の場合，その左なわ頭のふさの「左」ということが病気をなおすという呪術性にかかわっていることに注目しておきたい。

次に，埋葬後，家に帰ってきたとき，塩を身体にふりかけることは今日なおどこででも見られる習俗であるが，その点，サカシオという酒と塩とをまぜあわせたもので手を洗う事例，また，米と塩とを食べる事例も武田が報告している（[173] 65, 66）。一方，鹿児島県徳之島伊仙町では，すでに記したように，葬列の先頭の者が，道バライ（道をキヨメル）といって，米と塩とを「左手」でまきながら進んでいた。また，葬列の出発に際して，「左手」に持った酒を「左」の肩越しに後向きにまいていたという話があることを語ってくれた古老がいた。問題はその解釈であるが，葬制に関して，このように塩のみならず，酒，米が見られることが注目される。その三者が，墓穴を掘る前に，その場所にまかれる例を斎藤が報告していた（[146] 218）。

葬式当日の後，死後六日の夜から七日にかけてシアゲの日を迎える。その日は死霊が帰ってくる日で，ところによっては身内の者が墓へいき，迎えに来ましたといって，背負う真似をして帰ってくる（[173] 71）。七日目には，死者の来訪の下に，身内の者，親類の者がそろって会食をする（ネンブツメシ）ところもある（[173] 74）。

このように死者との交流を求める行為の中に，いわゆる死の穢れをどのように考えたらよいのであろうか。死者との交流を求める行為が見られる一方，たとえば，死者が寝ていた部屋に松と竹を立て，死者がすでに松と竹が生えていることを知り，あの世に帰っていくようにするという行為が見られることも興味深い（[173] 71）。

そのような死者に対する態度ないし心情のいわば二面性は，筆者の鹿児島県徳之島伊仙町における調査でもうかがわれ，以前，出棺に際して，家の門のところで糸を切って死者との断絶を求めながら，一方，翌日から1週間程，毎日墓参にいっていたということでもある。このような二面性は，武田明の報告するカタミワケについても，言いうることであろう。そのカタミワケについて，武田は，「死者が身につけていた着物や帯には死者の霊魂がついていると昔の人は考えていた。着物を分けることによって，言わば霊魂が分割されて身内の者に宿ると考えていたのではないかと思う」（[173] 88）と述べている。もしそ

第7章 死の認識の一側面

うであるならば，前に記したように，死者との関係を断ち切ろうとする行為が見られる一方，このように死者の霊魂を自己の中に宿そうとすることも見られることの解釈が重要となる。

　このシアゲの日をもって一応の区切りをつけ，日常生活に戻るが，その後，四十九日までの法事を営んで，その日をもって精進上げをし，ふだんの暮らしにもどる。それまでは仏壇の下の段に置いていた位牌を上の段に上げて先祖の位牌とならべるが，その四十九日の行事について関心の持たれることに，その際，赤飯と餅が見られるところがあるということである。親類の者，近所の者が参りにきたとき，赤飯の上に小餅をのせて持って帰ってもらうという（[173] 75）。法事に際して，餅とともに赤飯が見られることの解釈もまた重要である。

　以上のような四十九日の法事の後は一周忌を迎え，その後，三年忌，七年忌，十七年忌，二十五年忌，三十三年忌，五十年忌，と続く。その際，前に述べたシアゲの日と同じように，墓地へ行って背負う真似をして，法事をするから戻ってくるようにいい，家まで連れ戻る習俗が見られるという（[173] 118）。このように，死者との断絶の行為の一方，死者との交流もまた強く見られることが興味深い。

　五十年忌をすぎると，死者の霊は神に近くなり，やがては先祖神となって，季節の変り目ごとに来訪する神となっていく。さらに関心の持たれることに，旧12月のはじめの巳（ミ）の日におこなわれる新仏のための正月を迎える行事がある。

　当日，墓に門松を立て注連飾りをし，ハナシバ（樒のこと）をそなえる。また，餅もついてそなえる（[173] 120-1）。このような仏の正月について，武田は，「ミは東南の方角であるからこの日に東南の方角から正月に先立って神が来訪すると言う信仰があって，それが仏教の影響で死者の霊に変化したのではなかろうかと想像している」（[173] 122）としている。このような習俗に関しても，死の穢れの観念をいかに考えたらよいのであろうか，一つの問題である。

第3節　死の認識の一側面
—— 魔バライということ ——

　以上，筆者の研究課題の視点から，それにかかわりのある面に限って，武田明が「死の習俗」で述べていることを軸としてその要約を見，かつ筆者が調査の結果知りえた事実，それに他の文献を見てきた。死に関する習俗は多岐にわたり，また，その意味も多様で，決して一つの意味・一つの説明の原理だけでは，その全体にわたる事象のすべてを解釈することはできない。一つの事象に限っても，それに一つの意味だけを見ることができない場合もあるのである。

　しかし，死にかかわる習俗を見るとき，そこに，一面，魔バライということが一貫して強く見られることも否定できないことと思われる。その魔バライということを死の穢れの観念とのかかわりでどのように理解するかの本格的な考察は今後に残さざるをえないが，わが国の宗教文化に，本来，死の穢れの観念があったとする見解にせよ，また，なかったとする見解にせよ，死の習俗上，魔バライということが強く見られることは認めなければならないと思われる。たとえば，以上に見てきた諸々の事実のほか，前述のように，桂井和雄の報告する田の神を迎えておこなう春の田の神祭りに際して用いられる「左巻き」のノブドウ（あるいは，エビズル，オノービ）が新墓にも用いられることがともに魔バライのためと認識されているのである。また，松山光秀の報告に見るように，鹿児島県徳之島で，死の穢れということをいいながら，湯浴み（湯灌）のための水を，産湯のための水，産婦が出産後一番最初に食べる飯を炊く水，正月の若水を汲むその同じところから汲むということもあった。そして，その水は，島で一番強い水，威力のある水と認識されているということであった。そのような事実は，沖縄の各地に見られるということであり，前に引用した酒井は，「産水と死水」を問題とし「出産の慶事と死の凶事の何れの場合にも，聖水と考えられている水を使う例」（[147] 397）について考察を加え（[147] 395-408)，また，鎌田久子は，「沖縄などでの死に水は，必ず，産湯を使ったところの井戸の水，泉の水を汲むことになっています。地域によっては，死に水はスギの葉，南天の葉などを用いるところもあります。これは，神祀りのひとつ

第7章 死の認識の一側面

のかたちであります」([70] 157) と述べている。

このような事実をいかに解釈するかが重要なのであるが，その酒井の論考の中に，すでに述べたように，「死水がスデ水（生きかえる水）かもしれない」([147] 403) と述べていることが注目される。

このような場合，死の穢れの観念をどのように考えたらよいのであろうか。もし，死の穢れの観念がわが国の宗教文化において基礎的な事実として見られるのであれば，これらのほか，松山の事例提示に見るように，死水を産水や産婦が出産後一番最初に食べる飯を炊く水，また正月の若水を汲むところと同じところから汲むということがありうるであろうか。また村武精一は，稲の収穫後，稲穂をたくわえておく高倉が墓地域内か墓地域に近接して設けられているという実に興味深い事実を報告している ([100] 104)。このような事実は，死の認識上，死は穢れという認識，生と死とを対極的に捉える理解の仕方からだけでは十分に説明することができないのである。

この点，前掲の酒井の述べる「死が生誕に繋がる考え」「死水が生の根源に位置するという考え」などといった指摘が注目され，また，死者は，まずもって，赤ん坊と同じく，いわば弱者とみなされ，出産直後の産婦も同様に弱者とみなされ，したがって魔から守られなければならない存在として認識され，力が与えられなければならない存在と認識されてきているのではないかということも考えられるのである。

以上要するに，わが国の文化についての従来の「浄（具体的には，氏神祭祀）」―「不浄（葬制）」:「右」―「左」とする象徴的二元論に見るように，死を不浄としてのみ捉え，「左」がその不浄という文化的意味を表しているとする見解は一面に限られた見方であり，死の認識にかかわって，死の穢れということのほかに，魔バライということが見られること，そして，「左」の習俗が，その魔バライということにかかわっていることがもっと強く意識されてしかるべきだということを述べておきたい。

今日まで，死が本来穢れと認識されていたとする見解と，元来，死は穢れとは認識されていなかったとする見解とがある。この問題の解決は極めて困難と思われるが，以下，参考までに，死が本来穢れと認識されていなかったとする見解をまず見てみよう。

第4節　死の穢れに関する見解

　その一つは，高取正男の見解である。高取はその著の中で，「死の忌みの再検討」の項を設け，その点くわしく論じ，次のように述べている（[172] 170）。

　「神事にかかわる忌みごとのなかで，昔も今ももっとも大きなものは死穢であるといわれる。この死の穢れについては，記紀神話の伊奘諾尊の黄泉国訪問譚のなかに，『膿沸き虫流る』伊奘冉尊のことが描かれている。『日本書紀』大化二年（六四六）三月二十二日条の有名な大化の薄葬令のふくまれている詔では，辺郡から徴集された役民が課役をすませて帰郷の途中に病死すると，街道ぞいの家は死者の仲間に祓除をさせ，どうしてここで死なせたのかといって財物を強要する風があることをあげ，これを禁じている。死穢を忌むことからする非人間的行為というわけである。
　これらの事例は，いずれも私たち日本人が大昔から死穢をつよく忌む民族であったことを示すものとして，一般の承認をうけてきた。けれども，おなじ大化二年三月の詔は薄葬の内容を定めたあと，畿内から諸国にいたるまで死者は一ヵ所にまとめて埋葬するように，『汚穢しく処々に散じ埋むることを得じ』といっている。政府は一ヵ所にまとめて埋葬せよといっているのに，民間ではあちらこちら勝手に散らし埋めるものが多いということになる。これは死穢を忌むことが強いとか弱いというのではなく，どういう状態にあることが忌むべきことなのか，禁忌の内容にさまざまなもののあったことを推測させる。日本人は昔から死穢を忌んできたと一律に断定してしまう前に，死の忌みそのもののありようについて，具体的に考えてみる必要は多分にあると思われる。」

と，まず問題を提起し，そして，柳田國男がその『葬制の沿革について』において論じている論点を分析し，「死穢を忌み怖れた古来の気風からすると納得のゆかない事例」（[172] 173）である「屋敷付属の墓地」――（それは，「關東奥羽の村々に多いのみならず，是と全く隔絶した南九州の山村などにも，往々にして之を目撃したことがある」（[207] 504）と柳田が述べているように，かなり広範囲にわたって見られた）――の解釈をめぐって，高取によれば，「柳田国男はこれを気にかけていたかしれないが，結局は最後まで不問に付してき

第 7 章 死の認識の一側面

た」（[172] 175) のに対し,「墓との関連において屋敷神をみるとき, ……, 屋敷神を祖先とみるのは古い信仰であるが, それは死穢から清まり, 浄化された祖霊でなければならない。そのような霊格が墓と結びついているのは, 死穢を忌む気持の弱まった後世の, 二次的形態」「屋敷近くに葬地をもつのは新しい時代の習俗で, 人の遺骸に対する忌み怖れの観念がうすらぎ, 遺族に課せられる忌みの拘束もゆるやかになった結果として生じたもの」（[172] 176-7) と高取が要約し紹介している直江廣治の見解（くわしくは, [106] 336-46, 397) との両者について, 次のように述べ,

>「この柳田論文に端を発した葬制と墓制の研究, それにもとづく民俗信仰全般の考察は, つねに死の忌みをもって日本人の根源的な禁忌意識とみなし, 宗教意識とする立場を一貫して維持してきた。直江氏の立論が, こうした研究史のうえになされているのは明らかである。その結果, 氏は柳田国男が判断を留保した個所についても, ためろうことなく, それを死の忌みの観念が薄らいでからの, 後次的な産物と断定していられる。けれども, 柳田国男がはじめに判断を控えたことの意味は, 無視できないのではなかろうか。彼が『一応は固有と仮定するの他は無い』といったときの固有というのは, 仏教以前というか, 根源的というか, 民俗信仰の中枢にかかわりをもつような, 重い意味が含まれているとみる必要がある。『葬制の沿革について』という論文全体の趣旨からみると, ……, 死穢を忌み怖れるということからすると理解しにくいけれど, これも固有の風儀のひとつではないかというときの, 二律背反をはらんだ論理の糸の緊張関係を, もっと確実に汲みとるべきだろう。一方の論点だけに依拠して他方を簡単に消去してしまっては, 先駆者の遺した折角の問題提起が正しく継承されないことになる。」（[172] 178)

と指摘し, そして, 高取は幾多の事例の検討を通して,「……, こういう葬法をもって歴史的に後次的とみなす考え, 死穢を忌む気持が弱まってから出現したとする判断のほうを, 改めて検討しなおす必要があるのではなかろうか」（[172] 182) とし, その屋敷付属の墓地の習俗について,「昔のほうがより一般的に, どこにでもみられる習俗であったといえそう」（[172] 182) であり,「屋敷の近くに埋葬地をもつことも, 由来ある古い習俗といわねばならなくなる」（[172] 182) と述べ, その点にかかわって,「……, 日本人は古来清潔の民で,

死穢を忌むことはなはだしかったといわれるが，……，平安初頭以来，死の忌みについて神経質であったのは中央政府の側であり，庶民のほうは死者を家のそばに埋葬してもべつだんなんとも思わないというのが本来の姿であったらしい。……，獣肉の禁忌が平安時代を通じて流動的であったように，死の忌みもまた，時代や地域，ないしは社会階層により，内容的にずいぶん大きなちがいのあったことが予測される」（[172] 187）と推察し，そして結論として，「……死の忌みは，きわめて後次的なものといわざるをえない」（[172] 188）としている。

さらに，死の忌みの階層による違いに関して，高取は，「死の忌みについて，民間では意外に無頓着な面があったのに，貴族たちだけが神経質であり，過度に敏感であったとすると，その原因は彼らの地位の特殊性にもとめねばならないし，当然のこととして，外来の文化，思想の影響を考えなければならない」（[172] 248），「……，貴族たちの死を忌む気持が吉と凶という対立概念を論理的支柱にしていた……，これはまた，死穢とか産穢，血穢などという言葉が示しているとおり，浄と穢という基本的な対立概念によって大きく支えられていた。しかもこの浄穢の観念は，吉凶のそれが主として儒教，陰陽道のもたらしたものであるのに対して，仏教においてもっとも鋭く発展させられた観念であった」（[172] 249）とし，「陰と陽，吉と凶という二項対立の概念操作によって現象を整序する精密な論理をもたらした」（[172] 209）儒教や陰陽道の思想が「貴族のあいだに組織的に受容されていた。伝来の神祇信仰は仏教と習合しただけでなく，儒教や陰陽道の影響も濃くうけながら，それらの間を複雑にゆれ動いていた。ここに吉凶，陰陽の対比を軸として，儒教的な名分論と秩序感覚，さらには……仏教がもたらしたと考えられる浄と不浄（穢）の対比感が加わり，禁忌意識の肥大化がはじまった」（[172] 200）と述べている。以上が，高取の基本的な見解である。

このような高取の見解に対して，赤田光男は次のように述べ対立する見方を示している（くわしくは，[4] 84-6）。

「高取正男によると，死穢観は原初的にはなく，八世紀末から九世紀にかけて平安貴族を中心に，……生じたという。……原初的になかった死穢観の伝統が……今日でも

屋敷墓に見出せるとされる。……，死穢観は……古くは民間になかったのであり，……死穢観形成以前の伝統が今日の屋敷墓にも通じるという，無死穢観による屋敷墓古来発生説を唱え，原始古代より根源的にあった死穢観が弱まったために今日の屋敷墓も生じたとする弱小化した死穢観による屋敷墓後来発生説に対して反論を示した。……
……（中略）……
高取氏は死穢観の衰退にその原因を求めるのではなくて，死穢観が本源的にない状況を強調して，その要因を求める。いわば屋敷墓は死穢観のなさの象徴ととらえる……。注目すべき見解であるが，屋敷周辺に葬られる前段階にはやはり死穢を払う儀礼が行なわれていたことは否定できない。死穢にふれたためにミソギをする記事は『魏志倭人伝』や『古事記』にもうかがえることは，周知のとおりであり，また，今日屋敷墓のある地方も同様に葬儀の際に様々な絶縁儀礼をしている。」

などと述べている。

このように，屋敷墓について，高取と赤田の間には基本的に対立する見解が見られるが，死の穢れの観念は本来なかったとする見解は，この高取のほかにも，たとえば仲松弥秀によっても示されている。仲松は，伊邪那岐命が黄泉国に伊邪那美命を訪ねた神話に関して，「死人に対して何等恐怖，穢れの思想が見出せないのではなかろうか。もしも，そのような思想が当時あったとした場合には，わざわざ黄泉国まで会いに行くはずはなく」，黄泉国を訪ねて，「伊邪那美命の面貌，全身が腐され崩れ，恐ろしい姿となっている」その姿を見て後，死人に対する恐怖心と穢れの思想が突然出ていることに注目する。つまり，古事記神話の記述に，「全く百八十度の転換」が見られることを問題とし，さらに，「訪れに行く時には比良坂が無かったはずだのに，逃げ帰る時には比良坂が出来ていた」といったような「矛盾した黄泉国神話」の発生を「大陸文化を吸収した大和文化人の誕生する時期と考えられる」としている（くわしくは，[117] 52-4)。

仲松はまた，彼自身の見聞に加え，伊波普猷の『南島古代の葬制』などに言及しつつ南島の遺風について述べ，前述の屋敷墓について，「……，旧家の屋敷内に古代の墓が存在するところがある。家が出来てから屋敷内に墓が造成されたのか，すでに墓のある処に屋敷を構えたのか，そのいずれであったとしても，死人を恐れていなかったと見られるであろう」，「事実戦後数年まで，死人

を家裏に葬していた島が八重山諸島にあった……。このような例などからすれば，死人を怖れ，穢れといった思想などは考えられない」ということを各地の具体例を示し，結論としている（［117］55-9）。

仲松は，さらに，沖縄各地の習俗に幾分かの相違があることを述べながらも，「……死ねば直ちに神と成る……」（［117］50）としている。この仲松の見解に対しては，前に引用した酒井は，「仲松弥秀氏は……死者は死と同時に神となり，家や村落を守護する。したがって死者に対しては恐怖や穢れの思想はなかったと説かれた。しかし琉球各地の習俗からみて氏の説は私の考えとは大きく違う」（［147］236註2）と述べている。また，波平恵美子も，「黄泉国が死の国であり，それがケガレの国ではない，ということはどうしても納得できない。イザナギは祓をする時『私はイナシコメシコメキ穢き国にいた』と述べている。書紀では，それを『不須也凶月汚穢』（イナシコメキキタナキ）と言っており，ケガレの一要素として『汚い』という状況や感覚を認めるならば，黄泉国はケガレの国である。イザナギを追いかけるヨモツシコメは書紀では『泉津醜女』とあり，黄泉国の汚なさ，醜さを示すものである」（［121］67）などと述べ，「イザナギの黄泉国訪問から，身の禊に至るまでの物語を見る限りでは，仲松弥秀の『死のケガレ観がそこには存在しない』という主張に私は納得ができない」（［121］65）と述べている。

以上のほか，谷川健一は，神社の境内に古墳が多い事実などに言及しつつ，「……，こうした観念（神社は聖であり墓地は穢であるという聖穢の観念）自体が仏教の渡来普及以後のことであって，それ以前には死者と生者を隔離する聖穢の観念があったわけではない」（［180］322）とし，死の穢れ観が仏教とともにわが国にもたらされたと見ている。

また，樋口清之は，『古事記』『日本書紀』の神話の中で，最初に死が語られる伊邪那美の死に関して，「より古くは，日本人は死そのものを穢れとは考えなかったと思われる。死体についても，死んでしばらくの間は，仮死状態と考え，したがって，穢れているとは考えなかった。これは，日本人の霊魂観に由来している。『古事記』『日本書紀』の神話の中で，最初に死が語られるのは，伊邪那美の死である。……。伊邪那岐は死んだ伊邪那美に会いたくて，黄泉の国へ行く。……。そのとき，伊邪那美の身体には，蛆（うじ）がたかり，すっかり腐敗

していた。驚いた伊邪那岐は逃げ出す。伊邪那岐が逃げ出したのは，伊邪那美の死体が腐乱しているのをみてからである。それ以前は，すでに死んでいるのにもかかわらず，穢れを感じていない。そして，死の世界から，伊邪那美をよびもどそうとさえしている」，「黄泉の国そのものを穢れとは考えていない。もし，そう考えたなら，伊邪那岐は，黄泉の国へは行かなかっただろう。……腐敗した死体をみて初めて，穢れの意識をもったわけである」，「本来は，死そのものは，穢れとは意識されていなかったと思う。人が死ぬことは，肉体から霊魂が抜け出ることで，その霊魂は神になると考えられた。穢れを感じたのは，抜け殻となった肉体のほうで，しかも，それが腐敗したときになって初めて汚れと感じるのである。腐敗した肉体が土に還元されて骨だけになれば，穢れの意識もなくなって，あとは神聖感だけが残ったことだろう」（くわしくは，［40］18-24）などと述べ，日本人の古代信仰を考える場合，死と死体とを区別して考えなければならないとしていることが注目される。つまり，霊魂と肉体とを区別して考えるべきというのである。

　以上の樋口の論述と同じように，宮田登も，「たとえば，人骨が発見された場合，これが白骨化している場合には，穢れの対象とはならない……」（［96］98）と述べている。

　樋口は，また，喪屋に関して，「神聖な喪屋から死穢の喪屋へ」という観念の価値逆転ということも指摘している（［40］28）。その樋口は，前述の屋敷墓について，「こうした習俗は，死を穢れと考えたのでは，説明がつかない」（［40］24）としている。

　ところで，本来，死の穢れ観は見られなかったとする見解は，考古学者の説にも知られる。たとえば白石太一郎は前期古墳（縦穴式）との対比において，横穴式の後期古墳にまつわる埋葬儀礼について考察し，前期古墳の副葬品が四世紀代の祭祀遺跡から発見される遺物と共通し，それが神への奉納品と一致することに注目し，そのことは「前期古墳の被葬者が……神に近いものと考えられていたことを示すものであり，後期古墳の埋葬儀礼に反映している死後の世界観とは全く相容れないものであることは明らか」とし，「前期古墳と後期古墳とでは，そのイデオロギー的背景がある面では全く異質」であり，「このように古墳をめぐる儀礼に大きな変化をうながした他界観の変化が，新しく大陸・

半島から流入した『黄泉国』のイデオロギーにもとづくもの」と見ている（[165] 366-9，[166] 58-60）。このような白石の見解について，岡田重精は，記紀にあげるイザナキノ命の黄泉国訪問説話に関して，その「描写の素材となるのは，……，横穴式後期古墳の形状であることが推察される」（[132] 290）としながらも，「白石太一郎……によれば，前期古墳においては死後の世界を『穢き国』とする意識は存在せず，後期横穴式石室からこうした観念の存在が知られるという。かりにそうであっても死を穢とする観念とそれとは相応しないであろう」（[132] 316注1）としている。

また，同じ考古学者尾崎喜左雄も，「若しかかる死穢感及びそれに対する禊なる風習が存在していたとするならば，黄泉国への往来の伝説は本来成立する筈はない。……元来，かような死穢感が伝統的に根強く支配していたならば，竪穴式石室から横穴式石室に移行することは困難であったであろう。……黄泉戸喫の習慣も敢えて言えば横穴式石室受容以後の成立であろう。」（[134] 531-2）などと述べ，そして，「死穢感の成立は仏教の影響によったものと解する」（[134] 533）と記している。この論述で，尾崎も，本来死穢感があったならば黄泉国への往来の伝説が成立するはずがないと，前掲の樋口と同様な見解を示していることが留意される。

佐藤大和も，「……諾尊黄泉訪問説話の成立の時期は，考古学上の横穴式石室の出現以前にさかのぼるものではない。そして横穴式石室が九州においては五世紀の中葉，畿内では五世紀末頃にあらわれてくることを考えれば，……黄泉国の概念もまた，およそ六世紀頃の成立と考えなければならない」（[156] 331）と述べている。さらに，森浩一も，「男神イザナギが死せる女神イザナミを黄泉国に訪れるという話」について「……，この神話のストーリーは古墳前期や中期にはできるはずがなく，おそらく六・七世紀におこった日常的な経験から生まれたものであろう」（[103] 84）としている。森は，また，横穴式の壁画古墳（装飾古墳）に描かれた壁画に関し，「弓を持って手をひろげ足をふんばった『大の字形の人』と，剣，盾，靫，鞆，それに大きな矢をつがえた弓などが彫られ，とくにつがえてある矢の大きさを誇張した弓は，何人も墓への侵入を許さないという呪的願望をあらわしている」（[103] 101）と解釈している。

装飾古墳に描かれている武器・武具に関する同様な見解は他にも見られ，

「邪悪なものを防ぐ辟邪(へきじゃ)の意味をもつもの」（[72] 42）とされ，また武器・武具に限らず，それに描かれている図形紋様・絵画は「死者の鎮魂と妖魔退散を念じて」（[133] 1）描かれたものとされている。

　森は，さらに，「枯木のようなところから若芽をだす葉などが人間の生命のよみがえりを願って描かれたものではないか」（[103] 103-4）とも述べ，蕨手（わらびて）の文様などその意味で理解している[3]。死の認識にかかわって，このような事実も注目されなければならない。つまり，死を穢れとするだけでは，このような事実の理解は不可能と思われる。

　なお，横穴式古墳に関する研究で，埋葬後，閉塞を開け，玄室内で食物の煮炊きをおこない飲食物の供献をするとともに，脚の二次的移動を意図的におこなっている事実も指摘されている（[177]）。以上のほか，古墳に施されている朱色についての考察も重要である。その朱色について，蘇生，鎮魂，魔除けなどといった意味合いが指摘されている（[42]）。このような事実との関連で，死の穢れの観念の問題が，今後，十分，検討されなければならない。

第5節　ケガレの概念について

　以上，要するに，前掲の屋敷墓をめぐる見解の相違にも示されているように，死の穢れの観念が本来あったとする見解が見られる一方，それはわが国に後次的にもたらされたとする相対立する見解とが見られるのであるが，その点に関する筆者の見解をここに述べることはできない。というのも，筆者にとって，それは今日解答を与えることのできないあまりにも大きな問題であるからである。このような論点に関連して，ケガレを，ケ枯レ，つまり生命力の枯渇と見るのか，あるいは穢れ（不浄）と見るのか，という極めて大きな問題がある。また，ケ離レとする説もある。次に，まずケ枯レ説を見ることにしよう。それは，桜井徳太郎によって提唱されている説である。少々長きにわたるが，ひとつの重要な説であるので，その桜井の論を次に引用しておく。

1. 桜井徳太郎の「ケ枯レ」説

桜井は，次のように述べている。

「まず，ケのもつ民俗的意味にアプローチしてみよう。ケはいうまでもなく共同体生活の日常性や日常態に対して与えられた日本語である。ケゴ（褻居）といえば日常生活またはそれが営まれる空間が意味され，ケギ（褻着）といえば日常生活で身にまとう普段着をさす。そのほか日常主食の飯米をケシネ（褻稲）といい，それを収納する容器をケシネビツ（褻稲櫃）というなど，ケの民俗語彙は今日の民間社会にも相当数のこされている。……日本語ケのもつ本来の意味は何なのであろうか。
　民間の日常生活は労働に明け暮れる毎日である。……（中略）……。……農業労働を播種・植えつけと収穫・刈りとりの二つにわけて眺めてみるとき，これこそケ本来の語義を示すのではないかと思われる民俗語彙にめぐり合うことができる。すなわち，かなりの地方で，前者をケッケ（ケ付け）とかケウエ（ケ植え）・ケコミ（ケ込み）と称し，また後者をケガリ（ケ刈り）・ケバレー（ケ払い）・ケトリ（ケ取り）と称している……。……（中略）……。ケッケとは稲苗を田の地面に植えつけることであり，ケガリとは実った稲を刈りとることである。……。筆者は，ケを気，つまり農業生産を可能ならしめるエネルギー源としての気から出た語ととってみたい……。
……（中略）……。
要するに稲を成長させたり実らせたりする根源的な霊力がケであった。そのケが種子のなかに内包されているわけで，ケが発動するところに植物の成長結実が期待され，したがってそこに人間の栽培労働に従事する条件が出てくる。少なくとも農業生産に明け暮れる農耕社会の日常性とは，このようにしてケのアニミズムによって構成された農耕作業であったといえる……」（[153] 216-8)

桜井は，さらに，次のように述べている。

「……，ケは日常態維持のために絶えずエネルギーを使うから，持続期間の長期化に比例して活力減退・機能衰弱を起こす。それがケガレ（ケ枯れ）である。」（[153] 220)

「ケが農業生産を可能にする根源的霊力だとすると，ケの営力をフルに発揮する手段

が必要となってくる。なぜならばケが衰えると生産力は減退するから，日常態の維持継続が危殆におちいる。そこでケの活力を増進させる方法が考案されなくてはならない。農耕作業の開始にあたって予祝的歳時儀礼が展開したり，水口祭，田植祭などの農耕儀礼が盛んに営まれるのは，みな農作物に対する生産力のフルな発現を期待するためであって，ことごとくがハレの行事である。」（[153] 219）

「ケの日常性が十分にその状態を保持するためには，エネルギー源としての活力が充満していなくてはならない。そこにケの実態をみるとしたら，人びとは常態の持続のために，たえずケの補強，再生産をこころみねばならない。……，その役を担うのがハレということになろう。」（[153] 220）

桜井は，このように，ケを「日常態維持のためのエネルギー」と捉え，ケガレをそのエネルギーの衰退，そして，ハレを儀礼における衰退したエネルギーの回復と見ている。なお，桜井のこのような「ケ枯レ」説には，牧田茂の批判がある。牧田は，言語学の視点から次のように述べている（[81] 182）。

「……桜井説に承服できないのは，日本語として『ケガレ』という言葉が『ケ・カレ』と分離できないことである。文語のケガル，口語のケガレルという動詞は，カル，カレルという動詞とは別の言葉だといいたいのである。
　文語のケガル，カルが下二段活用自動詞，口語のケガレル，カレルが下一段活用自動詞であることから混同されたものだろうが，ケガルはケガラフと再活用するのに対して，カルはカラフとならない。カラフという日本語はないのである。ケガルはケガラハシという形容詞になるが，カラハシという形容詞は存在しない。つまり，全く別の日本語なのである。
　「けがろふ」という言葉は『宇津保物語』蔵開巻上にも「けがらひたれば」とあるし，『栄花物語』峰の月には「この夏は故宮の御方つけつつさるべき殿ばらけがらひ給へり」とあって，汚れに触れるとか喪に服するといふ意味だが，『蜻蛉日記』に「ある大徳の袈裟を引きかけたりしままに，やがてけがらひにしかば」とあるように，死ぬという意味に使われていることもある。
　「けがる」が「気枯る」かという説は宮田氏のいうようにすでに『和訓栞』にも出ているし，「毛枯る」説も『類聚名物考』には見えていて，ケカル（毛枯）の意で，穢は雑草の意，雑草すなわち毛が荒廃するところから出たと説いている。

しかし「枯れる」という言葉は「枯らひ」と名詞化することもないし，「枯らふ」と再活用することもないからケ枯れ説は成り立たないのである。
　ケガレは恐らくケガが語根で，動詞化してケガル，ケガレルとなったものであろう。もう一方にケガスという四段活用他動詞もあるのだから，そう見るべきである。
　以上の二点からみて，残念ながら桜井説には従うことができない。」

　このような桜井説に対する牧田の批判をどのように考えたらよいのであろうか。筆者の見解をここに述べることはできない。このような牧田の批判があることを紹介するにとどめておかなければならない。

2．谷川健一の「気離レ」論

　以上のような桜井説に対して，谷川は次のように述べている。

　「桜井徳太郎はケは穀物とくに稲の種子に内包されている根源的な霊力であり，そのケのエネルギーが発動して，稲を生長させたり成熟させたりするのである。そこでケの活力が衰退し，枯渇した状態がケガレにほかならぬ。ケガレとはケが枯れることである。そこでケの活力を復活させるためにハレの行事が必要になる，と言う。
　穀物に内在するエネルギーがケであるという桜井説はあまりにも近代的解釈である。言葉をかえれば，反古代的解釈である。万物に『内在するエネルギー』があるのではないことは，アニミズムの通則にしたがって明らかである。イツという外来魂を天皇が付帯したとき，天皇ははじめて，その資格を得ることは『神武前紀』の『顕斎(うつしいわい)』の儀式で理解できる。先帝のもつ天皇霊を新帝につける大嘗祭の儀式も同様である。人間と同じく，物もまたそこにマナ（南島のセヂ）がつかねば聖化されない。」（[181] 70）

と述べ，大嘗祭また南西諸島における外来の霊威・スヂ（あるいは，セヂ）などを考慮しつつ，

　「ケガレは『気離(けが)れ』であって，外からやってきて活力を与えていた霊力が，その物や人から離れるときの現象である。霊力が離れ去ると，物も人も活力を失う。古代の日本人は死を最大のケガレと見たが，それは死によって霊力（ケ）が再付着することのできないまでに離れてしまったことを物語る。」（[181] 68）

としている。

この谷川の見解は，以前魂呼びの習俗が広範囲に見られたことを思うとき（この点，井之口章次の論文［48］参照のこと），注目されることである。

3．宮田登の論述

なお，宮田登は，以上のような論争をふまえながら，次のように述べている。

「『ケガレ』はケを軸に説明される。すなわち日常のケの生活が展開していく過程で，ケが維持できなくなり，衰退する情況が必ず生じてくる。この場合『ケ』は，農耕を営む上に必要な稲の活力をあらわすという解釈に発し，人間の生命力の総体を示すものという理解ともなっている。この場合，『ケ』には褻の他に毛，気という漢字が当てはめられるのである。そしてケが維持できなくなる情況を『ケ枯れ』または『ケ離れ』と表現し，再びケに戻すために，ハレの時間・空間が設定されると説明されるわけである。この説は桜井徳太郎によって唱えられ，宗教学や文化人類学者たちの支持を集めている。一つの問題は，『ケガレ』に対し『穢れ』と表現する文化概念が伝統的に用いられていたことで，この『穢れ』は，不浄観を基底に成り立つものである。この場合，原理的に『ケ枯（離）レ』があって，『穢れ』が二次的に意義づけられると考えるべきか，『ケ枯レ』と『穢れ』は，別物として系統づけられるものであるか，今後に議論の余地を残している。」（［97］12）

また，宮田は，その穢れに関して，

「気は，生命を持続させるエネルギーのようなものだろう。その気がとまったり，絶えたりすることも，『穢れ』だった。そしてこれは死穢に代表されるものであり，不浄だとか，汚らしいという感覚はそこにはないのである。

『けがらわしい』という不浄観を示す言葉は，汚穢，汗穢，穢悪，濁穢と表現される性質のもので，『ケガレ』の原初的意味とは別のものだったといえる。

……イザナギノミコトが，黄泉国から逃げた折，『吾前に不須也凶目き汚穢き処に到る，故，吾が身の濁穢を滌ひ去てむとのたまひて』祓除を行なったことからみると分かるように，けがらわしく，きたならしいものは，禊ぎで洗い浄められるものだが，ケガレの本体とは異なるように思える。ケガレは，あくまで気の発生，気の消滅を人の生と死の接点で把握した観念であり，ケガレを原点として，現象的にケガ

ラワシイ状態が派生するものであろう。
　ケガレと不浄とは，本来別のものでありながら，ケガレが後次的に不浄と認識される現象を伴なうために，『穢れ』の表現が，そのまま不浄と受けとられるに至ったとみるべきではなかろうか」（[96] 99-100)

と述べている。
　そのケガレの原初的意味とは，「生命体のもっている霊的な力のようなもの」（[96] 98）あるいは上の引用文の冒頭の「生命を持続させるエネルギーのようなもの」ということである。

　このように，ケガレの概念をいかに捉えるかは極めて大きな問題をなしており，今，ここに，筆者にとって，この点に関する見解を断定的に述べることは不可能である。ただ，筆者が各地の研究調査を通して強く感じることは，死の穢れ（不浄）ということが今日強く意識されている一方，そのことのほかに，死者がいわば弱者と認識され，したがって，そのような死者を魔から守る魔バライの意識もまた強く見られるということがある。
　本研究の主題としての「左（手，足，肩）」の習俗の解釈にとっても，各地の研究調査の結果，そのような視点，すなわち死を穢れと見ることのほか，死者をいわば弱者と見，魔から守られなければならない存在と見る視点からの考察もまた重要であることが痛感されてならない。つまり，神事にかかわるとともに葬制上にも顕著に見られる「左」の習俗について，葬制上，死の穢れの観念とのかかわりで，死が穢れなるが故に，常日頃の右のサカサの「左」にするということが，今日，よく語られる。しかし，その葬制上の「左」の習俗を，とくに民俗宗教のレベルで見るとき，魔バライの意味における「左」の習俗であることも，また色濃くうかがわれるのである。わが国の宗教文化に見る「左」の意味が，葬制にかかわっても，死が穢れなるが故の「左」ということでなく，それが魔バライのための「左」，事態の好転（病気の回復，再生など）を願っての「左」であるということも考えられることである。そのことは，赤田が朝鮮半島における事例として報告する魂呼びの習俗が「左手」でなされていることなどによく示されているところである。民俗宗教のレベルで「左」の習俗を

見るとき，そのことが強く意識されてならない。

4．Mary Douglas のケガレ論

　なお，ケガレの概念を問題とするとき，Mary Douglas の所論も，十分，考慮されなければならない。Mary Douglas は，簡潔にいえば，社会文化的システムあるいは分類（Mary Douglas は，しばしば systematic ordering, ordered system，また，classification などの語句を使用している）における異質的なものをケガレと捉えているように思われる。

　一例をあげれば，"all the rejected elements of ordered systems"（[22] 35）と述べていることが注目されるのである。つまり，秩序づけられたシステムにとっての異質的なものの認識とその排除という点に，ケガレの観念を見ているように思われる。以下に，その著書（"Purity and Danger — An Analysis of the Concepts of Pollution and Taboo —" 訳書『汚穢と禁忌』）から，その要点を引用しておこう。

「我々のもっている汚れの概念を検討すれば，それは体系的秩序において拒否されたあらゆる要素を包含する一種の全体的要約ともいうべきものであることを認め得るだろう。それは相対的観念なのである。靴は本来汚いものではないが，それを食卓の上に置くことは汚いことなのだ。食物はそれ自体では汚くないが，調理用具を寝室に置いたり，食物を衣服になすりつけたりすることは汚いことなのである。同様に，応接室に浴室の器具を置いたり，椅子に衣服をかけておいたり，戸外で用いるべきものを室内にもちこんだり，二階に置くべきものを階下に下したり，上衣を着るべき場合に下着でいたり等々のことは汚いことなのである。要するに，我々の汚穢に関する行動は，一般に尊重されてきた分類を混乱させる観念とか，それと矛盾しそうな一切の対象または観念を非とする反応にほかならないのだ。
　……。右のような定義を与えれば，汚れとは，我々の正常な分類図式から拒否された剰余ともいうべき範疇のように思われる。」（[22] 35-6，訳書79-80）

「もし不浄(アンクリーンネス)とは場違いのものであるということができるとすれば，我々は秩序の観念を通して不浄の問題にとり組まなければならないのである。不浄もしくは汚物とは，ある体系を維持するためにはそこに包含してはならないものの謂いである。」（[22]

40, 訳書87)

　以上は，Mary Douglas の著書のわずか2ヵ所からの引用であるが，これによっても，Mary Douglas の汚穢の観念ないし理解の仕方が，体系ないし秩序の中で異質的なものの認識とその排除ということにかかわっていることがうかがわれる。この点，宮家準は，Mary Douglas の説を「……，異なったものがまざったものを汚穢として排除するという考え……」（[95] 279）と紹介している。
　このような理解の仕方に関して，桜井勝之進が，伊勢神宮について，「仏法も……，異常異質の事象として受けとられていた時代であるから，神を祭る場所ではやはり一種のケガレとされていた……」（[149] 132）と述べていることが注目される。つまり，神道（という一つの体系）に対して，仏法は「異常異質」なもので，そのためにケガレであったのである。なお，近世における穢れという言葉の使い方に関して，次のような記述がなされていることにも注意が向く。

　「一六五三年（承応二）に，駿河湾の長浜村（静岡県沼津市）から代官に差し出された『指上申証文之事』のなかに，江戸幕府に献上する活き鯛を私用に漁獲することは禁じられていたが，ひそかに獲って売る者がおり，そうした人を『海の穢れ』と称していた，ということが記されている。幕府権力を通じた禁漁の制度を犯すものが穢れという言葉で表現されている。」（[5] 220-1）

　つまり，本項で見た Mary Douglas の論に示されているように，社会的秩序ないしシステムにとって異質なもの，あるいはシステムに反し秩序を乱すものが穢れであり，このように「公儀の意図に反する行為が穢れとみなされ」（[5] 221）ていたこともあることが留意される。

〈注〉

1）この点，「こうした見方はあまりに一元的過ぎるとも言える」とことわりながらも，「祖霊の一部は，赤子に宿り生まれ変わる」としている事例もある（赤田光男・他・編『時間の民俗』講座日本の民俗学6，雄山閣刊，206ページ）。今日，そのよ

第7章 死の認識の一側面

うな認識の仕方を明確に知ることは殆ど不可能に近いが，筆者の調査の経験からも，ある程度，そのことをうかがうことが可能な場合もある。
2）松平は，正確には，「神の嫌ふ所を總括したのが罪穢れの觀念である」と述べている。今後，罪と穢れを分けて考察することも必要であろう。
3）朝日新聞1994年（平成6年）5月6日夕刊（森浩一談）

第8章

わが国の神祭りと葬制に見る
右と左の混在について

わが国の文化に見る「左」の習俗を考察する場合，神社祭祀などに際しての右と左のいわば混在ということが，一つの論点として浮び上ってくる。

本章に，そのことについて述べておこう。

第1節　いくつかの神社に見る右と左

1．福岡県太宰府市所在太宰府天満宮に見る右と左

福岡県太宰府市所在の太宰府天満宮における幾多の祭礼の中，最大の祭礼である秋の御神幸祭の前におこなわれる「注連打ち」に，その一事例を見る。

御神幸祭は，「明治四十四年より，陽暦で……九月二十二日より二十五日の日程で行なわれるようになった」（[21] 791）が，その日に先だって，天満宮の氏子六町が当番町となって，8月31日に新しいシメ縄を綯い（「注連打ち」という），9月1日に，お注連おろし（古いシメ縄をおろす）をおこない，新しいシメ縄を飾る。

注連打ちで作成するシメ縄は，祭神の菅原道真が生前居住していた跡の榎社で天満宮に向かって立てる一の注連，榎社前の天拝山に向かって立てる二の注連，そして，榎社鳥居前で榎社に向かって立てる三の注連を中心として，浮殿用，榎社行宮，浄妙尼社，社務所，行宮切戸口，天拝山社（本殿，拝殿，霊岩，龍王（紫藤）の滝お潮井場），馬場斎垣鳥居用，宮司宅前，相撲用，大行事用，などに用いるシメ縄である（この点，くわしくは，[21] 参照）。その際，「注連は

すべて左ないにない，一，二，三の注連は台の上に右巻きに置き，右巻きにグルグル巻いて，一段ごとに男結び[1]で止めていき，最後の穂先は早稲の穂を添えて立てて，しっかり結び付ける」（[21] 794）。シメ縄自体は左ナイであるが，それを運んでいく前に，神前でお祓いを受ける際，一，二，三の注連を台の上に右巻きにしておくことが注目される。なお，その一，二，三の注連に，お祓いを受け，榎社に運んでいくことを「お注連下り」と称している。さらに通常は，神社において，神からいって左側が上座であるが，太宰府天満宮においては，神からいって右側が上座で，参拝者が神からいって左側，神官が右側に座ることも留意される[2]。ただし，榎社においては，神からいって左側が上座で，祭事に際して，神からいって左側に神官が座し，右側に氏子総代等が座している。

2．熊本県一の宮町所在阿蘇神社に見る右と左

熊本県一の宮町所在阿蘇神社において，シメ縄は，他の神社におけると同様に「左ナイ」である。ところが，御田植式・宮巡りにおいて，時計回り（右マワリ）にまわっている（[104] 292，293，294，295）。神社においては，基本的に，神からいって「左」側が上座であるが，阿蘇神社では，神からいって一の神殿が右側，二の神殿が左側であることも注目される。その点，村崎真智子が図示しているところを，次頁に掲げておく。

その右マワリということに，仏教の影響の如何ということを検討して見ることが必要なのかもしれない。なお，阿蘇神社に関連する神事において，血の忌みの観念が見られることも留意される。一事例を述べれば，阿蘇神社の摂社である霜神社（霜宮）で「火焚神事」（「寒冷な阿蘇地方で早霜の害を防ぐために火を焚き続ける祭り」（[104] 495））がおこなわれるが，その祭りを遂行する上で，「初潮前の『汚れのない』少女」（[104] 504）が火を焚く者として選ばれ，さらに「閉経した女性」である祖母（[104] 504）が付き添う。その際，「母親は月経があるので『汚れている』から火焚殿に住むことはできない。またどうしても祖母がいない場合は祖父でもよい。実際数年前に祖父という事例があった」（[104] 538注6）。このことは，筆者も聞いている。この点，「阿蘇神社祭祀には仏教が深く関与している」（[104] 577）ということとのかかわりで理解さ

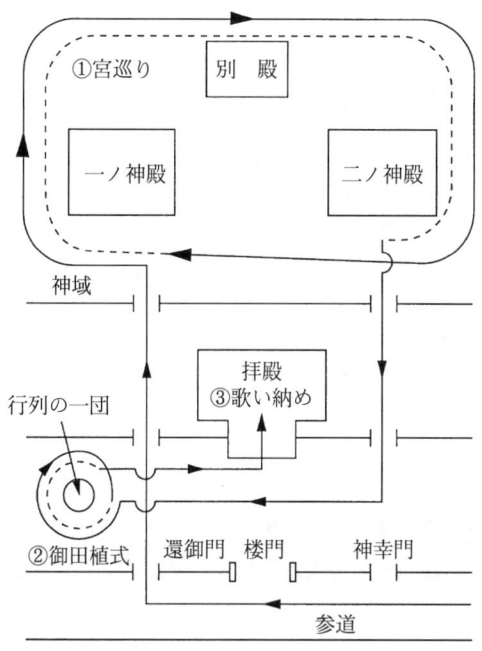

第8章　わが国の神祭りと葬制に見る右と左の混在について　　　211

図18　宮巡り，御田植式のコース

れうることであろうか。今後の課題である。

3．大分県宇佐市所在宇佐神宮に見る右と左

　上述の阿蘇神社における右と左のあり方は，大分県宇佐市所在の宇佐神宮においても見られる。まず，シメ縄は「左ナイ」であり，神からいって「左」側にシメ縄のナイ始めをおいている。ところが，御田植祭においては右マワリにまわる。

　宇佐神宮の大鳥居をくぐって内に進むと，左側に大きな池があるが，その池に，少々突き出たところがあり，そこで，縦約2ｍ，横約1ｍの水田の模型をつくり，その周囲を右マワリにまわりながら，神宮の近くの神田で育てた稲苗を投げ入れる。その稲苗は，祭事終了後，近くの農家の人々がもらい受け，自分の水田に植える。その苗から，すでに植えている水田全体の稲苗に神の力が

及んで豊作になるという。このように，宇佐神宮の御田植祭でまわるのは右マワリである。
　一方，伊勢神宮の御田祭（伊勢神宮では，御田祭といっている）では「左マワリ」である（[188] 288-9）。さらに，福永光司の指摘に見るように（[27]），宇佐神宮の本殿三殿が，前記阿蘇神社の一の殿，二の殿と同様に，神からいって右側から，一の殿，二の殿，三の殿，とよばれ，右を上位としている。シメ縄が「左ナイ」である一方，このような事実をいかに理解したらよいのであろうか。

4．広島県宮島所在厳島神社に見る右と左

　広島県宮島の厳島神社においても，シメ縄は「左ナイ」である。ところが，その御島廻式（おしまめぐりしき）（「山中に棲息する神烏（こがらす）と呼ばれる雌雄一双の烏に供饌（きょうせん）をあげ，それによって無病息災，家内安全を祈り」，「厳島の周囲七浦を船に乗って一巡し，浦々に御鎮座の厳島神社の末社七社を巡拝する」（[162] 8）神事においては右マワリにまわる（[162] 8, 9, 12, 17, 40, 42, 43）。さらに，神からいって右側が上座とされていることもある。その一事例として，次頁に，福山敏男の示す本社社殿配置図を掲げておく。つまり，神からいって拝殿の右側に貴賓室があり，左側に宿直室がおかれている。
　さらに，本殿に飾るシメ縄は，神からいって右側にシメ縄のナイ始メをおいている。ところが，摂社・末社においては，神からいって「左」側が上座とされ，シメ縄の飾り方も，そのナイ始メを神からいって「左」側においている。
　厳島神社におけるこのような事実をいかに理解したらよいのであろうか。

　以上に見たように，太宰府天満宮において「左ナイ」のシメ縄をお祓いのとき右巻きの形で神前におくこと，阿蘇神社，および，宇佐神宮，さらに，厳島神社における右マワリなどを考察する場合，それらの神社に共通に見られることとして，仏教の影響が顕著であるということが留意されてならない。
　はたして，仏教の影響なのか，また，そのことが一要因としてどの程度考えうることなのか，今後，十分，検討されなければならない。
　前述のように，伊勢神宮の御田祭においては「左マワリ」にまわる。

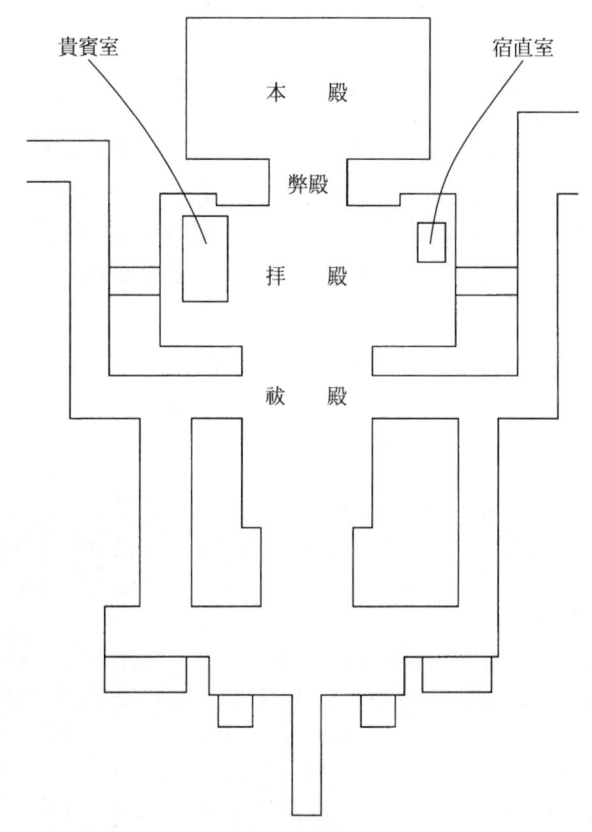

第8章　わが国の神祭りと葬制に見る右と左の混在について　　　213

```
         貴賓室                      宿直室
                  本　殿

                    幣殿

                    拝　殿

                    祓　殿
```

出典：[29] 5ページ（許可を得て簡略化している。）

図19　本社社殿配置図

　その伊勢神宮については，仏教の影響が皆無か，あるいは，影響があっても稀薄である，とされていることが留意されてならない。

　伊勢神宮については，6に述べる。

5．長崎県壱岐勝本浦所在聖母神社に見る右と左

　長崎県壱岐勝本浦所在の聖母神社の祭祀において，神輿を船に乗せ，湾内を日マワリ（右マワリ）にまわる（[218] 242）。ところが，その神輿に飾られているシメ縄は「左ナイ」である。この事実を，いかに理解したらよいのであろ

うか。

6. 伊勢神宮に対する仏教の影響について

　伊勢神宮に対する仏教の影響について，基本的には仏教の影響が見られないとする見解と稀薄ながらも認められるとする見解とが対立している。

　まず，基本的に仏教の影響がみられないとする見解を桜井勝之進に見る。桜井の見解を，次に引用しておく。桜井は，次のように述べている（[149] 132-3）。

> 「神宮では明治維新までは僧尼はもとより，医師や隠者でも頭を丸めたものを神前に近づけることを拒んできたから，江戸時代には季吟も芭蕉も，五十鈴川の対岸からご正宮をはるかに伏し拝んだものである。
> 　仏法の息を屏ける，と昔の祠官たちはいっているが，これはすでに延暦の儀式帳にも忌詞をのせているから上代以来の風であったことがわかる。忌詞は十四あるが，その半数の『内の七言』というのはすべて仏法関係の語で，仏を中子，経を染紙，塔をアララギ，法師を髪長，優婆塞をツノハズ，寺を瓦葺，斎食を片食といいかえることになっていた。
> 　もっとも仏法用語だけが忌まれたのではなくて『外の七言』といって打つ，泣く，血，死，墓，病む，といった現実の幸福を否定することがらとか，宍（獣肉）のような一般人は食用としない品なども含まれている。仏法もそういう意味で，異常異質の事象として受けとられていた時代であるから，神を祭る場所ではやはり一種のケガレとされていたのである。……
> 　そういう伝統は，仏教が日本文化の中にすっかり溶けこんだのちまでも固く守られたため，神宮ではついに神仏習合の現象は，神域の中までは及んでこなかった……」

　このような見解に対して，伊勢神宮に対する仏教の影響をある程度認める見解も見られる。伊勢神宮に対する仏教の影響の如何ということにかかわって問題とされるのが，いわゆる神宮寺に関する見解である。その点，藤谷俊雄・直木孝次郎著『伊勢神宮』に見てみよう。その両者は，霊亀のころ（715-16）越前の気比神のために建てられた気比神宮寺，養老年中の若狭比古神宮寺，天平13年（741）の宇佐八幡のための三重塔，天平勝宝年中の鹿嶋神宮寺，天平宝字2年（758）の住吉神宮寺，天平宝字7年（763）の多度神宮寺の建立，さら

には，宇佐八幡が大仏造営を助けるため，天平勝宝元年に京に上ってきたことなど，神仏習合を示す著明な事件であること（[26] 72）などを例にあげ，これらの傾向が，奈良時代後期には伊勢神宮にもおよび，『続日本紀』天平神護２年（766）７月条に，

「使を遣して丈六仏像を伊勢大神宮寺に造らしむ」

という記事があらわれていることをまずとりあげ，そして，

「これからすれば，天平神護二年以前から伊勢に神宮寺が存していたことがわかる。ではいつからかというと，ずっとさかのぼって，文武二年（六九八）にはじまるとする説がある。それは『続日本紀』の文武二年（六九八）一二月の条に，『多気大神宮寺を度会郡に遷す』とあるのによるのだが，古写本の多くは，大神宮寺の寺の字が記されていなく，多気大神宮を度会郡に遷す，となっている。だから文武二年すでに大神宮寺があったという説は，誤写にもとづく誤解といわねばならぬ。
　つぎに，天平年中において，伊勢神宮寺建立がはじめられた，とする説がある。それは『諸雑事記』にみえる説で，天平一四年（七四二）一一月三日に，右大臣橘朝臣諸兄が伊勢神宮に参入し，宣旨によって天皇の御願寺の建立を祈ったところ，一一月一一日に天皇に託宣が下り，これより御願寺の建立が企てられた，というのである。しかしこのことは，『続日本紀』その他確実な史書にみえないから，後代の偽作とする辻善之助博士の説（『日本仏教史』上世篇）に従うべきであろう。近年，この所伝を天平一二年の事実として解釈しようとする説（田中卓氏『神宮の創祀と発展』）があるが，御願寺という語が平安中期以降にはじめてあらわれるということからだけでも，成立しがたいであろう」（[26] 72-3）

としている。
　さらに，続けて，

「伊勢神宮と仏教との接触を示すたしかな例は，天平感宝元年（七四九）四月，聖武天皇が東大寺の大仏の前で，陸奥より黄金が産出したことを喜ぶ宣命を発した中に，大神宮に御戸代（封戸のこと）を奉ることを述べたのが，最初であろう。このあと引続いて神宮に遣使があり，神宮の禰宜の位を昇せている。大仏造営の進行を伊勢神宮

に感謝しているのである。
　これだけでは神仏習合とまではいえないが、その機運が熟していたことは認めてよかろう。これから九年ののちの天平宝字二年に、道行という僧が伊勢の神のために、大般若波羅蜜多経の書写を行ったことが、現在伊賀国の常楽寺に残っている写経によって確認できる。伊勢神宮でも、仏教との習合が進んでいたのである。神宮寺の建立は、天平宝字の前後ではないかと思われる。とくに宝字八年以後は、道鏡が政権を握っていわゆる仏教政治の時代となり、神宮寺の建立・整備は大いに進んだと推定してよかろう。丈六仏像を作ったという天平神護二年は、道鏡の全盛期にあたる。
　しかし、さすがに伊勢神宮は、皇祖または国家の神としての権威を持っていたために、他の神社ほどには仏教との習合は進まず、神宮寺の場所も、度会郡にはあったが神宮の内・外宮とはかなり離れていた。ことに道鏡の失脚ののちは、宝亀三年（七七二）に飯高郡にうつされ、宝亀七年に飯野郡にかわり、宝亀一一年には飯野郡の地からも追われ、以後史上から姿を没するのである。」（[26] 73-4）

　このようにして、「奈良末期から平安時代にかけて、伊勢神宮は一応仏教と絶縁し、固有信仰にもとづく祭儀が行われた」（[26] 74）。「しかし一般の社会では、時代とともに習合の風は進み、平安中期ごろからは、本地垂迹説があらわれはじめ」（[26] 75）、「伊勢神宮もこの風潮から超然としていることはできなかった」（[26] 75）、「神宮内部でも、平安時代末から鎌倉時代にかけて、来世安穏のための造寺・納経の供養を行い、神官でありながら出家するものが少なくない、という状態であった。このころ東大寺再建に活躍した俊乗坊重源は再建祈願のために、内宮に衆徒数百人を集めて大般若経を転読したのを始めとして、たびたび神宮に参詣しているし、そのほか僧侶の参宮は、鎌倉時代になると多数記録が残っている」（[26] 75-6）ということである。率直にいって、伊勢神宮に対する仏教の影響をどのように捉えたらよいのか、筆者には困難な問題である。しかし、かりに神宮寺が設置されていたにしても、他の神社とは異なって、神宮の内部にではなく外部の郡部に設けられ、しかもそれが史上から姿を没したということであって（他の神社で仏教的要素が排除されるのは、明治期のいわゆる神仏分離まで待たなくてはならなかった）、その点に、他の神社との著しい相違があり、今日そのような伊勢神宮の御田祭において、たとえば宇佐神宮の御田植祭に際して右マワリにまわるのとは対照的に、「左マワ

リ」にまわることが注目されてならないのである。神仏習合のいちじるしい厳島神社においても，また，阿蘇神社においても，その祭事で，右マワリにまわっている。

以上，要するに，伊勢神宮に対する仏教の影響をいかに捉えるかということにかかわって，神宮寺の問題が重要であり，また，そのことが，わが国の宗教文化に見る右マワリと左マワリとを理解する一つの手掛かりを与えてくれるのかもしれないということを述べておきたい。この点，たとえ伊勢神宮に神宮寺が設けられていたとしても，他の神宮（社）における神宮寺のあり方とは大きな違いがあったと言わなければならない。以上の点にかかわって，逵日出典は「伊勢神宮にも神宮寺ができたらしい」，ただし，その伊勢神宮を「習合的要素を最小限におさえてきた代表的な例」と捉えている（[191] 131）。この問題も，今後十分検討しなくてはならないことであるが，神宮寺の存否をめぐって，神社（宮）に対する仏教の影響の存否，あるいはその度合いが留意されてならない。

第2節 徳之島および久高島における事実

鹿児島県徳之島は，松山光秀によって「仏教が定着できなかった」（[90] 4）とされているが，葬制上に「左」の習俗が見られるとともに，神祭りにおいて，シメ縄が「左ナイ」であり，またその両者にともに「左マワリ」の事実が示されている。徳之島において，夏正月と称して，稲を収穫した後，海辺で，海の彼方からやってくる祖先神とともに踊りまわり稲の収穫を祝うが，その踊りまわるのが「左マワリ」である。一方，葬式に際しても，棺を「左マワリ」にまわすなど，「左」の習俗が見られる。

なお，徳之島伊仙町の歴史民俗資料館には，死者を運ぶタマヤが保管されているが，それには四方に小型の鳥居が飾られている。徳之島では今日葬式は神道でおこなっている（神葬祭）。

約50年前までは葬式に神官も来なくて，ユタの司祭の下，おこなっていたという。このように，「仏教が定着できなかった」ところで，右の事実が見られ

ず，一方，上掲の諸事例で，仏教の影響が見られるところで，右の事実がみられることが留意されてならない。

なお，イザイホーの祭りで有名で「古来，神の島と神聖視されてきた（[150] 7）沖縄・久高島も，仏教の影響が見られないところであるが，その久高島で，神に仕える神女の着る神衣装と死者に着せる死装束とがともに「左衽」である。さらに，島には，神が「二頭の馬に乗って，……左回りに島の上空を一巡する」（[150] 20）との言い伝えがあり，また御願の行事において「部落の中を左回り」（[150] 64）にまわることが留意される。このことは，たとえば四国霊場の八十八ヵ所巡りが右マワリであることと対照的である。

第3節　高知県中土佐町および宮崎県南郷町の漁村における右マワリと左マワリ

前に述べたように，高知県中土佐町および宮崎県南郷町において，漁船の出港に際して「左マワリ」にまわるのに対して，かつて土葬であったころ，葬式に際して右マワリにまわっていたことも，今後十分に考察されなければならない。というのも，その両漁村において，以前棺をしばっていた棺縄が「左ナイ」であったし，また死者に着せる着物は「左ムネ」（南郷町では，「左合ワセ」と称している）に着せているからである。葬式にかかわって，まわるのだけが右マワリということが留意される。

以上，要するに，上述の一連の事実にかかわる基本的な問題の一つは，言うまでもなく，「左」が重視されている日本の氏神祭祀に際して右マワリなどの右の事実もまた見られることをいかに理解するか，ということである。その点にかかわる一仮説として，仏教の影響の如何ということを考えてみる必要があるのかもしれない。というのも，四国霊場のいわゆる八十八ヵ所巡りは，四国を右マワリにまわっているし，その霊場の一つ愛媛県の仙遊寺における御砂踏の行事（四国八十八ヵ所の霊場の砂（土）を，弘法大師像のまわりに敷いた敷石の下に納めている。彼岸などに際して，その上を歩く）でも，中央に祭る弘法大師像のまわりを右マワリにまわる。その際，右足から踏み出している

（「右進」といっている）。また，敷石に上るときも，まず右足からである。右マワリなど右の習俗が見られる神社（宮）は，いずれも仏教の影響が見られるとみなしうるように思われる。壱岐勝本浦も同様である。

御田祭において「左マワリ」にまわる伊勢神宮には，前に見たように，仏教の影響が皆無か，あるいは稀薄とされており，また仏教の影響が見られない民俗宗教の習俗では，シメ縄が「左ナイ」であるとともに，「左マワリ」である。たとえば，鹿児島県下の田の神信仰（田ノ神サァー）において，シメ縄は「左ナイ」であり，田の神の神像のまわりを「左マワリ」にまわる。また，各地の新造船のフナオロシに際しても「左マワリ」にまわり，船および乗組員の無事と豊漁を願っている。船霊様に関して，ヒダリマキということもある（[208] 313）。さらに，鹿児島県の各地に見られる月の祭りにおいて，綱が「左ナイ」であるとともに，それを「左巻き」においている。一方，安楽寺天満宮と称されていた福岡県太宰府市所在の太宰府天満宮においては，前述のように，新しくなったシメ縄のお祓いの際に，「左ナイ」のシメ縄を右巻きにして神前においている。このような事例から，基本的に「左」が重視されているわが国の神社に見られる右の事実に関して，今後における一つの検討課題として，仏教の影響の如何ということを述べておきたい。このように，基本的に，「左」が重視されている神社祭祀において右の事実が見られる一方，本来，右が重視されている仏教において，わが国においては，「左」の事実も，また，見られることが留意されてならない。次節にそのことを見る。

第4節　わが国の仏教儀礼に見る右と左

前に，杉本卓洲の論述（[168]）に見たように，インドの仏教において「右繞（右マワリ）」と「左繞（左マワリ）」ということが顕著に見られ，「左繞」が，死の穢れなど不浄の意味において捉えられ，わが国においてもそのように認識されている。ところが，わが国において次のような事実もまた見られるのである（[110] 232）。（なお，右繞・左繞の繞は，次の例のように，遶とも書く。）

「鑑真が来日してはじめて，唐招提寺，下野の薬師寺，九州の観世音寺に戒壇が設けられ，やがて東大寺にも建てられた。『七大寺巡礼私記』と称する，藤原時代の公卿大江親通が記した文献があり，奈良の古寺の歴史や美術のことを調べるのに，貴重な資料となっているが，そのなかに興味あることが書かれている。それは筆者（大江親通）が東大寺の大仏に詣で，戒壇院に立ち寄り，つぶさに受戒の情景を実際に見ることができたのであるが，戒者が右遶でなく，左遶することを眼にとどめ，きわめて不審なことだとわざわざその私記に記しているのである。大江親通は僧侶ではないが，当時の代表的な知識人で，学問もあった人物であるが，その左遶のことは知識がなかったらしい。私記に記入して，別の機会に調べてみるつもりでいたと思われるが，納得のいく解答がえられないまま，記入がそのままになって残されたのであろう。……」

著者は，さらに，続けて次のように述べている（[110] 232）。

「とにかく仏教においては左遶は不吉なものとされ，それが一般の人たちの日常生活にも影響を及ぼし右廻りにたいし，左廻りを逆廻りと称している。仏書によると，仏を守護する夜叉神である密迹力士は，もしも左遶するものがあれば，金剛の武器をもって，そのものを粉砕してしまうということが書かれている（「大毘婆娑論」九八巻）。よく寺院の山門を仁王門と呼んで，その両脇に憤怒相の仁王が，猛々しい様相で突っ立っているのを見かけるがあの一方が金剛力士で，他が蜜迹力士なのである。金剛の武器とは金剛杵ともいい，古代インドのヴァジラのことで，悪魔をはらう武器とされている。」

ところが，

「仏教でも他に左遶するのを決まりとしているのがある。それは禅宗における巡香の場合である。巡香とは座禅のとき居眠りしている僧や，精神が集中できなくて態度がよくない僧を戒めるために警策（棒）をもって僧堂内を巡回する役をいうのであるが，この場合左遶するのが例となっている。しかし同じ禅宗でも，他の行道では右遶である。」（[110] 232-3）

このように，「左遶」が「座禅のとき居眠りしている僧や，精神が集中できなくて態度がよくない僧を戒めるために警策（棒）をもって僧堂内を巡回する」

第8章　わが国の神祭りと葬制に見る右と左の混在について　　　221

際に，換言すれば居眠りなどを正すよいことへの転換に，「左」がかかわっていることに注意が向く。すでに見たように，幾多の事例において，事態の好転ということに「左」の呪術性が見られたが，そのことと同じとみなすことができることであろうか。なお，石田茂作によれば，「禅宗の禅室入りも左足先き」（[51] 290）ということである。

さらに，前に引用したように太宰府の観世音寺で「迷える人々をすべて救うとされている観音」である不空羂索観音が迷える人々を救う羂索（縄）を「左手」に持っていることも注目される（[76] 6）。ところが，百済観音に関して，「長い左手は自然に下げて親指と中指で水瓶（すいびょう）の口をつまむように持ち，右手は救いを求めている人にやさしく手をさしのべているようです」（[80] 43）との記述も見られるのである。

また，母親の右腋から生まれたという誕生仏は，その大部分がそうであるように，基本的に右手で天を指しているが，ところがわが国における誕生仏の中には，「左手」で天を指している像も見られることはすでに述べた通りである。

なお，法隆寺宝物（明治11年，法隆寺から帝室に献納されたいわゆる法隆寺献納物の一つ。その後，国有となり，現在，東京国立博物館所蔵[3]）の一つで，釈迦を右腋から出産している摩耶夫人が着ている着物の着方は「左衽」である（[17]。この点，後述）。また，奈良時代に建てられた山口県防府市の周防国分寺金堂（国の重要文化財）で，解体修理に際して，本尊の薬師如来座像の腹の中から金箔を施した仏像の「左」の手首が出てきたという（[9]）。

基本的には右が重視されているわが国の仏教において，このような「左」の事例もまた見られることが留意されてならない。以上の点にかかわって，本尊の右・左の位置に関しても，逆転している事例が見られることが注目される。その点に関して，次のように記されていることがある（[10] 5-51）。

　「法華堂須弥壇上（ほっけどうしゅみだん）の本尊（ほんぞん）の置かれた八角二重基壇（はっかくにじゅうきだん）の前方左右に立つ武将形（ぶしょうぎょう）の金剛力士（こんごうりきし）像であり，本尊の右前方（向かって左）に阿形像（あぎょう），左前方（向かって右）に吽形像（うんぎょう）が安置（あんち）されている。阿形像は右手を高くあげて金剛杵（こんごうしょ）の柄（え）を執（と）り，左手は肘（ひじ）を張り腰前（こしまえ）で拳（こぶし）を握り締め，怒号（どごう）して前髪を逆立てて焔髪（えんぱつ）につくり，吽形像は，右手の肘を屈して胸前で金剛杵を構え，ともに洲浜座（すはまざ）の上に立っている。」

……（中略）……
……右に阿形，左に吽形という配置も稀（まれ）で，普通，寺院の二王門（におうもん）などにみられるようにこれとは逆の左に阿形，右に吽形という安置法が多い。同様な例は奈良・長谷寺（はせでら）の『銅板法華説相図』（どうばんほっけせっそうず）……にすでに現れており，右方像は阿形（ただし，左方像は木造後補（こうほ））であり，また，東大寺（とうだいじ）においても西大門勅額（さいだいもんちょくがく）や南大門（なんだいもん）の金剛力士像も同様の配置をしている。左方を阿形・右方を吽形とするのは向かって右（左方）を上位とする古式（こしき）の可能性がある。」

問題は，向かって右（「左方」）が上位とされる「古式」（神社においては，神からいって左方，つまり向かっては右が上位である）が，いつどのような要因によって，逆転した例も見られるようになったのか，ということである。その点にかかわって，一つの可能性として，仏教の要因を考えてみる必要があるのかもしれないのである。というのも，すでに述べたことであるが，仏教が定着しなかったとされている鹿児島県徳之島においてなど，宗教的事実にかかわって「左」が強調され，右の重視は見られず，また，仏教の影響が及んでいない民俗宗教のレベルで，たとえば各地の新造船の進水式（フナオロシ）に際して，いずれも「左マワリ」にまわり，また，鹿児島県下の田の神信仰（田ノ神サァー）においても，「左マワリ」にまわって，農作業の無事と秋の豊作とを願っている。さらに，鹿児島県下一集落においておこなわれている同じ民俗宗教のレベルにおけるオツッサァーノツナ（お月様の綱）が「左ナイ」であるとともに，それをへびがとぐろを巻いたような形にしてそなえる場合，「左巻き」に巻いているのに対して，仏教の影響が顕著なたとえば太宰府天満宮において，9月1日におこなわれているシメ縄の飾り替えに際して，シメ縄自体は「左ナイ」であるが，それを巻いて神の前にそなえ，お祓いをうける際，右巻きにしておいている。

同様に，仏教の影響のいちじるしい厳島神社においても，シメ縄は「左ナイ」であるが，その祭事（御島廻り）において右マワリにまわり，さらに，阿蘇神社においても，シメ縄は「左ナイ」であるが，その祭事（御田植式）において右マワリにまわることなどが留意されてならない。このように，同じ神社において，右と左とがともに見られることに，仏教の影響の可能性を検討してみる

ことが必要かとも思われるのである。

この点に関連して、ひとこと付言しておけば、Needham が構造的視点と文化的視点ということを述べている（[126] 111）ことがある。構造的視点とは外部からの文化的影響を考慮に入れることなく、文化内部の構造を分析する視点であり、文化的視点とは外部の文化の影響を問題とする視点のことである。Needham は、Meru 族において、その「左手」の習俗について、外部の文化（具体的には、キリスト教）の影響が見られないために、その文化の内的構造を分析しているのであるが、わが国においては、仏教の影響が大である以上、その両方の視点（いうまでもなく、Needham のいう構造的視点と文化的視点）が必要とされるであろう、ということが考えられる。

第5節　右衽と左衽

すでに述べたように、養老3年に出された衣服令の前には、世俗的な日常生活において「左衽」であったことが想定される。

そのために、「……早く唐の服制（いうまでもなく右衽である）を採用した新羅の使者が、白雉二年（六五一）『着唐国服』（『日本書紀』）筑紫に来たとき、その唐服が右衽であることを悪んで、追い還したと伝え、しかも今、新羅を討たなければ、悔いを千載に残すであろうとさえ進言した大臣まで出るしまつであった」（[148] 145）。

ところが、その後、養老2年（718）10月に帰国した第8回の遣唐使が、翌年養老3年正月10日に、唐に授けられた右衽の服を着て参内したところ、朝廷内で大いに驚き、翌2月に、早速、衣服令が出され、天下百姓の服すべて唐風に倣って右衽にするように、との命令が出されているのである。

第6節　正倉院宝物に見る右衽と左衽

そのような背景の故に、奈良朝の服飾に、「……右衽が多いけれど間々左衽、

つまり左前のもみられる……。法隆寺五重塔塑像にも左衽の姿が目にとまり，……養老三年に右衽になさしめたが，それが完全に行われず旧習が残った……」（[157] 80) 実情となった。そのことは，このように関根真隆著『奈良朝服飾の研究』本文編に論じられているのみならず，その図録編に，右衽と左衽の正倉院宝物の写真が掲載されている（[158]）。なお，「左衽」についてさらに第9節で述べる。

第7節　誕生仏について

　わが国の文化における右と左の混在ということに関して，さらに注目されなければならないことがある。それは，「釈迦は誕生のさい，右手をあげて天を指し，左手で地を指して，『天上天下唯我独尊(ゆいがどくそん)』といったという」（[41] 9) その誕生仏の右手と左手についてである。「仏伝によれば，釈尊の母摩耶夫人は，ルンビニー園で無憂樹の小枝を手折ろうとした時，右腋から釈尊を出産したと伝えられ」（[41] 9) ている。そのように，母摩耶夫人の右腋から誕生した釈尊は，上記のように「右手をあげて天を指し，左手で地を指して」いる立像が基本であろうが，一方，「左手」で天を指している像もまた見られるのである（[17]）。

第8節　母摩耶夫人の右腋から生れ出る誕生仏の像と「左手」で天を指す誕生仏の像

　わが国で，今日，そのように「左手」で天を指している誕生仏の像は，4つの像が知られているが（[17] 第36図・37図に関する説明[4]），その一つが法隆寺像で，数は少なくても，母・摩耶夫人の右腋から合掌しながら生まれた誕生仏が，「左手」で天を指している像が見られることそれ自体に注意が向けられなければならない。「左手」で天を指している誕生仏について，至文堂刊『日本の美術』8，No.159の『誕生仏』特集号に次のように記されている（[17] 第36図・第37図に関する説明）。

「経典にも説かれている通り誕生仏は右手を挙げるのが原則であるが，四天王寺像（奈良県高取町出土），茨城県歴史館像（下君山廃寺出土），ケルン東亜美術館像（ドイツ）のみが例外的に左手を挙げており，明治三十六年に盗難に遭った法隆寺像も左手を挙げていたようである。」

また，奈良国立文化財研究所飛鳥資料館刊『古代の誕生仏』にも，同じ文章（ただし，なぜかケルン東亜美術館像については述べられていない）で，次のように記されている（[122] 78）。

「経典にも説かれているとおり誕生仏は右手を挙げるのが原則であり，四天王寺像（奈良県高取町出土），茨城歴史館像（下君山廃寺出土）のみが例外的に左手を挙げており，明治三十六年に盗難に遭った法隆寺像も左手を挙げていたようである。」

このように，誕生仏の法隆寺像について，「左手を挙げていたようである」と記されているが，しかし，その「左手を挙げている」誕生仏の写真が掲載されている。

第9節　誕生仏を右腋から出産している摩耶夫人が着ている着物の着方は「左衽」であること

前節に述べたように，誕生仏は摩耶夫人の右腋から誕生したのであるが，ところが，その摩耶夫人は「広袖の衣を左衽にまとって」（[17] 第58図に関する説明）いる。法隆寺の宝物の一つに，「左手」で天を指している誕生仏の像が存し，その誕生仏を右腋から出産した摩耶夫人が「左衽」に衣をまとっている事実をいかに理解したらよいのであろうか。

第10節　大分県国東半島の修正鬼会行事に見る右と左

1. はじめに

　大分県国東半島における修正鬼会の行事は，今日，行政的に国東町に位置している成仏寺と岩戸寺，それに豊後高田市に存する天念寺の三寺でおこなわれている。そのうち，成仏寺と岩戸寺とでは隔年交互におこない，天念寺では毎年おこなっている。また，成仏寺の鬼は三鬼であり，岩戸寺と天念寺では二鬼，さらに，成仏寺と岩戸寺では，寺における行事を終えた後，鬼がムラの各家を訪問するのに対して，天念寺では修正鬼会の行事をおこなう寺の講堂から，鬼は一歩も外に出ない。三寺の間でこのような差異も見られるが，しかし鬼の性格は共通している。つまり，鬼は鬼追という言葉にも示されているように，鬼がムラから追放される事例が数多く見られるが，しかし大分県国東半島の修正鬼会の行事に見る鬼は，基本的に，ムラ人に福をさずけるものと認識されてきている。つまり，鬼が，火の力（修正鬼会の行事は，オオダイ（大松明），コダイ（小松明）をたく勇壮な火祭リである）をかりて，魔を追うことによって，ムラ人に幸福をさずけるのである。この点に，大分県国東半島の修正鬼会の行事における鬼の独特な性格が認められる。

　鬼のそのような性格を見る修正鬼会の行事は，年頭に際してのその年の国家安穏，万民快楽，息災延命などを願う年始の法会である修正会と五穀豊穣，養蚕如意などを祈願する民俗行事とが習合することによって成り立っているものであろう（[58] 3-8, [63] 1-2, [130] 8-12）からであろう。

　成仏寺の三鬼は，愛染明王，不動明王（または仁聞），観世音菩薩，天念寺の二鬼は，国東六郷を開いたとされている法蓮，不動明王，そして岩戸寺の二鬼は，愛染明王と不動明王のそれぞれの化身とされ，また，そのような鬼には，アジャリ（阿闍梨）という位を取得している僧侶がなっており，その意味でも，大分県国東半島でおこなわれている修正鬼会の行事に見る鬼は決して追われるのでなく，ムラ人に歓迎され，ムラ人は鬼に会うことを願い，鬼はムラ人に福

第8章 わが国の神祭りと葬制に見る右と左の混在について　　227

をさずけるものである。つまり，それは鬼追でなく，鬼会なのである。この点に，大分県国東半島の修正鬼会行事に見る鬼の独特な性格が見いだされる。

以下，大分県東国東郡国東町成仏寺における修正鬼会の行事を中心とし，そして必要な限り，他の二寺のそれに言及する形で述べる。

本節の論述の目的は，右を重視する仏教行事の中に，「左」の習俗がいかに表れているかということを見ることにある。

礼盤といって，僧侶が祭壇の前で一人上がって経を唱える台が祭壇の前におかれているが，その礼盤のまわりを右マワリにまわって，経を唱える。礼盤をまわるのは必ず右マワリでなければならないと言い，また僧侶の服装においても，左肩をかくし右肩を出している姿である。このような右重視の中に，修正鬼会の行事が，前述のように，民俗宗教との習合によって成り立っているためであろうか，以下に述べるような「左」の事実も，また，見られるのである。

2．修正鬼会の概要

さて，その修正鬼会の行事は，筆者が調査をおこなった年の例で言えば（毎年，同様という），2月22日（旧1月5日），午後3時に開始された。

行事のためのオオダイ（最も太いところで，直径1m弱，長さ約5m）をととのえる準備は，以前はよく燃えるように，木を乾燥させる必要から，ちょうど1ヵ月前，つまり，旧12月1日に開始していたというが，今日では旧1月4日，つまり修正鬼会行事当日の前日に，すでに乾燥している木をもらってきてオオダイを作り，フセギシバ（飛び散る火の粉を防ぐためのもので，柴の葉を束ねたもの）を作り，さらにタイレシ（松明入衆）がコウリトリ（後述）にいき，かつ僧が扮した鬼とカイゾエ（あるいは，カイシャクともいう。後述）が，村内各戸をまわるときなどに使用するコダイ（直径5cm余，長さ約1m）を作り，香水棒（直径約4～5cm，長さ約70cm～1mのテラガシワ，もしくは，コンズイという木の表面をけずって，4ヵ所に，花弁のような飾りをつけたもの。祭具の一つ）を作り，餅（祭壇に飾り，また，行事の最終段階で鬼に食わえさせるクワエ餅など）をつき，鬼面の化粧をしたりする。

当日は，早朝から，寺内の清掃，本堂の荘厳（お供え，飾りつけ。きよめの意味もあると言う）などをおこなって，一切の準備を完了する。

そして，修正鬼会の儀式そのものは午後3時に開始され，午後3時から5時にかけて，近隣の寺の僧侶11名によって，まず経が唱えられた。

次に，その修正鬼会の行事次第（差定という）を掲げておく。

その差定，また行事の開始時など，他の二寺ともに基本的に同じである。

以下，その一連の行事に，「左」の習俗がいかに示されているかを見る。

今日，それらの事実について，多くの人々が，左右のどちらでもよい，と言い，また，一部に，右の事実を述べる人もいるが，他方，かなり多くの人が「左」の事実を述べることに注意が喚起される。

行 事 次 第

まず，その時間を示せば，次の通りである。

1. 昼の勤行　　　午後3時～5時　　　本堂
　　　　　　　（差定の伽陀・懺法・序音・回向および千仏名）
2. お斎（夕食）　午後5時30分　　　本堂
　　　　　　　（院主，出仕僧の次タイレ）
3. コウリトリ　　午後7時00分　　　本堂及びコウリトリ場
　　（垢離取リ）　　　　　　　　　（寺から約1km西の川の淵）
4. サカズキノ儀　午後8時00分　　　本堂
5. タイアゲ　　　午後8時30分　　　参道より本堂前
6. 夜の勤行　　　午後9時30分　　　本堂
7. 村内各戸訪問　午後12時
8. 寺へ帰着　　　翌朝未明

差定[5]

伽陀　　｜
懺法導師｜
序　音　｜　昼の勤行で終了
回　向　｜
千仏名　｜

第8章　わが国の神祭りと葬制に見る右と左の混在について

初夜（しょや）	初夜導師登担（夜の勤行の始まり）
法咒師（ほうずし）	2名の僧が，香水棒，太刀，鈴を持って舞う。
神分（じんぶん）	神分導師（院主）登担　本尊諸仏諸神諸天に祈願する。
三十二相（さんじゅうにそう） ｝ 唄匿（ばいのく） 散華（さんげ） 梵音（ぼんのん）	下座で衆僧[6]読誦　（この頃，鬼になる僧3名は愛染堂[7]で鬼の支度（鬼カラゲ）をする。）
縁起・目録（えんぎ・もくろく）	縁起導師本尊の東北に立って縁起の巻を読誦。
錫杖（しゃくじょう）	錫杖師下座で声明（本堂中陣片付[8]）。
米華（まいけ）	これより立役。2僧，藁，満珠，干珠[9]をまく（午後11時）。
開白（かいびゃく）	2僧，香水棒を持って向き合い，上にあげておどる。
香水（こうすい）	釈迦香水から西方香水まで香水棒を持って激しい舞いをする。
四方固（しほうがため）	院主と他の僧1名，本堂東西南北の四角で結界をする。
鈴鬼（すずおに）	男（翁）女（媼）の鈴鬼面をつけた僧2名で鈴，幣を持って舞う。
災払鬼（さいばらいおに） 荒鬼（あらおに） 鎮鬼（すずめおに） 鬼後咒（きごじゅ）	タイレを従え，三三九度の秘法を修し，二十一走飛行[10]を講堂（本堂）内でおこない，参詣者の御祈祷の行事をおこなって，その後，村へ飛び出し（午後12時），家内安全その他の祈祷をする。院主とタイレで村内祈祷を終り帰ってきた鬼にクワエ餅をくわえさせてしずめる。次に，鬼の面をはずし，祭壇上に飾り，咒文を唱えて鬼シズメノ儀をおこなう（翌朝未明）。

　以上が，修正鬼会の差定すなわち行事次第である。その差定にすでに示しているように，伽陀・懺法導師・序音・回向，そして，千仏名を，昼の勤行で唱えている。それら昼の勤行の後に，院主（修正鬼会の行事がおこなわれる寺の僧で，行事の総監督者かつ最高責任者），出仕僧（他の寺からきて，差定を遂行する上で一定の役割を果たす僧）が，お斎すなわち夕食をとり，しばらく休憩する。また，他の僧およびタイレ（シ）も食事をとる。

その後，夜7時から，行事が再開されたが，その際，まず最初に，院主が本尊の灯明から松明に点火する火をいただく。その火は，本尊の左右のどちらの灯明からいただいてもよいと述べる僧侶もいるが，本尊からいって，「左」側の灯明から「左手」にその火をいただくのが正式と述べる僧侶もいる。その場合，右手はただ単に「左手」にそえるだけ，という。

　仏教においては右が尊ばれ，そのような意識を述べる人もいるが，このように「左」を強く意識している人がかなりいることが注目される。

　その後，夜の最初の行事として，コウリトリ（垢離取リ）がおこなわれる。寺から約1kmはなれた川をせきとめた淵に，その上には，シメ縄を張りめぐらし，その下で，8人（オオダイは4本で，1本に2人ずつ，つく）のタイレシが，コウリトリをおこなう。岩戸寺では，寺の前の谷川の中にある滝壺（コウリトリブチという）でおこない，天念寺では，寺のすぐ前の川の深みのあるところ（フカリといっている）でおこなう。その場所には，いずれもシメ縄を張りめぐらしているが，そのシメ縄は「左ナイ」である。タイレシがコウリトリにいく場合，先頭の者が右手にアカオケ（閼伽桶。その中には，コウリトリの場所にきよめのためにまく塩を入れ，外側には清浄水と書き，「左ナイ」のシメ縄を巻いている）を持ち，「左手」にタイレシの全員コダイを持つのが正式，と述べる人がいる。その場合，先頭の者以外の者は，右手には何も持たない。コダイは，魔バライのためと認識されており，今日多くの人がコダイを持つのを左右のどちらの手でもよいと述べる一方，コウリトリをおこなうところに飾るシメ縄の「左ナイ」などとのかかわりから，そのようなコダイを「左手」に持つのを理念と述べる人がかなりいることが留意される。

　コウリトリの場所では，すでにシメ縄を張って内部をきよめている淵に，さらに塩をまいてきよめ，まずアカオケに清浄水を汲み，次にタイレシがその淵に入って身をきよめ，その後，コダイをかざしながら，寺まで走って帰ってくる。このようなコウリトリの後，タイレシは，黒い頭巾に鬼と書いた白い鉢巻きをし，また，白色の上衣，下は黒ズボン，白のキャハンに白足袋といったいでたちに身をととのえる。白色の上衣の背にも，鬼と墨書している。足にはワラジを履いているが，そのワラジの緒がまた「左ナイ」であることが注目される。

第8章 わが国の神祭りと葬制に見る右と左の混在について

　タイレシがそのような衣装に身をととのえた後，夜8時からサカズキノ儀がおこなわれる。その意味は，コウリトリによって身をきよめているタイレシが仏・僧侶と結縁をして誓い，仏・僧侶と一緒に行事を無事におこなうことを願ってのサカズキということである。その際のタイレシの並び方は，本尊あるいは祭壇からいって，その最も右側に，一番タイレシ（タイレシの中の最高位の者で，他のタイレシを指導・監督する立場にある者）がその位置を占める。サカズキをいただくのは，その一番タイレシからであるが，その際，袴と袴に身をととのえた2人の給仕人が奉仕する。1人がサカズキを持ち，他の一人が銚子を持つ。その際の給仕人の歩の進め方が，まず「左」の足からである。それは，各地の氏神祭祀などに際して見られる「進左退右」ということと同じである。事実，その「進左退右」（あるいは，「左進右退」）という言葉も聞く。また，サカズキをのせた三方にふれる手のふれ方も，氏神祭祀の場合と同様で，「左手」でまずふれ，次に右手でふれて初めて持つのが原則とされている。

　祭壇の前の左・右に関しては，「左」側が上座とされ，祭壇からいって，その右側に，笛，鉦，太鼓などのハヤシ手が座っているのに対し，「左」側に，行事の直接的な監督者であり責任者であるトシノカンジョウ[11]が座っている。僧侶は，真正面に座っている。2人の給仕人は，そのように本尊あるいは祭壇からいって「左」側に座っているトシノカンジョウの横から進み出る。

　なお，祭壇における供物のそなえ方においては，香水棒，太刀など，その祭具の多くが，左右にそれぞれ1本ずつ，計2本均等にそなえられているので，その点に関しては，「左」側が上座ということを明確にうかがうことはできない。

　タイレシは，サカズキをもらった後，院主からコンブを2切れいただくが，その際，「左手」を右手の上に重ね，「左手」にいただくのが正式であると言う。そのようにしていただいたコンブの1切れを食べ，他の1切れは鉢巻きにはさんでいる。このようなコンブも，魔ヨケのためのお守りということである。

　このようにして，サカズキをいただいた者は，最後のタイレシがサカズキをいただき終わるまで，両手を立てた形で指を組むか，あるいはニギリコブシをし，または手を重ね，その上に額をのせる姿で，ひれ伏している。注目されるのは，その手の重ね方で，コンブをいただく際の手の重ね方と同じように，

「左手」を右手の上に重ねるのが正式であると言う。そのような手の重ね方は，「左手(サシュ)」といって，神道において，何も持たず神の前に立ち，あるいは座るとき，必ず「左手」を右手の上に重ねると述べる神官が多いが(神にはこのようにして「左手」を見せるようにしなければならないと述べる)，そのことと同じである。この点にも，「左手」の習俗の1つをうかがい知ることができよう。

サカズキノ儀が終わると，トシノカンジョウが前記アカオケをとり，タイレシのみならず，参拝者全員に樒の葉で，アカ水(清浄水)をふりかけて，きよめをおこなう。シオマツリ，という。

その後，寺の境内に出，そこで僧侶が般若心経を唱える中，鬼は眞言を唱え，すでに灯明から火をいただいているコダイを持つタイレシと円陣を組み，徐々に右マワリにまわりながら，御加持(御祈祷)をおこなう。円陣の中には，ムラ人その他の人々が入り，その御加持を受ける。その際，タイレシがコダイを人々の背とか肩に当てるが，そのコダイは，「左手」に持って，「左肩」に当てるのが理念と述べる人がいる。

御加持が終わると，1人の僧がほら貝を吹きならし，それを合図に，タイレシが寺を飛び出し，本堂裏の権現社に参拝した後，寺の前の馬場[12]に用意されているオオダイに点火する。その間に，オニバヤシ(鬼囃子)をハヤシカタがはやし，そのような中に，提灯を持ったトシノカンジョウを先頭とし，次にアジャリダイ(阿闍梨[13]松明)という松明を持った給仕人に導かれた形で，院主以下僧侶がオオダイを立てた馬場の前に進む。そこで，僧侶が心経を唱え，九字(臨兵闘者皆陣烈在前の9つの字。呪文)を切り，きよめのための法をおこなった後，オオダイは，タイレシおよび村人によって寺の真正面のところに運ばれ，仏に献灯される。それは，オオダイの一番から四番までの4本すべてについておこなわれ，そのことをタイアゲと称している(前掲の差定参照)。

その際，留意されるのは，その献燈の仕方である。オオダイを，まず，「左マワリ」に3回まわし(「左転[14]」という)，次いで右マワリに3回まわし(「右転」。以上を総称して「左右転」という)，そして上下に3回，動かしている。このような献燈のことを，「左右転上下動」，あるいは「左右転上下三拝」と言い，また古い言葉で「『ホカイ』」あるいは『ホコウ』，また『ホカウ』ヲ

第8章　わが国の神祭りと葬制に見る右と左の混在について　　　　233

トル」とも言うが，その意味するところは，仏に対する献燈であるとともに，「火による悪魔払いや虫除」の意でもあるという（[58] 17, [63] 23)。

　このように，最初に「左マワリ」に3回まわすことは，仏に御祈祷をおこなう際の「ゴウズエ（牛王杖)[15]」のまわし方にも示されている。つまり，その際のゴウズエも，まず「左マワリ」に3回まわし，次に右マワリに3回まわし，そして上下に3回動かす。このような場合，必ず，「左転」3回が最初ということであり，この点にも「左」の習俗の1つをうかがい知ることができよう。

　オオダイを担ぐタイレシはワラジをはいているが，そのワラジの緒が「左ナイ」であることはすでに述べた。後述する鬼もワラジをはいているが，その緒も「左ナイ」である。このような馬場における行事を終えた後，つまりオオダイを燃やした後には，前記「差定」の後半（前半が勤行といわれる静かな読経であるのに対し，後半は，立役と称されている舞いが主である）に入る。その立役に，「左手」の重視と思われる事実が諸所にうかがわれ，総じて，それぞれの舞いにおいて，より重要と認識されているものが「左手」に持たれているということが言えそうなのである。たとえば，法咒師では，香水棒を「左手」に，右手に鈴，鈴鬼では，「左手」に幣，右手に鈴，また四天王[16]を奉請して東西南北の四方で結界をおこなう四方固（2人の僧がまず本堂正面中央部で向かい合い，刀で切リ合ワセをおこない，その後，四方で外側を向いて経を唱え四天王を招く）で，右手に鈴，魔を払う（あるいは，防ぐ）刀と経典とを「左手」に持つ。さらに，豊作を祈願する米華では，右手に香水棒を持ち，成仏寺・岩戸寺では，右手に持ったその香水棒を膳の上にのせ，「左手」に持った三方（また，朱塗りの膳）に米・藁とともにのせた餅（満珠・干珠）の1つを，経文を唱えながら，右手でまず撒き，次の経文を唱えて後，残りの餅を，米・藁とともに右手で撒く。ところが天念寺では右手に香水棒を持ち，「左手」で米・藁・牛王印（お守りとされている。天念寺では，餅の代わりに牛王印。餅は行事の最終段階で撒いている）をのせた三方を持ち，それらを後ろ向きの姿勢で，「左手」で，「左」の肩越しに撒く。このことは，イギリスで魔バライのために，「左」の肩越しに塩を撒くという習俗（[7]）と同じで興味深い。ムラ人は競って，その米・藁・餅（牛王印）を拾い，健康を願い，また，その年の豊作を願う。

米と餅は，家族の者のみならず，以前は親戚縁者をも招いて，ともに食べ，また，藁は牛馬の飼料に混入し，いずれもその健康を願っていたという。そのほか，たとえば，二鬼が松明を持って向かい合う場面（それは，二鬼が闘っているのではなく，火合ワセといって，魔を追う火の力を倍加させている姿であるという）で，「左手」を先にし，右手を後にして，松明を持つ。また，天念寺で，鬼が講堂の外陣の廊下をコダイを持って走りまわるが（天念寺では，成仏寺・岩戸寺とは異なって，鬼は寺から一歩も外に出ない），そのときコダイを「左手」に持っている。ただし，まわるのは右マワリである。
　そのような舞い，つまり寺内における立役が終わると，成仏寺では，夜半から鬼に扮した3人の僧侶が，集落を戸数の上でほぼ均等に三区分したそれぞれの地区に1人ずつ，それに2人ないし3人のカイゾエ（寺内部の行事におけるタイレシが，この段階で鬼に扮した僧侶のカイゾエになる）がついて，各家を訪問する。
　鬼とカイゾエが訪問した各家では，鬼に扮した僧侶がまず仏壇で家の仏を拝み，その後，数珠を持った「左手」を家族の者の肩とか頭にあてて，痛いところをとりのぞき健康を祈る。
　筆者が同行した際には，そのほか家によっては，生後間もない赤ん坊の頭に，数珠とともに「左手」をあてて，健康に育つように祈願していた。
　以前は，コダイを家の中に持ち込み，それをそっとふりまわして（そのことを切り回シと称していたという），家の中の魔を払い，そして，コダイを持つ「左手」を家族員の肩などに当てていたこともあったというが，現在では危険だという警察の警告もあって，コダイは庭ないし玄関の外において，家の中に入っている。
　このようにして集落の各家を訪ね，寺に帰りついたのは，翌朝の6時頃であった。
　寺では，集落の3地区にわかれて訪問していた3人の僧侶（鬼）と，それぞれのカイゾエが帰り，僧が扮した鬼を取り鎮める鬼シズメノ儀がおこなわれる。クワエ餅（あるいは，オクワエともいう）を鬼の口にくわえさせ，興奮状態にある鬼を取り鎮める。
　このような鬼シズメノ儀がおこなわれた後には，最後の行事として，僧侶2

人で鬼後咒ノ法が修せられる。その際，刀を「左手」に持ち，右膝を後に引き，「左膝」を前方に出す中腰の姿勢で，右手で印を切っている。

　この鬼後咒ノ法ですべての行事を終了するが，このような修正鬼会の行事で，要するに，典型的にはともに魔バライのためと認識されている火（松明）・刀などが「左手」に持たれ，また御幣が「左手」に持たれている（たとえば，鈴鬼。右手に鈴）のと同じように，その御幣の代わりとも言われている香水棒を，原則として「左手」に持つ，ということなどに注意が向く。

　たしかに，右手でいろいろな動作をおこなうために，それらを「左手」に持つ，ということもあるであろう。

　また，次の動作に移る場合の都合で，右手に持たれていることもある。

　しかし，右手には何も持たず，「左手」に小松明を持つことを理念としている人がおり，また，両手に諸祭具を持つ場合，「左手」により重要なものを持つこと，たとえば，前述のように，鈴鬼の舞いにおいて，右手に鈴，「左手」に御幣，法咒師において，右手に鈴，「左手」に香水棒，また五穀豊穣を祈願する舞いとされている米華において，天念寺の場合，「左手」に米・藁・牛王印をのせた三方を持ち，その米・藁・牛王印を後ろ向きの姿勢で，「左手」で「左」の肩越しに撒くことなどに注意が喚起される。さらに，松明に点火する火を本尊の「左」側の灯明から「左手」にいただくのが正式との認識を示し，魔バライの意味を述べる松明を「左手」に持つのが正式と述べる人がいることに関心が持たれる。

　そして，そのような場合の「左」が，究極のところ，魔バライのための「左」・招福のための「左」として認識され，行事の諸所に見られる「左」の習俗が，基本的には，その魔バライのための「左」・招福のための「左」ということを基盤とした呪術・宗教性を付与された意味においてなされているということができそうである。

　今日，「左」の習俗を意識している人は多くはないのがその実情である。また，修正鬼会の行事が，年始の法会である修正会と五穀豊穣などを祈願する民俗行事との習合によって形成されたものであるためにか，右と左の混在ということがその実際の姿であろう，ということも想定される。

　そのような中に，「左」の習俗をいろいろとうかがうことができそうなので

ある。

　以上に述べたことは，一部の事実であり，今後，その諸行事の諸動作について，さらにくわしく検討が加えられ，本節で述べたことが，はたして十分な意味においていいうるかどうかが考察されなければならない。本節は，その意味において，問題提起にとどまるものである。

　しかし，現在のところ，本節でその概要を記した修正鬼会の行事において，「左」重視の事実がうかがわれ，そして，その「左」の意味が，上述のように，魔バライ・招福のためと推測されそうであり，本節の結びとしてそのことを指摘しておきたい。

　そして，ムラ人の「左」の習俗についての認識の中に，日常生活の世俗的活動において右手が使用されるのに対し，「左手」を呪術・宗教的活動にかかわって重視するといった意識がうかがわれ，「聖（呪術・宗教的生活活動）」―「俗（世俗的生活活動）」：「左」―「右」の二項対置を描きうるであろうと思われる。

　なお，以上の論述の数ヵ所で述べたように，この修正鬼会の行事において，祭壇あるいは礼盤のまわりとか，講堂をまわることなど，まわるのは，いずれの場合も，右マワリである。

　その点に関して注目されるのが，この修正鬼会の行事において唱えられる経典に，右旋，という語句があることである。右旋とは，いうまでもなく右マワリということであり，そのような事実に，仏教にいう右繞（右マワリ）が想起され，方々のわが国の宗教行事において，右マワリにまわることに，あるいは仏教の影響を指摘することができるのかもしれないのである。

　また，すでに述べたように，祭壇の「左」側が上座であるといい，事実，トシノカンジョウなど，祭壇の「左」側に位置している一方，タイレシは祭壇の最も右側に，一番タイレシが座している。

　さらに，オオダイをならべる並べ方は，右側に一番ダイをおいている。

　このような事実も，あるいは右マワリということともに，仏教とのかかわりで検討してみる必要のあることなのかもしれない。

　その点，たとえば，奈良東大寺二月堂で内陣中央に大観音を祭る須弥壇のまわりを右マワリにまわる。「左マワリ」は不浄と述べ，また東大寺において，転害門などに飾られているシメ縄の飾り方が，通常の飾り方とは逆（つまり，

シメ縄のナイ始メを右側におく飾り方)に飾られているが，その転害門のシメ縄に関して，安津素彦が，「東大寺鎮守手向山八幡宮の注連縄は転害門流とは反対で通常の張り方である。してみると……東大寺の注連縄は仏教流の解釈のもとに張られてゐるのではあるまいか」([11] 27補足2)と述べていることに注意を向ける必要があるのかもしれないのである。

　安津は，また，次のようにも述べている([12] 343)。

「古代のインドでは，貴人に尊敬の意を表わす時には，右脇を貴人に向けて左から(自己を中心に)貴人の周囲を三度回るという。……。日本の寺院の法要の時に，本尊を中心に本尊に僧侶の右肩を向けて回るが，これもインドの伝統上の慣習を守ってのことである。

　右が尊ばれていればこそ右肩を本尊に向け，従って当然，本尊の右から左へと回ることになるのであろう。

　なお，釈迦の誕生譚では，釈迦は母マーヤー夫人の右脇から……胎内に入り，……右脇から生れでたと伝えられている。これまた右尊の考えからであろう」

　このように，右マワリにまわること，また以上に見た右側ということも，このようなこととのかかわりで，検討してみる必要があるのかもしれないのである。

　しかし，わが国において，右マワリということは，序章に述べた村武，吉田の指摘のほか，筆者の一調査地でお日待ちの行事において，朝，東に昇る太陽を拝み，昼，南の太陽を拝み，そして夕方，西に沈む太陽を拝む右マワリが見られ，また他の調査地では，神社の拝殿において，御神酒をいただくサカズキを日マワリ(右マワリ)にまわしているところがある。

　そのために，右マワリということがいわゆる土着のものであることもありうるのであって，わが国の宗教文化に見る右マワリが，土着の事実なのか，あるいは，仏教の影響(つまり，仏教にいう右繞ということ)なのかを究めることは困難な問題ではあるが，しかし，そのことは，わが国の宗教文化の十分な理解のための今後における重要な研究課題の1つをなしているといっても，決して過言ではないと思われる。

以上，要するに，大分県国東半島でおこなわれている修正鬼会の行事においてすでに述べたように，礼盤の周囲をまわることなど，右の事実が見られる中に，「左手」の習俗がまた見られることが留意されてならない。
　その事実は，人々の意識において次第にうすれてきているように思われる。
　しかし，寺の門に「左ナイ」のシメ縄が飾られ，また，行事の前に身体をきよめる場所（滝壺のようなところ）にも，「左ナイ」のシメ縄が張られている。
　そのために，修正鬼会の行事に見られる，たとえばコダイを持つことなど，かなり多くの人々がどちらに持ってもよいと述べるが，しかし，そのような場合の「左手」の重視を述べる人もいるのである。
　そのことは，各地の神社でおこなわれている神楽において，「左手」が重視されていることを思い浮かべることでもある。
　各地の神社の神楽において，「左手」に御幣を持って，それを高く掲げ，神を招くということがよく見られる。

第11節　漁村における葬式に際しての右マワリと「左衽」および棺縄の「左ナイ」

　以上，わが国の文化に，右と左の習俗がともに見られるということの諸事例を見てきた。そのことに関連して漁村における事実もまた注目される。というのも，わが国の農村における習俗に関しては，「聖」─「俗」：「左」─「右」の二項対置論で説明されうるであろうが，漁村においては，たとえば葬制にかかわって，かつて土葬であった頃の棺縄が「左ナイ」であったことと，今日なおおこなわれている死者に着せる着物の着せ方が「左ムネ」ということに関しては，農村におけると同様に，今日，その「聖」─「俗」：「左」─「右」の二項対置論で説明することができるであろう。
　しかし，そのような中に，葬式に際して，ただまわることだけが右マワリという事実が見られるのである。
　そして，その右マワリは，出港に際しての「左マワリ」との明確な対比で意識されている。
　このような事実は，いうまでもなく仏教にいう「右繞（右マワリ）」・「左繞

(左マワリ)」ということで捉えられない。

　右マワリということに関しては，前述のように，筆者の知る福岡市西郊の一農村における氏神祭祀において，太陽の運行にしたがって，サカズキを右マワリにまわしているということがあった。

　このような右マワリの事実も，また見られるのである。

　しかし，神の島と言われる久高島で，御願の際，「左マワリ」に島を巡り，一方，四国の八十八ヵ所巡りが右マワリであることなどを思うとき，前に述べたように，仏教にいう右繞・左繞ということのわが国の宗教文化への影響の如何ということを検討してみることも重要な課題であることは言うまでもないであろう。

第12節　伊藤幹治の見解

　以上のようなわが国の宗教文化に見る右と左の習俗に関連して，宗教的両極性の問題を提起した Robert Hertz の所論が，わが国の文化には，そのまま適応して考えられないことを伊藤幹治が指摘し，わが国の文化に見る事実について，「相対的対比の論理」ということを述べていることに十分な注意が向けられなければならない。その点に関する伊藤の説明を，次に引用しておく（[54] 104-5）。

　「……日本の社会には，エルツが指摘したように，聖と俗，浄と不浄という，相互に対立した宗教的両極性が投射した左と右のシンボリズムが顕著に認められない，……。その理由は，この社会では左と右の関係が，絶対的な対立というよりも，むしろ，相対的な対比の関係にあると考えられているからである。

　日本の社会では，左膳で食事をすると果報を落とすとか，襷を左から右にかけることを左襷といって，葬式の湯灌のときだけ左襷にして，普段はこれを忌んだり，あるいは，死装束は普通，左前に着せ，物事が思うようにはこばない不運なことを左前といったりしている。そこに，左－不浄－死－凶というシンボリズムが表象されているわけだが，考えてみる必要があるのは，こうした左のシンボリズムが，右のそれとはっきり対立して表象されたものではない，ということである。左－不浄－死－凶という

左のシンボリズムに対して，右－浄－生－吉というそれは，日常的世界の規範として暗示されているにすぎないからである。左と右のシンボリズムが，絶対的な対立というよりは，むしろ，相対的な対比ではないかといったのは，こうした事実についての解釈にもとづいている。

おそらくこのことは，この社会のなかに，絶対的な対立を前提とした，デュルケム流の聖俗二元論を拒絶する土壌がつちかわれているからであろう。」

伊藤はこのように述べ，さらに，日本神話の中で，左－右と男－女の間の象徴的対比が逆転している事実が見られること，男性原理が女性原理に優越している事例，一方，女性原理が男性原理に優越している事例が見られることも指摘している。

このようにして，伊藤は，わが国において，

「……左と右の関係が相対的に対比されているために，それぞれのカテゴリーを軸にした象徴的世界がかなり錯綜している……。このことと関連して，左右と男女の象徴的対比も変換性に富んでいて，左と右は男性原理とも女性原理とも対応し，右－男／左－女とか右－女／左－男というシンボリズムが生みだされている。俗信の世界で，左が不浄や死，凶という諸概念と同定されているのに対して，宮座という祭祀的世界では，右に対する左の優越ということが説かれているのも，あるいは，こうした左と右の相対性にもとづいているのかもしれない。」（[54]108）

と述べている。

この左－右と男－女との間の象徴的対比に関しては，たとえば，産後9日目のチカヤリ（またはチキヤリ。名前の披露）において，生まれ子が「男兒ならば左廻り，女兒ならば右廻りにして一同が抱き廻す」（[212] 74）ことを柳田國男と橋浦康雄が報告し，また，生まれた子にはじめて着物を着せるとき，男の子は最初に「左」の袖から腕を通させるのに対して，女の子は右の袖から通させるということの報告もあり（[135] 375），また，「左孕みは男，右孕みは女」（[135] 143）との言い伝えもある[17]。

また，葬式に際して「……死者が男なら左袖，女なら右袖をかぶる慣いである」（[49] 130-1）という報告もある。この点，その逆の事実もあった（[49] 126）。

第8章 わが国の神祭りと葬制に見る右と左の混在について　　　241

　さらに，宮崎県鵜戸神宮で，運玉を，男性は「左手」で，女性は右手で投げるといったことのように，右 ― 左：女 ― 男の対比が指摘される。
　日本書紀には，神婚の際，「陽神左旋陰神右旋」（[170] 81）と記されている。
　なお，井本英一は，わが国において，「民家の戸口の上に，白紙に手形を押したものが貼ってあるのにときおり出会う。米寿の男は左手，女は右手を押すと添え書きしてあるのがある」（[47] 144）と記している。
　ところが，村武精一は，島根県美保神社における儀礼また沖縄などの調査を通して，逆に，右 ― 左：男 ― 女の象徴的対比を述べている（[101] 169, 177）。
　このようにして，わが国の文化について，伊藤の述べる「デュルケム流の聖俗二元論を拒絶する土壌」をいかに捉え，また，男性 ― 女性と右 ― 左の対比の相反する事実がわが国の文化においてともに見られることをいかに理解するかが問題となるが，以上に見たように，わが国の神社において，基本的には「左」重視の中に右の事実が見られること，他方，寺院において，基本的に右重視の事実の中に「左」の事実もまた見られることに関して，今後検討してみる一課題として，仏教の影響の如何ということを考察して見ることも必要であるかもしれないということを述べておきたい。
　その点，諸文献に，要するに「神道の左，仏教の右」ということが述べられていることがあるが，以上に述べてきたことは，いわゆる神仏習合の問題の一側面としての研究課題を提示していると考えうることなのかもしれない。

〈注〉

1）男結びとは，新村出編『広辞苑』（第四版，1991年）に「ひもの結び方の一。右の端を左の下に回し，さらに右に返して輪を作り，左の端をその輪に通して結ぶ」（367-8ページ）と記されている。
　　一方，女結びとは「男結びの結び方を左から始めたもの。手のかけ方を反対にした結び」（404ページ）のことをいう。
2）その点にかかわって，仏教の影響を指摘する人もいるが，以前，勅使が参内していた頃，勅使が神からいって「左側」に位置し，神官が神からいって右側に座していたのが現在もそのまま残っていると述べる人もいる。
3）東京国立博物館編『法隆寺献納宝物銘文集成』（吉川弘文館刊，1999年）には，「幕末明治の変動と廃仏毀釈によって大きな打撃を蒙った法隆寺は，寺宝の散佚を危惧し，明治9年（1876）11月，重要な寺宝の献納を政府に願い出た。この願いは

明治11年に認められ，金1万円が法隆寺に下賜された。これがいわゆる法隆寺献納御物の起源である」（1ページ）と記されている。
4）本書にはページ数が付されていない。そのために，このように記しておく。以下同じ。
5）以下に記すのは，寺の資料を転記し，かつ，行事自体を確認した。なお，各項目の右側に記しているのは，院主によって，書き添えてもらったものである。
6）行事遂行上，一定の役割を果たす出仕僧に対し，役割を持たない僧（たとえば，修正鬼会の行事に参加するようになってわずかしかたっておらず，その行事にまだ十分習熟していない僧）という点で，出仕僧と区別して言う場合もあるが，その出仕僧をも含めて，本尊の前で，御祈祷をおこなう僧以外の僧一般を衆僧と言っている場合もある。
7）愛染堂と称されているが，主として，僧などが，身仕度をする建物である。
8）修正鬼会の行事は，本来は寺の講堂でおこなわれるのであるが（事実，天念寺，岩戸寺では，講堂でおこなっている），成仏寺は，講堂が焼失しており，そのため，本堂の中央部分（中陣）の畳をあげ，片付けておこなっている。
9）ともに餅である。それを満珠，干珠というのは，勤行は本来日が落ち月が出て開始し，翌朝夜が明ける頃終了していたので，月になぞられてそのように呼ぶのであろうという説明を聞く。
10）本来は，二十七走飛行と書かなければならないという説明を聞く。つまり，前および両脇に3回ずつ，歩（「左足」）を進め（3×3＝9，三三九度の秘法），さらにその動作を3ヵ所（9×3＝27）でおこなうからである。いつのころからか二十一走飛行と記録されているということであり，その理由は，今日，不明である。
11）「年の勘定」と書くという人もいる。ただし会計のみならず，院主の指示の下，行事すべての準備・遂行上の責任者であり，また御祈祷をおこなう際など，僧侶を補佐する役割も果たしている。なお，和歌森太郎は，「年の勧請」と記している（和歌森太郎『歴史研究と民俗学』，1969年，弘文堂刊，331ページ）。
12）寺の前の水田。馬場というのは，かつて人々や乗り物としての馬が多く集まっていたところという意味からきていると述べる人がいる。
13）僧の位の一つ。
14）この点，大分県教育委員会刊行の『国東半島の修正鬼会』（大分県文化財調査報告書第三十九輯，1977年）に記されていることと筆者の調査の結果述べることとの間に，若干の違いがある。たとえば，オオダイを仏に献燈する際，まず最初に，「左転」することが「右転」と記されているところがある。筆者は直接観察したほか，幾度となく確認したが，やはりまず最初に「左転」ということであった。
15）祭具の一つ。
16）東方 ─ 堤頭頼吒天王
　　西方 ─ 毘楼博夜叉天王
　　南方 ─ 毘勒夜叉天王
　　北方 ─ 吠尸羅摩那耶天王

17）ちなみにアイヌでは逆である（「左孕みはメノコボホ（女児），右孕みはオッカイボホ（男児）」（釧路アイヌ）ということである（恩賜財団母子愛育会編『日本産育習俗資料集成』，第一法規出版，143ページ）。

終章

わが国の文化に見る「左」の習俗の解釈をめぐって
—— 「聖」—「俗」：「左」—「右」の二項対置の認識の重要性 ——

　以上，主として，わが国の文化に見る「左」の習俗の文化的意味と機能について，そして，比較文化的に，他文化に見る「左」の習俗を見てきた。問題は，それらの事実をいかに理解しいかに解釈するかということであるが，現段階でその全体を統一的に十分に説明しえない。

　ただ，そのような中にあって，わが国の文化についての調査，さらに，他文化に関する諸文献の検討の結果，世俗的生活の分野と呪術・宗教的生活の分野とが対置してサカサをなし，その両者に，右と左がサカサとして対置してかかわり，そのために，「聖」—「俗」：「左」—「右」の二項対置の認識の重要性ということが一つの重要な論点をなすであろうということが，現在，筆者の念頭にある。そのことが，わが国の文化に見る「左」の習俗の呪術・宗教性を解釈する有力な説明原理になりうることのように思われ，そして，そのことが，また，——（この結論は，わが国の文化についての研究調査の結果ではあるが）—— Nyoro族の「左手」の習俗に関する古野清人の問題提起にも答えうることになるであろうと思われてならない。その二項対置の間のサカサに，サカサの呪力の論理が見いだされる。そのことに，本終章の論述の主旨をおいている。

　今後，二項対置の視点から，本書に述べてきた諸事実を十分説明することができるかどうかが検討されなければならないが，現時点では，筆者の日本国内での調査の結果，そして他文化に見る事実の検討を通して，その二項対置の認識の視点からする理解ないし解釈の仕方が適切で，有力な解釈の視点になりうるように思われてならないのである。筆者が，そのように考える根拠として，筆者の研究調査の結果に加えて，これまで種々述べてきたこと（Needham, Turner, Leach などの事実の提示および所論）に見られる世俗的生活活動の分

野と呪術・宗教的生活活動の分野の二項対置というにとどまらず，さらに，わが国の習俗に，死が豊猟・豊漁にかかわり，豊猟・豊漁の前提として，死が想定されているという民俗的事実についての吉成直樹の「富の交換」論（[222]），近藤直也の「増える論理」・「減る論理」論（[74]）がある。その両者は，世俗的世界と呪術・宗教的世界の間の対置・サカサということではないが，異なった世界（里と海，里と山）に異なったサカサの価値が見られることを示しているものであり，そのような事実からも，二項対置の認識ということが，かなり重要な認識の仕方であろうということが意識されてならない。

次に，その両者の所論を見る。

第1節　「富の交換」論（吉成直樹），
　　　　「増える論理」と「減る論理」論（近藤直也）

「葬列に會へば縁起がよい」。これは，民間傳承の會・柳田國男編輯『民間傳承』（第8巻第1號，1942年）に収録されている高谷重夫の論文「吉と凶の問題」（[171]）の書き出しの語句である。そのことは，山に生活を依存する山村における事実として高谷が述べていることであるが，高谷はその論文でそのほか，「長崎縣の五島では葬儀用具を漁具として使用すると豊漁があると云ふ」，「棺に入れて死者と共に葬つた六文錢を拾つて置いてそれを漁にもつて行くと必ず漁があると云ふ」，「甑島等では人の死骸を夢見てさへも縁起がよい」といったことなど，総じて「漁村で喪に関係あつたものが縁起よし」とされていること，また，「墓地の跡に家を建てると金持になる，といふ様な考へ方は私等の常に耳にする所である」ことを問題とし，「我々國民の通常の感覺では最も忌み厭ひ又は凶として近よる事を喜ばぬ喪に關する現象が，一轉してある場合には吉と考へられるのは如何なる理由による事であろうか」を問い，また，「……妊娠した女の村に入る事さへ，ワタリバラミと云ひ，漁がないと云つて極度にきらふ」事実を問題としている。

そのような事実は，昭和47年刊行の『土佐民俗』22号の中にも見られ，同号収録の論文（「射止めた者には猪の鼻──土佐郡土佐町の狩猟──」）の中で，竹政一二三は，次のように述べている（[174] 11）。

終章　わが国の文化に見る「左」の習俗の解釈をめぐって　　247

「結婚式・出産祝，または出産の場所に立合った場合一週間ぐらいは殆んどの者が猟に行かない。反対に葬式に参加した者は猟運が良いといわれ，昔はわざわざ近日葬式をした家に立ち寄り，お茶を飲んで行く風習があった。」

このような事実に関して，吉成直樹は高知県の一つの島における綿密な調査をふまえ，「不漁をもたらすものとしては出産・月経を含めた女性にかかわるもの，豊漁をもたらすものとしては死にかかわるものが考えられているらしい」([222] 11)，「不漁をもたらす要因としては『子供を生む存在としての女性』，豊漁をもたらす要因としては『死』が考えられている」([222]) 44) ことを問題とし，要するに，「なぜ不漁／豊漁という対立に，出産／死という対立が対応するのか，という問題」([222] 37) を問い，そして，「凶事をもたらす不浄なるものが，吉事をももたらす力として働く」([222]12) ことを問題とし，そのような逆転の事実の理解にかかわって，「『富の交換』という視点を導入すれば，新たな展望が拓けてくるように思われる」([222] 46) と述べ，そのような事実を解釈する上で，「富の交換」という視点の重要性を指摘している。

次に，近藤直也は，その著 ([74]) において，上述の吉成直樹の見解に言及しつつ，近藤自身の説を次のように述べている。

「吉成直樹は，一九九六年五月に刊行した『俗信のコスモロジー』の中で，高知県の西端に位置する母島に於ける漁民の世界観を詳述し，『富の交換』という視点から極めてユニークな論を展開している。……。この構造は，近藤が一九九一年に指摘した『山・里・海の相関関係図』と極めて近い。……。
……（中略）……
　さらに，豊漁・不漁の問題を『穢れ』との関係で説く事を放棄し，不漁と『子供を生む存在としての女性』，豊漁と『死』を関連付け，『この世の側からみれば，人間の生命を獲得したとき（出産）には魚を失い（不漁），人間の生命を失ったとき（死）には漁を獲得（豊漁）しているということになる』と述べている。この着想もまた，既に近藤が一九九一年に記した所と殆ど同じであり，不思議なほどよく似ている。……，魚と人間の間で『生命の交換』が行なわれ，『生命』そのものが『富』に置き換えられる事を指摘している。さらに，この世に存在する『富』の総量は一定即ちゼロサムであり，『豊漁や不漁は本来富の問題であり，穢れの問題とは次元が異なるはずであ

る。これまでは出産や月経，あるいは死の穢ればかりに関心が向かい，肝心な事柄を見落としてきた』と述べ，従来の『穢れ』説を否定するのであった。

　吉成の所説の如く，海と陸の間に於ける富の交換という視点を導入すれば，『穢れ一辺倒』の思考の枠組みから抜け出せ，新たな展望が開けるかもしれない。これは，極めて重要な視点であり，大いに評価したい。実際に，近藤も一九九一年の段階から，これに近い事を考えてきた。……
……（中略）……
　陸で増える事は海で減る事であり，陸で減る事は海で増える事……。
……（中略）……
　死もケガレとされるが，この場合は海側にケの活性化が働き，魚が増える。陸で減る事は，海で増える事なのである。ケガレとは元来ケへの活性化という程の意味なのであり，決して不浄ではなかったのである。従って，ケガレの問題は『穢れ一辺倒』ではなく，むしろハレとケの間に於ける異界交流にその本質があったのであり，この事こそが『富の交換』を成立させるための極めて重要な要因であったと言える。……
……（中略）……
里と里の間でも，婚礼の時空における実家の娘の死と婚家の嫁の誕生があり，……互いに対立する両者間に，『富の交換』があったことは言うまでもない。」（[74] 324-6）

「山や海では里の『死の論理』が『生の論理』に逆転する。即ち，死や死に関する事柄は歓迎され，豊猟・豊漁の瑞兆となる。従って，里に於ける『めでたくないケガレ』は，好いという評価が与えられ，入山する人々は，積極的に死火を交えようとさえするのである。里で『人が死ぬこと』は，山や海で『獲物が増えること』を意味する。人が死ぬことは減ることであり，里の減ることは山の増えることに繋がっている。人の死を媒介項として，『里と山』，『里と海』の各々が全く逆の評価で総合されている点に注目したい。
　一方，里における婚姻や出産は『めでたいケガレ』として祝儀とされ祝福されるが，山や海では『めでたいケガレ』は悪いと評価され，恐ろしいもの，忌避すべきものとして排除される。婚姻や出産は，その家や共同体にとっては増える事柄であり，まさに生の論理である。しかし，山や海では逆に減る事……であり，死の論理に繋がる。」（[74] 59）

近藤は，さらに，次のようにも述べている。

「……，花嫁との遭遇は極めて縁起が悪いものとして位置付けられ，逆に葬列との遭遇は歓迎されていた。異界での死の論理との遭遇は，この世での生の論理と直結していたのであり，二つの世界は，互いに実像と鏡に映った虚像ほどのちがいがあり，左右逆転する如くその価値観が完全に逆転していたのであった。ケガレという点では，花嫁も死者と共通であったが，その評価は里と山またはこの世と異界では正反対であった。」([74] 161)

　近藤はこのように述べ，山と里，海と里が，それぞれ異界をなし，山と里，海と里が，異界として基本的に対立するものと認識され，そのために，以上に見たような民俗的諸事実を「『増える論理』と『減る論理』で解釈すべき」([74] 287) としている。筆者も，ある漁村で，女性が触れた網では魚がとれないといったことを聞いたことがある。このような事実は，従来，女性の穢れの観念から解釈されていた。しかし，近藤の言うように，子供を生む存在としての女性つまり里における「増える論理」が海における漁獲の「減る論理」につながるとする説明は，一つの有力な解釈の視点として，注目されることである。
　なお，近藤は，各地における結婚に際しての忌みの習俗にかかわって，「実家に於ける娘としての死は，婚家に於ける花嫁としての誕生である」([74] 324) とも述べ，結婚における実家と婚家も異なった世界として捉えている。
　筆者には，このように，異なった世界間に見られるサカサの事実，換言すれば，異なった世界間における価値の逆転ということが注目されてならない。というのも，筆者が従来研究課題としてきている「左（手，足，肩）」の習俗の問題も，基本的に，異界間における「左」の問題（世俗的世界における「左」の劣位，一方，呪術・宗教的世界におけるその優位）として理解されうるであろうからである。つまり，世俗的世界と呪術・宗教的世界とが相互に異界をなし，そのそれぞれにおける日常的な世俗的生活活動と呪術・宗教的生活活動における「左」が，サカサに，かかわっていると理解されうるであろうからである。

世俗的世界：呪術・宗教的世界
右＞左　　　　右＜左
（左の劣位）　（左の優位）

　世俗的世界ないし世俗的生活活動において，右に対して劣・弱である「左」が，呪術・宗教的世界ないし呪術・宗教的生活活動においては逆に優であり，強をなしているのである。この意味において，本研究に述べる諸事実の解釈上，二項対置の認識ということが重要視されてならない。そのような二項対置の認識に基づくとき，世俗的生活活動において劣り，弱と認識されている「左」が，呪術・宗教的に積極的な能動的機能を見せることは，当然のことのように思われてならない。とにかく，異なった二つの世界の間に，サカサの全く異なった価値が見られることが注目されてならないのである。
　この点にかかわって，第3章に見たTurnerの「世俗的な弱さが聖なる力であること」ということが留意される。世俗的世界と呪術・宗教的世界との間の二項対置ということは容易に考えられ，いわば当然なこととして考えうることであろうが，筆者には，さらに，そのような「聖」—「俗」間の二項対置ということに加えて，里と海，里と山の間にさえ，「富の交換」，「『増える論理』と『減る論理』」という二項対置が見られることが注目されてならないのである。そのように，里と海，里と山との間の二項対置ということをいかに理解するか，近藤の説の前提としての「この世に存在する『富』の総量が一定即ちゼロサム」ということをいかに考えるかということを含めて，今後，十分に，検討が加えられなければならない。
　さらに，次のような事例の報告もある。

第2節　「ケガレからカミへ」論
—— 新谷尚紀の所説 ——

　異なった二つの世界において価値が逆転している事例として，新谷尚紀の述べる事実もまた注目される。新谷は，その著（[162]）で，「ケガレは，ただそれだけで放置されたままにはしておかれない」（[162] 95）ことを述べ，ケガレ

がケガレにとどまることなく,「ケガレの価値の逆転,読みかえ,という民俗心意のメカニズムが作動し,ケガレは福徳の効験へと転じ,ついには神々が誕生する」([162] 107)事実に注目する。

その一事例を,埼玉県下一農村における神社の「悪魔送神祭」に見る。それは,要するに,集落の人々が神輿を作り,その神輿にケガレを担わせ,神社での神事の後,その神輿は各家で用意した大きな旗とともに村境にまで運ばれ,その村境では宮司による太刀払いがおこなわれ,神輿を旗とともに崖下に落とすことによって,ケガレを追いやる。神社における祭典では,「村内のすべての邪事,疾事,煩わしき事なきよう,大旗をひるがえし,おみこしをかつぎあげて,神送りの神事をつかまつる」([162] 93)との祝詞が奏上される。村境への道中では,笛と太鼓の音がたえまなくひびきわたり,人々は,「オークルワ,オークルワ,厄病神(はやり神)マーツルゾ」([162] 94)と,大声で唱える。村境では,宮司が「抜刀して,御輿の左側,右側,そして前後,中央とつきさす」([162] 94)太刀払いをおこない,その後,大旗とともに神輿を崖下に落とし,ケガレを追いやるのである。

ところが,注目されることには,このようにして「人々の日々の生活の中で生じたケガレがつけられ村境へとハラヘヤラレ」([162] 95, 96),崖下に追いやられた(捨てられた)神輿と旗竿を,隣村の人々が,それらは「養蚕の棚……に使うと蚕がよくあたる」([162] 94)として,拾い,持ち帰るのである。このような事実に,新谷は,前に引用したように,ケガレがただそれだけで放置されたままにしてはおかれず,ケガレの価値が逆転するしくみを見ている。新谷は,さらに,漁村において,「水死体が幸運をもたらすものとして,漁民によって積極的に拾われる」([162] 165)事実などにふれながら,

「……,日本の民俗社会では一般的に,死とそのケガレの場合にもそのケガレがハラヘヤラレて,死者の個性が祖霊へと昇華していく一連の葬祭儀礼が展開していることがわかるであろう。そして同時にその一方では,特別な異常死者の場合には,そのケガレの力の不気味な増幅をおそれてその価値の逆転をさせ,福徳の力あるものと読みかえたり,また,しばしばそこから神を誕生させるという民俗心意のしくみが存在するということも確認されるであろう」([162] 165)

と述べている。

　筆者がここに新谷の論述を引用したのは，新谷がケガレの価値が逆転する民俗心意のしくみを見ていることのみならず，その事例に異なった二つの世界（この場合，隣接する二つの集落）で，価値が逆転しているサカサの事実を見るからである。本研究で述べる諸事実の解釈上，筆者は，このように異なった二つの世界において価値が逆転し，サカサの事実が見られることを重視したいのであるが，その一事例として第1節に述べた吉成・近藤の論述とともに，新谷のこのような論述もまた注目されるのである。というのも，くりかえし述べれば，筆者には，本研究に述べる事実の解釈上，異なった二つの世界において価値が逆転し，その異なった二つの世界の間に全く異なったサカサの価値が二項対置的に見られるということが注目されてならないからである。

第3節　終わりに

　以上，実に興味深い事実として，死が豊猟・豊漁にかかわり，豊猟・豊漁の前提として死が想定されている，ということを見た。「死者の棺にまいてあるサラシの布を漁具にとりつけると漁があるとか，死者の身につけていたものを船にもちこむと大漁になるという伝承がある。また船の守護神であり，大漁をもたらしてくれると信じられている船霊の神体に用いるサイコロは，人が首を吊った木をみつけて，これでつくるとよいなどという伝承もみられる」（[187] 136）という記述もある。前節に述べた吉成直樹は，「なぜ不漁／豊漁という対立に，出産／死という対立が対応するのか」（[222] 37, 44）を問題とし，近藤直也は，その吉成直樹の論を参照しながら，『土佐民俗』22号の中で述べられている「結婚式・出産祝，または出産の場所に立合った場合，一週間ぐらいは殆んどの者が猟に行かない。反対に葬式に参加した者は猟運が良いといわれ，昔はわざわざ近日葬式した家に立ち寄り，お茶を飲んで行く風習があった」ということなどを引用し（[74] 21），また，「花嫁との遭遇は極めて縁起が悪いものとして位置付けられ，逆に葬列との遭遇は歓迎されていた」（[74] 161）ということを問題としていた。そのような問題に対する吉成・近藤の見解は，要す

るに，解釈の基本的視点としては，二項対置の認識ということにある。つまり，山と里，海と里とは対立する関係にあって，里に住む人の死亡という里における「減る論理」が，山および海における「増える論理」（山での豊猟，海での豊漁）という関係にあるのである。

　　　　　　　里 ― 山・海
　　　　　　　増 ― 減
　　　　　　　減 ― 増

　本研究で述べてきたわが国の民俗的諸事実，また，世界各地における諸事実の解釈上，このような二項対置の認識ということが留意されてならない。その点にかかわって，今日，筆者の念頭にあることを述べておきたい。
　序章に述べたように，古野清人が，アフリカ・ウガンダの Nyoro 族において，常日頃の世俗的生活において右手が優越し，一方，右手に劣り，弱く，嫌われてさえしている「左手」が呪術・宗教的に重視されている事実に関して，「右手は優越しているのであるから，当然占い師は右手を用いるはずである」（[31] 38）。ところが，事実はそのサカサで，呪術・宗教的に「左手」が使用され，占い師が「左手」に占いのための貝を持って投げて占う習俗の解釈の重要性を指摘していた。その点，世俗的生活活動の分野と呪術・宗教的生活活動の分野とが，サカサとして二項対置をなし，そして，そのそれぞれに同じサカサとして二項対置をなす右と左がかかわり，世俗的生活活動の分野で右に劣り弱く補助的な位置付けである「左」が，呪術・宗教的生活活動の分野で優っているとすれば，呪術・宗教的生活活動の分野で「左手」が用いられることは，当然のことと思われる。つまり，

　　世俗的生活活動の分野：呪術・宗教的生活活動の分野
　　　　　　右＞左　　　　　　　　　　右＜左
　　　　　（左＝劣，弱）　　　　　　（左＝優，強）

の二項対置，ということである。

このように，二項対置の視点に立てば，世俗的に弱，劣と認識されている方が，呪術・宗教的に強であり優であり，世俗的な分野において劣位におかれている方が，呪術・宗教的には優位におかれ，力を持つことは当然のことと考えられる。つまり，Turnerのいう「世俗的な弱さが聖なる力である」ことは，世俗的生活活動の分野と呪術・宗教的生活活動の分野とが，サカサとして，対置して認識されているのであれば，当然のことのように思われてならないのである。

　わが国における「左手」の習俗の一事例に，柳田國男が縄掛地蔵ということを報告していた。百日咳で苦しいとき，「左ナイ」の縄を綯って，それを「左手」で地蔵に掛けて，病魔の退散をはかり，病気の治癒を願うという習俗である。このように，わが国においても，その世俗的な生活活動の分野において，右に劣り，弱く，右に対して補助的な位置付けをなされている「左手」が，呪術的に勝り，その力が付与されている。わが国の文化を含めて，世界各地における「左」の習俗を見るとき，世俗的生活活動の分野において，右に劣り，弱く，マイナスのイメージで捉えられている「左」が，呪術・宗教的生活活動の分野において，そのサカサに，勝り，力を保持している。この点，世俗的生活活動の分野 ― 呪術・宗教的生活活動の分野の二項対置に，右―左の二項対置がかかわっているのであれば，世俗的生活活動の分野において右に劣る「左」が，呪術・宗教的生活活動の分野において優るのは，当然なことではなかろうか。

　そのような二項対置の事実は，すでに述べたように，Turnerが，父系社会における母方の霊的位置付け，母系社会における父方の霊的位置付けに関して述べることにも示されているところである。Turnerは，Tallensi族，Nuer族の父系社会において，神が祭られている霊所は女の霊所であり，Ashanti族の母系社会において主要な神々は男神であるという実に関心の持たれる事実を記していた。つまり，

父系社会において，　　　　　母系社会において，
　世俗的生活：宗教的生活　　　　世俗的生活：宗教的生活
　　男＞女　：　男＜女　　　　　　女＞男　：　女＜男
　（男性の優位）（女性の優位）　（女性の優位）（男性の優位）

の二項対置が，Turner の事実の提示において，明確に指摘されうるのである。

このような二項対置の視点は，わが国において神に飾るシメ縄が「左ナイ」であり，かつて土葬であった頃の棺縄（棺をしばる縄）がまた同様に「左ナイ」であったこと，そして，その両者は，ともに，世俗的な農作業で使用する縄の右ナイのサカサであり，そのように明確に認識されていることなど，わが国の宗教文化に顕著に見られる「左手」の習俗の解釈に関しても，当然，適応して考えうるであろうことを，再度，述べておきたい。

そのような「左手」の習俗の解釈に関して，Needham は，Meru 族において，世俗的リーダーとしての長老と宗教的リーダーとしての祭司 Mugwe との関係を問題とし，そのそれぞれに優位に結びつく右手と左手との間に優―劣の関係を認識し，その「相補的二元論（complementary dualism）」を展開していた。わが国の文化においても，世俗的な日常生活において，右手が主に使用され，優越しているのに対して，「左手」は，その世俗的生活において右手に劣り，弱く，その補助的な位置付けであり，その意味で，その両者が優―劣の関係において捉えられ，日常の世俗的生活において劣る「左」が，呪術・宗教的生活において優っている。そのために，

　　世俗的生活活動の分野：呪術・宗教的生活活動の分野
　　　　　右＞左　　　　：　　　　右＜左
　　　　（左の劣位）　　　：　　　（左の優位）

の二項対置を描くことができる。同じことは，足，肩についても，指摘しうることである。

このように，二項対置の認識に立てば，世俗的に劣るものが呪術・宗教的に優であることは，当然のことのように思われてならない。その二項対置の認

識は，右と左が優劣の関係にない，たとえば，右マワリ―左マワリということに関しても，当然，言いうることである。その点，わが国の宗教文化において，神祭りにかかわって，また，葬制上「左マワリ」が顕著な事実として見られた。そして，それらはともに，世俗的なたとえば農作業上の田植えの準備の最終段階としてのシロカキを右マワリでおこなっていたということのサカサとして認識されていた。そのために，

世俗的生活活動：呪術・宗教的生活活動

　　右マワリ　　　：　　　　左マワリ

の二項対置を描きうると思われ，右マワリの世俗性に対し，「左マワリ」が魔バライ・招福などの呪術性を持つことも，当然のことのように思われる。

　シメ縄の「左ナイ」ということも，たしかに，解釈上，優―劣，強―弱の関係で捉えうるが，右マワリ―左マワリのように，必ずしも，優―劣，強―弱という関係においてでなく意識されているということも述べておいた。つまり，世俗的な経済活動としての農作業で使用する縄が，左手を下に右手を上にして，その間に藁をはさみ，上にした右手を前に押して綯うのに対して，神に飾るシメ縄とかつて土葬であった頃の棺縄は，世俗的な農作業に使用する縄の綯い方のサカサに，右手を下に「左手」を上にして，その間に藁をはさみ，上にした「左手」を前に押して綯うということに示されているように，優―劣，強―弱ということでなく，サカサということが強く意識されているのである。右―左の関係を，優―劣，強―弱の関係で捉えようが，そのような関係でないサカサとして捉えようが，二項対置の視点であることは言うまでもない。そのような二項対置の視点に基づくとき，すでにたびたび引用し述べたことであるが，古野清人が，アフリカ・ウガンダのNyoro族の占い師が「左手」を使用することについて，「右手が優越しているのであるから，当然占い師は右手を用いるはずである」と述べ，しかし事実はそのサカサで，占い師が「左手」を使用していることが「理論上の課題を提起している」（〔31〕38）と指摘していることに答えうることでもあるように思われてならないのである。つまり，二項対置の視点からすれば，世俗的生活活動の分野において右手に劣る

「左手」が, 呪術・宗教的に優ることは, 当然なことと考えられるからである。また, 右が世俗性を持ち, 「左」が呪術・宗教性を保持することは, 当然のことと思われる。このように, 異なったカテゴリー間で価値が逆転している事実が指摘され, その点にサカサの呪力がうかがわれる。

このようにして, 現段階では, 筆者には, 筆者がわが国の文化についておこなってきた調査の結果, そして, 他文化に見る諸事実に見られる異なった二つの生活分野 (世俗的生活分野と呪術・宗教的生活分野) 間における二項対置の認識ということが, 右のサカサとしての「左」の習俗の呪術・宗教性を理解する上で, 重要なことのように思われてならない。このような二項対置ということは, 世俗的世界と呪術・宗教的世界間のみならず, 吉成・近藤の研究に見るように, 里と海, 里と山との間にも知ることのできることであった。そのためにも, そのような二項対置ということは, かなりな重要性を持つもののように思われてならないのである。

ここに改めて, このような研究にとっての二項対置の認識の重要性ということを指摘しておきたい。ただし, たとえば, Nuer族において, 同じ呪術・宗教的場面 (儀礼) において, キュウリの左側半分を捨て, 右側半分を使用する一方, 母牛が子牛を生んで, 後産が降りなくて苦しがっているとき, 「左手」で草の輪を母牛の「左」の角にかけて, 後産が降り楽になるように願うといったことなど, 総じて, 第6章に見る諸事実は, どのように説明したらよいのであろうか。その点, 別の説明の原理が必要であるようにも思われる。

そのことは, 台湾・アミ族についても同様である。というのも, すでに述べたように, アミ族において, 「左マワリ」が病気の原因など悪因を取り除くためにおこなわれ ([35] 58), また, 神祭りに際して踊りの回転の方向が「左マワリ」である ([35] 177) 一方, 同じ呪術・宗教的生活の分野で, 小型の鹿の右前足を祭祀に使ったり ([35] 86, 177), 「死の忌みなどを除去したり, 病気を除去したりして, 身体を浄化することができる力があると考えられている」 ([35] 266) 豚の右前足が「……儀礼の時, 家屋内外から悪いカワスを除去したり, 身体から悪いカワスなどの病気の原因を取り除くために使用される……」 ([35] 267) ということもあるのである。

このように, Nuer族, アミ族においては, 同じ呪術・宗教的生活の分野に

おいて，右と左がともに見られるのであって，その場合，主として日本における研究調査の結果導き出した「聖（呪術・宗教的生活活動）」―「俗（世俗的生活活動）」：「左」―「右」という二項対置の認識の重要性ということは必ずしも述べることができそうにない。幾多の事例を検討することによって，本研究の結語として述べる二項対置の認識の重要性ということが，そのような「左」の事実の説明原理として，どれほど有効かどうか，その点を比較文化的にさらに確かめることが，今後に残された課題である。

　本研究においては，とくにわが国の「左」の習俗の調査研究を通して，そのような習俗の解釈にかかわって，「聖」―「俗」：「左」―「右」の二項対置の認識の重要性ということ，右のサカサとしての「左」に呪術・宗教性が認識され，その点に「左」の呪力・サカサの呪力ということが認識されているということを述べてきた。右―左の二項対置に，Needhamのいう「相互補完性（complementarity）」ということも，たしかにその意味として考えうることではある。しかし，限りある調査の経験ではあるが，筆者の調査結果から言えば，わが国においては，その「相互補完性」ということをその意味として想定するよりも，右―左のサカサに「左」の呪力・サカサの呪力ということを強く意識していることが留意されてならない。そのことは，くりかえし述べれば，通常の世俗的な経済活動としての農作業に使用する縄の右ナイが，左手を下に右手を上にして，その間に藁をはさみ，上にした右手を前に押して綯うのに対して，神に飾るシメ縄およびかつて土葬であった頃の棺縄の「左ナイ」は，そのサカサに，右手を下に「左手」を上にして，その間に藁をはさみ，「左手」を前に押して綯うということに示されているように，要するに，サカサということが強く意識されているからである。「人間の右手が神の左手」などといったことを各地の調査地でよく聞くことがあるが，そのような言葉に，二項対置の認識ということが明確に示されているように思われる。

参考・引用文献

[1] 青木　保　1984　『儀礼の象徴性』（岩波現代選書）　岩波書店
[2] 赤田光男　1974　「徳之島の葬送儀礼と祖先祭祀」まつり同好会『まつり』23
[3] ─────　1981　「葬送習俗にみえる蘇生・絶縁・成仏・追善の諸儀礼」財団法人元興寺文化財研究所編『東アジアにおける民俗と宗教』　吉川弘文館
[4] ─────　1986　『祖霊信仰と他界観』　人文書院
[5] 秋道智彌　1999　『なわばりの文化史 ── 海・山・川の資源と民俗社会 ──』小学館
[6] 奄美沖縄民間文芸研究会　1993　『奄美沖縄民間文芸研究』16
[7] 朝日新聞社　1991　朝日新聞1991年（平成3年）1月20日（日曜版）「イングリッシュ散歩 ── 塩 ── 」
[8] ─────　1994　朝日新聞1994年（平成6年）5月6日夕刊
[9] ─────　1997　朝日新聞1997年（平成9年）9月11日朝刊
[10] ─────　1998　週刊朝日百科『日本の国宝』052　奈良・東大寺2　朝日新聞社
[11] 安津素彦　1969　「左右尊卑攷」『神道宗教』55
[12] ─────　1978　『国旗の歴史』　桜楓社
[13] 安津素彦・梅田義彦監修　1977（1968）『神道辭典』　堀書店
[14] Beattie, J.H.M.　1964　The Ghost Cult in Bunyoro Ethnology 3
[15] ─────　　　1968　Aspects of Nyoro Symbolism Africa 38
[16] Beidelman, T.O.　1971　*The Kaguru: A Matrilineal People of East Africa*　Holt, Rinehart and Winston, INC.
[17] 文化庁・東京国立博物館・京都国立博物館・奈良国立博物館監修　田中義恭編　1979　『日本の美術』8　№159『誕生仏』　至文堂
[18] Burke, P.　1978　*Popular Culture in Early Modern Europe*，中村賢二郎・谷　泰訳『ヨーロッパの民衆文化』　人文書院　1988年
[19] Chambers,R.　1863　*The Book of Days ── A Miscellany of Popular Antiquities in Connection with the Calendar including Anecdote, Biography & History Curiosities of Literature and Oddities of Human Life and Character ──*，加藤憲市訳『イギリス古事民俗誌』　大修館書店　1996年
[20] 朝鮮總督府中樞院　1937　『扇　左縄　打毬　匏』　朝鮮總督府中樞院

[21] 太宰府市史編さん委員会　1993　『太宰府市史　民俗資料編』　太宰府市
[22] Douglas,M.　1984　*Purity and Danger —— An Analysis of the Concepts of Pollution and Taboo ——*, ARK Paperbacks, Routledge & Kegan Paul, 塚本利明訳『汚穢と禁忌』思潮社　1985年
[23] Evans-Pritchard,E.E.　1953　Nuer Spear Symbolism, *Anthropological Quarterly* I（[126]に収録）
[24] ────　1956　*Nuer Religion*, the Clarendon Press, E.E. エヴァンズ=プリチャード著　向井元子訳『ヌアー族の宗教』上・下（平凡社ライブラリー）平凡社　1995年
[25] ────　1965 (1929) "Some Collective Expressions of Obscenity in Africa" in E.E.Evans-Pritchard: *The Position of Women in Primitive Societies and Other Essays in Social Anthropology*　Faber and Faber LTD
[26] 藤谷俊雄・直木孝次郎　1991　『伊勢神宮』　新日本出版社
[27] 福永光司　1993　「馬と船の道」2　朝日新聞1993年（平成5年）1月22日夕刊
[28] 福岡県　1984　『福岡県史　民俗資料編』　福岡県
[29] 福山敏男　1978 (1963)　「厳島神社の社殿」『佛教藝術』52「厳島の美術」特集　思文閣出版
[30] 古野清人　1972　『高砂族の祭儀生活』　古野清人著作集1　三一書房
[31] ────　1972　『原始文化の探求』　古野清人著作集4　三一書房
[32] Gluckman,M.　1963　*Order and Rebellion in Tribal Africa*　Cohen & West
[33] ────　1970 (1956)　*Custom and Conflict in Africa*, Basil Blackwell
[34] Goody,J.　1962　*Death, Property and the Ancestors —— A Study of the Mortuary Customs of the LoDagaa of West Africa ——*　Stanford University Press
[35] 原　英子　2000　『台湾アミ族の宗教世界』　九州大学出版会
[36] 林　陸朗校注訓訳　1985　『完訳注釈　続日本紀』巻第一～巻第八　現代思潮社
[37] Hertz,R.　1909　La Prééminence de la main droite: étude sur la polarité religieuse　*Revue philosophique* 68, 英訳 The Pre-eminence of the Right Hand: A Study in Religious Polarity (translated by Rodney Needham) in Robert Hertz "Death and the Right Hand" translated by Rodney and Claudia Needham, with an Introduction by E.E.Evans-Pritchard Cohen & West 1960, 吉田禎吾訳　「右手の優越 ── 宗教的両極性の研究 ── 」（吉田禎吾・内藤莞爾他訳『右手の優越 ── 宗教的両極性の研究 ── 』垣内出版，1980年）
[38] 比嘉康雄　1989　「神々の古層」(1)『女が男を守るクニ』久高島の年中行事 [1]　ニライ社

参考・引用文献　　　　　　　　　　　　　　　261

- [39] ─────　2000　『日本人の魂の原郷・沖縄久高島』　集英社
- [40] 樋口清之　1982　『禁忌と日本人』日本人の歴史11　講談社
- [41] 久野　健編　1997（1986）『図説仏像巡礼事典』　山川出版社
- [42] 市毛　勲　1984　『増補　朱の考古学』　雄山閣出版
- [43] 伊平屋村役所　1956　『伊平屋村誌』　伊平屋村役所
- [44] 伊平屋村史発刊委員会　1981　『伊平屋村史』　伊平屋村史発刊委員会
- [45] 飯島　茂　1977（1973）『祖霊の世界 ── アジアのひとつの見方 ── 』（NHKブックス197）　日本放送出版協会
- [46] 稲村哲也　1995　『リャマとアルパカ ── アンデスの先住民社会と牧畜文化』　花伝社
- [47] 井本英一　1982　『死と再生 ── ユーラシアの信仰と習俗 ── 』　人文書院
- [48] 井之口章次　1952　「魂よばひ」『民俗学研究』第三輯　日本民俗学会
- [49] ─────　1954　『佛教以前』　古今書院
- [50] ─────　1987（1977）『日本の葬式』　筑摩書房
- [51] 石田茂作　1962　「右と左の問題」『法隆寺夏季大學記念論文集』　法隆寺夏季大學出版部
- [52] 石上　堅　1983　『日本民俗語大辞典』　桜楓社
- [53] 石川栄吉他編　1987　『文化人類学事典』　弘文堂
- [54] 伊藤幹治　1988　『宗教と社会構造』　弘文堂
- [55] 任　東權　1992　『師走祭りの現地調査』　韓國日本學會
- [56] 岩本徳一　1970　『神道祭祀の研究』　角川書店
- [57] 岩崎敏夫　1968　『村の神々』（民俗民芸双書28）　岩崎美術社
- [58] 岩戸寺修正鬼会保存会　1989　『国東町岩戸寺修正鬼会』　国東町教育委員会
- [59] 伊豆味俊夫著　白川琢磨校訂　1998　『野甫の拝所と年中行事』（四国学院大学現代社会現場実習報告書第四号）　四国学院大学社会学部応用社会学科
- [60] Jahoda,G.　1982　*Psychology and Anthropology ── A Psychological Perspective ──*　Academic Press Limited，G. ヤホダ著　野村　昭訳　『心理学と人類学 ── 心理学の立場から ── 』　北大路書房 1992年
- [61] 神社本庁　1975　『神社祭式行事作法指導要綱』　神社新報社
- [62] 神社新報社　1993　『祝詞全集』第四巻（「神葬・慰霊篇」）　神社新報社
- [63] 成仏寺修正鬼会保存会　1988　『国東町成仏寺修正鬼会』　国東町教育委員会
- [64] 鹿児島県歴史資料センター黎明館　1983　『鹿児島の歴史と文化 ── 部門別展示図録 ── 』　鹿児島県歴史資料センター黎明館
- [65] ─────　1987　『総合案内』　鹿児島県歴史資料センター黎明館
- [66] 鹿児島民俗学会　1969　『加計呂麻島の民俗 ── カケロマ島民俗調査報告書 ── 』
- [67] 柏　常秋　1975　『沖永良部島民俗誌』　鹿児島市草牟田町4191　柏　常徳発行
- [68] 桂井和雄　1973　『俗信の民俗』　岩崎美術社
- [69] 加藤常賢　1966　『老子原義の研究』　明徳出版社
- [70] 鎌田久子　1990　『女の力 ── 女性民俗学入門 ── 』　青娥書房

[71] 嘉陽妙子　1987　「久高島の年中行事と神女の服装」『沖縄民俗研究』7　沖縄民俗研究会
[72] 国立歴史民俗博物館編　1993　『装飾古墳の世界』　朝日新聞社
[73] 熊谷　治　1984　『東アジアの民俗と祭儀』　雄山閣出版
[74] 近藤直也　1997　『ケガレとしての花嫁──異界交流論序説──』　創元社
[75] 古典と民俗学の会編（桜井　満代表）　1984　『沖縄県久高島の民俗』（古典と民俗学叢書Ⅷ）　白帝社
[76] 古都大宰府保存協会　1996　『太宰府文化財名選──観世音寺のほとけたち──』財団法人古都大宰府保存協会
[77] Kruyt,Alb.C.　1941　*Right and Left in Central Celebes*（*Rechts en Links bij de Bewoners van Midden-Celebes*）（[126]に収録）
[78] Leach,E.R.　1961　*Rethinking Anthropology*　The Athlone Press　青木　保・井上兼行訳『人類学再考』　思索社　1974年
[79] 前原勝矢　1989　『右利き・左利きの科学──利き手・利き足・利き眼・利き耳──』ブルーバックス　講談社
[80] 毎日新聞社　1994（1987）『魅惑の仏像14──百済観音──』
[81] 牧田　茂　1995　「ケガレとコモリ」　山陰民俗学会『山陰民俗叢書Ⅰ　柳田國男鈔』　島根日日新聞社
[82] 松尾剛次　1999　『仏教入門』　岩波書店
[83] 松平齊光　1946　『祭──本質と諸相──』　日光書院
[84] Matsunaga, K.　1986　"The Importance of the Left Hand in Two Types of Ritual Activity in a Japanese Village" in Hendry, J. and J. Webber (eds.): *Interpreting Japanese Society ── Anthropological Approaches* ── JASO (Journal of the Anthropological Society of Oxford) Occasional Papers No.5, Oxford (revised edition, 1998, Routledge)
[85] 松永和人　1995　『左手のシンボリズム──わが国宗教文化に見る左手・左足・左肩の習俗の構造とその意味──』　九州大学出版会
[86] ────　1996　「鹿児島県大島郡徳之島伊仙町における葬送習俗」　福岡大学総合研究所報第182号人文科学編第117号
[87] 松山光秀　1968　「左綱にまつわる信仰と習俗──徳和瀬部落を中心にした──」『徳之島郷土研究会報』2
[88] ────　1976　「出産と死にまつわる習俗──面縄部落での聞書──」徳之島郷土研究会編『上面縄地区調査報告書』第1集
[89] ────　1979　「徳之島の葬制」土井卓治・佐藤米司編『葬送墓制研究集成』第一巻　葬法　名著出版
[90] ────　1988　「南島からの報告──徳之島の戸惑い──」『未来』No.258　未來社
[91] ────　1989　「『ワシムラの古図にみるコスモロジー』に関する報告（その

一)」文部省科学研究費補助金重点領域研究「比較の手法によるイスラームの都市性の総合的研究」『イスラームの都市性・研究報告』第33号　東京大学東洋文化研究所

[92] ―――　1993　「『八ッ縄』の習俗―― 徳和瀬集落における――」『徳之島郷土研究会報』19

[93] Maybury-Lewis,D.and U.Almagor　1989　*The Attraction of Opposites—— Thought and Society in the Dualistic Mode——* The University of Michigan Press

[94] Middleton,J.　1968　Some Categories of Dual Classification among the Lugbara of Uganda　*History of Religions* 7　([126] に収録)

[95] 宮家　準　1980　『増補　日本宗教の構造』　慶應通信

[96] 宮田　登　1979　『神の民俗誌』(岩波新書)　岩波書店

[97] ―――　1986　『現代民俗論の課題』　未来社

[98] ―――　1996　『ケガレの民俗誌』　人文書院

[99] 宮崎県南那珂郡南郷町企画課　1996　『平成8年度南郷町がわかる本（町勢概況)』

[100] 村武精一　1984　『祭祀空間の構造―― 社会人類学ノート――』　東京大学出版会

[101] ―――　1992　『家と女性の民俗誌』　新曜社

[102] 森　謙二　1993　『墓と葬送の社会史』(講談社現代新書)　講談社

[103] 森　浩一　1991　『古代日本と古墳文化』(講談社学術文庫)　講談社

[104] 村崎真智子　1993　『阿蘇神社祭祀の研究』　法政大学出版局

[105] Myerhoff,B.G.　1978　Return to Wirikuta: Ritual Reversal and Symbolic Continuity on the Peyote Hunt of the Huichol Indians in B.A.Babcock (ed.) *The Reversible World: Symbolic Inversion in Art and Society* Cornell University Press．バーバラ・G・マイヤーホフ　井上兼行訳「ウィリクタへの回帰―― ウィチョル・インディアンのペヨーテ狩りにおける儀礼的逆転と象徴的連続――」バーバラ・A・バブコック編　岩崎宗治・井上兼行訳『さかさまの世界―― 芸術と社会における象徴的逆転――』　岩波書店

[106] 直江廣治　1967（1966）『屋敷神の研究―― 日本信仰伝承論――』　吉川弘文館

[107] 長倉養輔　1996　「北西パキスタン・カラーシュ族の冬至祭り―― チョウモス祭における男女の関係性の周期的変化について――」(研究ノート)『民族学研究』61／3

[108] 長島信弘　1977　「遠似値への接近―― 右と左の象徴的分類に関するニーダムの所論をめぐって――」一橋大学一橋学会編集『一橋論叢』第77巻第3号

[109] 中村義雄　1985（1978）『魔よけとまじない―― 古典文学の周辺――』　塙書房

[110] 中森義宗・衛藤　駿・永井信一　1992　『増補　美術における右と左』　中央大学出版部
[111] 中田祝夫・和田利政・北原保雄編　1983　『古語大辞典』　小学館
[112] 仲田清英　1974　『伊平屋列島文化誌』　昌達印製廠服分有限公司（台北市）
[113] 中田尚子　1999　「万葉集にみる袖」日本生活文化史学会『生活文化史』35
[114] 中土佐町史編さん委員会　1986　『中土佐町史』　中土佐町
[115] 中土佐町役場　1997　『町制施行四十周年記念誌・中土佐紀行』
[116] 中津江村教育委員会・中津江村誌編集委員会　1989　『中津江村誌』
[117] 仲松弥秀　1977（1975）「死人観」『神と村』　伝統と現代社
[118] 永松　敦　1999　「宮崎県の来訪神」『宮崎県史』別編民俗　宮崎県
[119] 波平恵美子　1978　「水死体をエビス神として祀る信仰：その意味と解釈」『民族学研究』42／4
[120] ───　1979　「ハレとケとケガレ」五來　重他編『講座　日本の民俗宗教』1　神道民俗学　弘文堂
[121] ───　1985　「ケガレ」（民俗宗教シリーズ）　東京堂出版
[122] 奈良国立文化財研究所飛鳥資料館　1978　『古代の誕生仏』　奈良国立文化財研究所飛鳥資料館
[123] Needham, R.　1958　A Structural Analysis of Purum Society　*American Anthropologist* Vol.60
[124] ───　1960　The Left Hand of the Mugwe:An Analytical Note on the Sturcture of Meru Symbolism, *Africa* 30（[126] に収録）
[125] ───　1967　Right and Left in Nyoro Symbolic Claasification　*Africa* 37（[126] に収録）
[126] ───（ed.）1973　*Right & Left:Essays on Dual Symbolic Classification*　The University of Chicago Press
[127] 日本大辞典刊行会編　1974　『日本國語大辞典』　第九巻　小学館
[128] ───　1975　『日本國語大辞典』第十六巻　小学館
[129] 野間吉夫　1942　『シマの生活誌』（沖永良部島採訪記）　三元社
[130] 大分県教育委員会　1977　『国東半島の修正鬼会』（大分県文化財調査報告書第三十九輯）
[131] 大野　晋　1980（1974）『日本語をさかのぼる』（岩波新書）　岩波書店
[132] 岡田重精　1982　『古代の斎忌──日本人の基層信仰──』　国書刊行会
[133] 乙益重隆編　1974　『装飾古墳と紋様──古墳時代（3）──』古代史発掘（8）　講談社
[134] 尾崎喜左雄　1966　『横穴式古墳の研究』　吉川弘文館
[135] 恩賜財団母子愛育会編　1975　『日本産育習俗資料集成』　第一法規出版
[136] 折口信夫　1975　『折口信夫全集』3　古代研究（民俗學篇2）　中公文庫　中央公論社
[137] ───　1976　『折口信夫全集』10（國文學篇4）　中公文庫　中央公論社

[138] ──── 1976 『折口信夫全集』13（國文學篇7） 中公文庫 中央公論社
[139] 大杉緑郎 1991 『美濃国東濃地方に伝わる『左り馬』の故事に想う』
[140] 大山公淳 1956 『祕密佛教高野山中院流の研究』 高野山大學出版部
[141] 小澤和子 1995 「高松塚壁画に見る古代服飾」日本生活文化史学会『生活文化史』27
[142] Parkin,R. 1996 *The Dark Side of Humanity ── The Work of Robert Hertz and its Legacy──* Harwood Academic Publishers
[143] Rigby,P. 1966 Dual Symbolic Classification among the Gogo of Central Tanzania *Africa* 36（[126]に収録）
[144] 斎藤昭俊 1984 『インドの民俗宗教』 吉川弘文館
[145] 斉藤たま 1985 『生とものの け』 新宿書房
[146] ──── 1986 『死とものの け』 新宿書房
[147] 酒井卯作 1987 『琉球列島における死霊祭祀の構造』 第一書房
[148] 榊原 悟 1998 『日本絵画のあそび』（岩波新書） 岩波書店
[149] 桜井勝之進 1974（1969）『伊勢神宮』 學生社
[150] 桜井 満編 1979 『神の島の祭り ── イザイホー ── 』（日本の民俗学シリーズ4） 雄山閣出版
[151] ────編 1991 『久高島の祭りと伝承』（古典と民俗学叢書15） 桜楓社
[152] 桜井龍彦 2000 「馬と厄災送りの民俗」『日本民俗学』223号 日本民俗学会
[153] 桜井徳太郎 1982 『日本民俗宗教論』 春秋社
[154] 佐田 茂 1974 「人物埴輪に見える衣服の形式」『史淵』第百十一輯 九州大学文学部
[155] 佐野大和 1955 「黄泉國以前」『國學院雜誌』56(2)
[156] ──── 1958 「黄泉国の成立 ── 葬送習俗の変遷 ── 」國学院大学日本民俗研究大系編集委員会編『日本民俗研究大系』第四巻
[157] 関根真隆 1974 『奈良朝服飾の研究』 本文編 吉川弘文館
[158] ──── 1974 　　　　　　　　　図録編 吉川弘文館
[159] 関根康正 1986 「タミル社会のケガレ観念の諸相 ── ヒエラルキーと主体性の相剋の場所 ── 」『民族学研究』51／3
[160] ──── 1995 『ケガレの人類学 ── 南インド・ハリジャンの生活世界 ── 』 東京大学出版会
[161] 新文豐出版公司影印 1924 『大正原版大藏經』第四册 新文豐出版公司
[162] 新谷尚紀 1987 『ケガレからカミへ』 木耳社
[163] ──── 1991 『両墓制と他界観』 吉川弘文館
[164] ──── 1992 『日本人の葬儀』 紀伊國屋書店
[165] 白石太一郎 1975 「ことどわたし考 ── 横穴式石室墳の埋葬儀礼をめぐって ── 」 橿原考古学研究所論集
[166] ──── 1983（1978）「日本神話と古墳文化」講座日本の神話12『日本神話と考古学』 有精堂

- [167] 白鳥庫吉　1950　『日本語の系統 ── 特に數詞に就いて ── 』　岩波書店
- [168] 杉本卓洲　1984　『インド仏塔の研究 ── 仏塔崇拝の生成と基盤 ── 』　平楽寺書店
- [169] 杉本良男　1991　「シンハラ仏歯論」小川正恭・渡邊欣雄・小松和彦編『社会人類学の可能性Ⅱ　象徴と権力』　弘文堂
- [170] 高木市之助他監修　坂本太郎他校注　1982（1967）『日本書紀』上（日本古典文學大系67）　岩波書店
- [171] 高谷重夫　1942　「吉と凶の問題」民間傳承の會　柳田國男編輯『民間傳承』第八巻第一號
- [172] 高取正男　1983（1979）『神道の成立』　平凡社
- [173] 武田　明　1987　『日本人の死霊観 ── 四国民俗誌 ── 』　三一書房
- [174] 竹政一二三　1972　「射止めた者には猪の鼻 ── 土佐郡土佐町の狩猟 ── 」『土佐民俗』22
- [175] 竹沢尚一郎　1987　『象徴と権力 ── 儀礼の一般理論 ── 』　勁草書房
- [176] 武見李子　1984　「銀鏡神社の祭りと芸能 ── 米と猪の祭り ── 」宮家　準編『山の祭りと芸能』（下）　平河出版
- [177] 田中良之・村上久和　1994　「墓室内飲食物供献と死の認定」九州大学文学部九州文化史研究施設『九州文化史研究所紀要』第三十九号
- [178] 田辺繁子　1990（1953）『マヌの法典』（岩波文庫）　岩波書店
- [179] 田中幸人・東　靖晋　1981　『漂民の文化誌』　葦書房
- [180] 谷川健一　1986（1981）「神社の起源」『谷川健一著作集』4　三一書房
- [181] ────　1990　『大嘗祭の成立 ── 民俗文化論からの展開 ── 』　小学館
- [182] ────　1996　『民俗の思想 ── 常民の世界観と死生観 ── 』　岩波書店
- [183] 谷口幸男・福嶋正純・福居和彦　1981　『ヨーロッパの森から ── ドイツ民俗誌 ── 』（NHKブックス397）　日本放送出版協会
- [184] 坪井洋文　1979　「人の一生」大島建彦他編『日本を知る小事典』1　冠婚・葬祭　社会思想社
- [185] 徳之島郷土研究会編　1975　『徳之島採集手帳』No.23
- [186] 徳之島民俗研究学会編　1962　『徳之島民俗誌』　徳之島民俗研究学会
- [187] 鳥越皓之編　1997（1989）『民俗学を学ぶ人のために』　世界思想社
- [188] 鳥越憲三郎　1982　『原弥生人の渡来』　角川書店
- [189] ────　1994　「トラジャ族の方位観」日本生活文化史学会『生活文化史』26
- [190] 鳥越憲三郎・若林弘子　1995　『倭族トラジャ』　大修館書店
- [191] 逵日出典　1986　『神仏習合』　六興出版
- [192] 塚崎幹夫　1978　「『右』と『左』の日本史を辿る」『中央公論』三月特別号
- [193] Turner,V.W.　1967　*The Forest of Symbols ── Aspects of Ndembu Ritual ──* Cornell University Pess
- [194] ────　1969　*The Ritual Process ── Structure and Anti-Structure*

参考・引用文献　　267

　　　　―――― Penguin Books　V. W. ターナー著　冨倉光雄訳『儀礼の過程』　思索社　1976年
[195]　―――― 1974　*Dramas,Fields,and Metaphors* ―― *Symbolic Action in Human Society* ―― Cornell University Press　V. W. ターナー著　梶原景昭訳『象徴と社会』　紀伊國屋書店　1981年
[196]　上江洲均　1990（1986）『伊平屋島民俗散歩』　ひるぎ社
[197]　Vogt,E.Z.　1969　*Zinacantan: A Maya Community in the Highlands of Chiapas*　The Belknap Press of Harvard University Press
[198]　渡辺照宏　1984（1959）『死後の世界』（岩波新書）　岩波書店
[199]　渡邊欣雄　1987『沖縄の祭礼 ―― 東村民俗誌 ―― 』　第一書房
[200]　八木祐子　1991「儀礼・職能カースト・女性 ―― 北インド農村における通過儀礼と吉・凶の観念 ―― 」『民族学研究』56／2
[201]　柳田國男監修　民俗學研究所編　1962(1955)　『綜合日本民俗語彙』第三巻　平凡社
[202]　柳田國男　1962『定本柳田國男集』10　筑摩書房
[203]　――――　1962『定本柳田國男集』14　筑摩書房
[204]　――――　1962『定本柳田國男集』22　筑摩書房
[205]　――――　1963『定本柳田國男集』4　筑摩書房
[206]　――――　1963『定本柳田國男集』11　筑摩書房
[207]　――――　1963『定本柳田國男集』15　筑摩書房
[208]　――――　1963『分類祭祀習俗語彙』　角川書店
[209]　――――　1975（1937）『葬送習俗語彙』　国書刊行会
[210]　――――　1975（1938）『禁忌習俗語彙』　国書刊行会
[211]　――――（編）　1987（1975）『歳時習俗語彙』　国書刊行会
[212]　柳田國男・橋浦泰雄　1979（1975）『産育習俗語彙』　国書刊行会
[213]　安元正也　1972「左手の優越」『西日本宗教学雑誌』2
[214]　――――　1974「儀礼的転位について」『哲学年報』33　九州大学
[215]　――――　1977「儀礼的転位の考察」『宗教研究』231号
[216]　吉田武彦　1978『水田軽視は農業を亡ぼす』　農山漁村文化協会
[217]　吉田禎吾　1976『魔性の文化誌』　研究社（改訂版　1998年，みすず書房）
[218]　――――（編著）　1979『漁村の社会人類学的研究 ―― 壱岐勝本浦の変容 ―― 』　東京大学出版会
[219]　――――　1982「コスモロジーに関する象徴論的覚書 ―― 奄美諸島の民俗観念を中心として ―― 」『東京大学教養学部教養学科紀要』第15号
[220]　――――　1983『宗教と世界観 ―― 文化人類学的考察 ―― 』　九州大学出版会
[221]　――――　1984『宗教人類学』　東京大学出版会
[222]　吉成直樹　1996『俗信のコスモロジー』　白水社
[223]　和歌森太郎　1969『歴史研究と民俗学』　弘文堂份

あとがき

　本書は，はしがきに記したように，筆者が九州大学に提出した博士の学位請求論文である。

　論文の審査に当たっては，主査の九州大学大学院人間環境学研究院の竹沢尚一郎先生をはじめとして，同研究院の副査の関一敏先生，北山修先生，丸山孝一先生に大変お世話になった。

　とくに，竹沢先生には，学内の書類をととのえていただくこと，審査のための各種の会議設定，公聴会設定上の調整，審査にかかわる各種会議への準備および会議におはかりいただいたことなど，この上ないお世話と御尽力を賜った。それらの点に関して，学部でも同じ文学部の比較宗教学研究室に所属なされている関先生にも深く感謝している。さらに，その両先生には，本書の出版に関する九州大学出版会への推薦状までいただき，感謝の念に耐えない。北山先生，丸山先生にも，本当にお世話になった。

　勤務校で講義その他多忙な日々を送っているために，論文の文章を十分検討する時間的余裕がなかったことを大変申し訳なく思っている。

　そのような文章をお読みいただき審査して下さったことに，心からの感謝の念を表したい。

　なお，本書の出版に関して，旧著の『左手のシンボリズム』の際と同様に，九州大学出版会編集部永山俊二氏に大変お世話になった。感謝の念を記したい。

松永和人

索　引

ア
赤田光男　112, 194
Ashanti 族　93, 94
阿蘇神社　51, 210
アミ族　22, 148, 149

イ
飯島　茂　80
伊勢神宮　3, 176, 212-217
厳島神社　212
井之口章次　13, 184, 203
祝棒　55, 107
岩崎敏夫　51

ウ
上江洲均　81
右舷　133, 141
宇佐神宮　211, 216
ウシデークの踊り　66, 83
牛祭り　82
右進　68
右旋　236, 241
鵜戸神宮　13, 140
運玉　13

エ
Evans-Pritchard, E. E.　2, 19, 21, 93, 124, 153
Hertz, R.　1, 34

オ
大野　晋　4
岡本恵昭　58, 145, 146

尾崎喜左雄　198
小澤和子　111
オツッサーノツナ（お月様の綱）　54, 142
オモカジ　143

カ
カーニバル　123, 124
カエシビシャク　47
神楽繰出帳　52, 77, 80
桂井和雄　55, 56, 82, 166, 167, 190
加藤常賢　79
神の御手（みて）　161
カレン族　80
カワス　148
観世音寺　159
棺縄　4, 37, 47, 103, 105, 107, 116, 136, 141

キ（ギ）
祇園御霊会　141
利き足　28, 91, 92
利き肩　28, 91
利き手　48, 90, 91
ギャク（逆）ビシャク　47

ク（グ）
Goody, J.　17, 20, 152
Gluckman, M.　124
供養オドリ　49, 84
Kruyt, A. C.　2, 15, 161, 163
Kwakiutl 族　29

ケ

ケ枯レ　167, 199, 200
ケ離レ　199, 202

コ（ゴ）

構造的優位性と構造的劣位性　93
構造的劣者の儀礼的優勢　93
構造と反構造　95, 96
香典帳　48, 52, 80, 106
弘法大師　68, 159, 183
Gogo族　17
コム（ミュ）ニタス（communitas）　95, 96, 97
近藤直也　31, 246, 247

サ

斎藤ミチ子　109, 175
左右左右（サウサウ）　28, 68, 176
酒井卯作　172, 178, 190
サカ（サ）グワ（鍬）　49, 115, 176
サカサギモン（キモノ）　48
サカサナイ（ヨリ）　73
サカサバシラ（逆柱）　131
サカ（サ）ビョウブ　116, 170, 187
サカ（サ）ボウキ（箒）　187
サカサ水　47, 179
サカ（逆）マワリ　176
サカムスビ　49, 50
サキダイマツ（先松明）　68, 78, 101, 176, 185
左舷　133, 134, 141, 143
桜井勝之進　206, 214
桜井徳太郎　13, 200
左手（サシュ）　40
左上右下　42
左衽（袵）　109, 112
左旋　159, 241
左先右後　44
左尊右卑　42

サ（ザ）

佐野大和　170

シ（ジ）

シメ縄　4, 37, 103, 105, 107, 116, 117, 131, 136
弱者の儀礼的力　93
十五夜綱　60, 64, 142
修正鬼会　226
象徴的二元論（symbolic dualism）　2, 17, 22, 23, 32, 37, 55, 127, 164, 191
象徴的対立（比）　3, 109, 144
聖母神社　213
白石太一郎　197
白鳥庫吉　4
師走祭リ　69, 77, 78
（御）神幸祭　41, 42, 46, 51, 79
進右退右　28, 44, 68, 160
新谷尚紀　20, 31, 37, 84, 167, 185
新築儀礼　16, 144
心御柱　69, 176

ス

杉本卓洲　154, 157, 159, 219

セ

成立宗教　12, 14, 37, 158
積算温度　10
関根真隆　110
関根康正　155-157

ソ

相互補完性　89
葬式ワラジ　41, 47, 50, 117
相補的機能の主題　89
相補的対置　90
相補的二元論（complementary dualism）　26, 85, 90

索 引

タ（ダ）

Turner, V.W.　28, 29, 31, 32, 52, 93-98, 102, 107, 124, 147
高砂族　2, 22, 148, 149
高取正男　178, 192, 194
Douglas, M.　205
武田 明　167, 168, 170, 171, 179-184, 186-190
太宰府天満宮　176, 209
谷川健一　196, 202
田の神信仰（田ノ神サァー）　3, 14, 19, 37, 83, 102, 127-129
田ノ神モドシ　128
タマヨビ（魂呼び）　169
Tallensi族　93
誕生仏　160, 224

チ

チガヤの左綱　59, 61

テ

Dieterlen, G.　17

ト（ド）

同種療法（similia similibus curantur）　153
トリカジマワリ　135
Toradja族　15, 16, 161-163
鳥越憲三郎　16, 162

ナ

直木孝次郎　214
長島信弘　1
仲松弥秀　195, 196
波平恵美子　12, 113, 196
縄掛地蔵　18, 22-24, 50, 107

ニ

Needham, R.　2, 20, 21, 26, 31, 84, 87-90, 99, 102, 153, 223
二項対置　23, 24, 28, 30-32, 37, 52, 53, 57, 79, 87-89, 94, 100, 105, 106, 108, 109, 111, 115, 117, 124, 131, 135-138, 144, 149, 165, 175
Nyoro族　2, 26, 27, 30, 87-89, 99

ヌ

Nuer族　19, 21, 153
ぬけ角　82, 83, 142

ハ（パ、バ）

Parkin, R.　57
Burke, P.　123, 124
Beidelman, T.O.　125
Bambara族　23
ハツコ縄　50
ハマエーグト（浜祝事）　69
原 英子　149
ハラメン棒　53, 107
反時計マワリ　58, 145-147

ヒ（ピ、ビ）

Beattie, J.H.M.　99
ピコ（豚の右前足）　149
ピザイナー（左縄）　50, 145
ヒジャーナー　58, 145
左足　1, 68-70, 78, 146
左合ワセ　51, 109, 141
ヒダリウエ　42
左臼　47, 108
左馬　81, 82
ヒダリオモテ　53
ヒダリカキ（左前）　109
左肩　68-71, 76-80
左鎌　57, 58, 114
左鍬　49, 114, 115

左膳　　12, 50, 108, 109, 185
左袖　　12, 13
左帳面　　52, 53
左綱　　59-67
左角　　82, 83
左手　　1, 70, 71, 77-79, 89, 90
左手の不浄性　　1
左トジ　　48, 52, 53, 77, 80, 117
左ナイ　　40, 41, 67, 79, 100
ヒダリナワ　　24, 50, 58
「左」の呪力　　29, 130
左ビシャク　　47
左ビラキ　　48, 49, 52, 53
ヒダリマエ（左前）　　47, 109
ヒダリマキ（左巻き）　　4, 53-56, 100, 107
左マワリ（シ）　　3, 49, 58, 66, 67, 100, 137-139, 146, 147
左耳　　81
左ムスビ　　40, 50, 51
左ムネ　　47, 109, 136
左文字　　82
左弓　　51, 52
左ヨリ　　51, 73, 74, 80
日ノアガリ　　42
日ノテリ　　42

フ（ブ）
福永光司　　212
福山敏男　　212
父系社会　　29, 31, 93, 94
藤谷俊雄　　214
仏歯寺　　158
フナオロシ　　3, 55, 61, 100, 135, 143, 176
船霊様　　55, 133, 135, 141
古野清人　　2, 21, 22, 26, 27, 30, 34, 114, 148, 149

ホ（ボ）
母系社会　　29, 31, 93, 94
法隆寺　　159, 160

マ
前原勝矢　　91
前ビキ　　40
牧田茂　　201-202
マキヤの左綱　　59, 61
マクラガエ　　170
松尾剛次　　158
松山光秀　　59, 60, 65-67, 190, 217
的ホガシ祭リ　　40
魔拂ひ　　166, 180
マムスビ　　50
摩耶夫人　　160, 224
魔ヨケの刀　　183
マワリモドシ　　140

ミ
神門神社　　70-73, 76, 77
ミキ　　44
右足　　1, 68
右襟　　109
右肩　　129
右鎌　　58, 117
右鍬　　114
右膳　　108
右袖　　13
右手利き　　91
『右手の優越 ── 宗教的両極性の研究 ──』　　1
右トジ　　52, 80, 117
右ナイ　　56, 79, 163
右ビラキ　　49
右巻き　　57
右マワリ　　67, 68, 138, 139, 144
ミケ　　43, 44
道バライ　　166

索　引

ミヤゲバン　144
宮田 登　197, 203
宮メグリ　46
民俗宗教　14, 37, 127, 158

ム
麦餅ツキ祭リ　5, 38
Mugwe　87-90
虫ノゾキの儀礼　51
村崎真智子　51, 210
村武精一　3, 191
ムンヌキ　50, 146

メ
Meru族　2, 26, 29, 87-89, 99
Myerhoff, B. G.　117, 120

モ
モグラ打チ（モグラタタキ）　54, 107

ヤ
八木祐子　154-158
屋敷浄化の儀礼　144
安元正也　20, 25, 99, 151
八ッ縄　67
ヤナガレ　50, 145
柳田國男　18, 22-24, 27, 28, 50, 53, 55, 57, 68, 78, 98, 100, 101, 106, 107, 113, 114, 130, 172, 176, 177, 179, 180, 182, 185-187, 192

ユ
ユカン（湯灌）　179, 181
湯浴み　60

ヨ
吉田禎吾　1, 3, 21, 27, 29, 32, 56-58, 125, 146, 149, 152, 182
吉成直樹　31, 246, 247
嫁ノ尻タタキ　53, 106

リ
Leach, E. R.　57, 120, 122, 123
Rigby, R.　17
リミナリティ（liminality）　95

ル
Lugbara族　19, 147

レ
Lévi-Strauss, C.　123

ロ
LoWiili族　151

ワ
和歌森太郎　170, 171
渡辺照宏　155

著者紹介

松永和人（まつなが・かずと）

1963年　九州大学大学院教育学研究科博士課程
　　　　（文化人類学専攻）退学。
同　年　九州大学教育学部附属比較教育文化研
　　　　究施設助手。
1966～67年　アメリカ・スタンフォード大学人
　　　　類学科留学・同大学東亜研究委員会研
　　　　究助手。
1969年　福岡大学人文学部助教授。
1971年　福岡大学人文学部教授。現在に至る。
2000年　博士の学位取得（人間環境学，九州大学）

新版 左手(ひだりて)のシンボリズム
「聖」―「俗」：「左」―「右」の二項対置の認識の重要性

2001年3月31日初版発行

著　者　　松　永　和　人
発行者　　海老井　英　次
発行所　　（財）九州大学出版会
　　　　　〒812-0053 福岡市東区箱崎7-1-146
　　　　　　　　　　　九州大学構内
　　　　　　　電話 092-641-0515（直　通）
　　　　　　　振替 01710-6-3677
印刷・製本／㈲レーザーメイト・研究社印刷㈱

©2001 Printed in Japan.　　　ISBN4-87378-678-9

吉田禎吾
宗教と世界観
――文化人類学的考察――

　　　　　　A 5 判 276頁 2,400円

本書は，著者多年の研究論文の中から主要論文12篇を選び集録したものである。日本各地，インドネシア，バリ島，メキシコ・インディオなど，現地調査を通して，伝統社会の宗教，儀礼，世界観，象徴の体系を探った好著。

　　　　　　　　[83] ISBN 4-87378-066-7

野村暢清
宗教と社会と文化
――宗教的文化統合の研究――

　　　　　　B 5 判 810頁 15,000円

世界のどの民族も，文化も宗教的なものをその文化の根底にもっている。本書は，カトリック的宗教文化統合の中での時間構造，空間構造，社会構造，人々の願いや生きることの意味づけなどを実証的に解明する。

　　　　　　　　[88] ISBN 4-87378-194-9

市場直次郎
西日本民俗文化考説

　　　　　　A 5 判 468頁 7,000円

著者は昭和初年より各地の民衆生活史，民俗行事，説話伝承に関心を持ち，実地踏査をおこない，取材，記録を重ねてきた。本書は，その集積を宗教・芸能の二篇に分けて体系化，集大成したものである。

　　　　　　　　[88] ISBN 4-87378-205-8

佐々木哲哉
福岡の民俗文化

　　　　　　A 5 判 496頁 7,500円

福岡県の民俗文化を，歳時習俗・人生儀礼・民間信仰等のジャンル別に概観した「概説編」と，民俗調査報告等を収録した「研究調査編」の二部構成で考察。福岡県における民俗学研究の空白を埋める労作。

　　　　　　　　[93] ISBN 4-87378-327-5

原　英子
台湾アミ族の宗教世界

　　　　　　A 5 判 300頁 5,700円

本書では，著者が台湾花蓮市近郊の南勢アミ村落での調査で得た資料をもとに，アミ族の空間認識が方位性とフラクタル性をもつことを指摘しつつ，かつて2種類の宗教的職能者によって構成されていたアミ族の宗教世界を明らかにした。

　　　　　　　　[00] ISBN 4-87378-618-5

金　宅圭
日韓民俗文化比較論

　　　　　　A 5 判 372頁 8,000円

本書には，古代から現代へと通時的な時間軸に沿った民俗文化の変容，そして食文化から親族組織にわたる共時的な幅広い民俗文化の理解など，著者の多様な分野にわたる研究の軌跡がそのまま反映されている。

　　　　　　　　[00] ISBN 4-87378-630-4

（表示価格は税別）

九州大学出版会